UNIVERSITÉ DE GRENOBLE — FACULTÉ DE DROIT

ESSAI

SUR LA

CONDITION JURIDIQUE DES CAISSES RAIFFEISEN

EN FRANCE

Étude de droit et de législation

THÈSE POUR LE DOCTORAT

Soutenue le 8 Juillet 1898, devant la Faculté de droit de Grenoble

PAR

André GEORGE

Élève de la Faculté libre de Lyon

LYON

IMPRIMERIE DU SALUT PUBLIC

71, RUE MOLIÈRE

1898

A MA GRAND'MÈRE

UNIVERSITÉ DE GRENOBLE — FACULTÉ DE DROIT

ESSAI

SUR LA

CONDITION JURIDIQUE DES CAISSES RAIFFEISEN
EN FRANCE

Étude de droit et de législation

THÈSE POUR LE DOCTORAT

Soutenue le 8 Juillet 1898, devant la Faculté de droit de Grenoble

PAR

André GEORGE

Élève de la Faculté libre de Lyon

LYON

IMPRIMERIE DU SALUT PUBLIC

71, RUE MOLIÈRE

—

1898

MM. TARTARI ✻,   Doyen, professeur de Droit civil.
GUEYMARD ✻, Doyen honoraire, professeur de Droit commercial.
TESTOUD ✻,   Professeur de Droit civil, *en congé.*
GUÉTAT,   Professeur de Législation criminelle.
FOURNIER,   Professeur de Droit romain.
BEAUDOIN.   Professeur de Droit romain.
BALLEYDIER, Professeur de Droit civil.
MICHOUD,   Professeur de Droit administratif.
PILLET,   Professeur de Droit international, *délégué à la Faculté de Paris.*
BEUDANT,   Professeur de Droit constitutionnel.
CAPITANT,   Professeur de Procédure civile. chargé d'un cours de Droit civil.
HITIER,   Agrégé, chargé de cours.
CUCHE,   Agrégé, chargé de cours.
GEOUFFRE DE LAPRADELLE. Agrégé, chargé de cours.
REBOUD,   Chargé de Cours.
ROYON,   Secrétaire.

Jury de la Thèse :

MM. TARTARI, doyen, président.
GUEYMARD, doyen honoraire.
HITIER, agrégé.

INDEX BIBLIOGRAPHIQUE

ALAUZET. — *Commentaire du Code de Commerce.* Paris, Marchal et Billard, 1879.

AUBRY ET RAU. — *Cours de droit civil français*, IVe édition. Paris, Cosse et Marchal, 1871.

BÉDARRIDE. — *Commentaire du Code de Commerce.* Paris, Thorin, 1877, 11e édition.

CASSAGNADE. — *De la personnalité des sociétés civiles et commerciales.* Thèse de doctorat. Paris, 1883.

CHAMPIONNIÈRE ET RIGAULT. — *Traité des droits d'enregistrement*, Hingray. Paris, 1851.

CHAUVEAU ET FAUSTIN HÉLIE. — *Théorie du droit pénal.* Paris, Marchal et Billard, 1872.

Code de Commerce allemand traduit et annoté par MM. Paul GIDE, J. FLACH. Ch. Lyon CAEN, J. Dietz. Imprimé par ordre du Gouvernement à l'Imprimerie Nationale. Paris, 1881.

DELAMARRE et LE POITEVIN. — *Traité de droit commercial.* Paris, Delamotte, 1860.

DEMANGEAT sur BRAVARD. — *Traité de droit commercial.* Paris, Marescq, 1862.

DEMOLOMBE. — *Traité du Mariage.* Paris, Durand, 1866.

Didier ROUSSE. — *Capacité juridique des associations en droit civil français.* Thèse de doctorat. Paris, Rousseau, 1897.

DURAND. — *Le Crédit agricole en France et à l'étranger.* Paris, Chevalier Marescq, 1891.

EPINAY. — *Capacité juridique des associations sans but lucratif et non reconnues d'utilité publique* Thèse de doctorat. Paris, Rousseau, 1897.

GARSONNET. — *Cours de procédure.* Paris, Larose, 1881.

GRASSERIE (Raoul de la). — *Projet de Code civil allemand.* Paris, Pedone-Lauriel. 1893.

GIRARD. — *Manuel de droit romain.* — Paris, Arthur Rousseau, 1896.

GODDE. — *Le Crédit personnel de l'agriculture.* Thèse de doctorat. Paris, Arthur Rousseau, 1897.

GUILLOUARD. — *Traité du cautionnement.* Paris, Durand, 1894.

JOSSEAU. — *Traité du crédit foncier.* Paris, Marchal et Billard, 1872.

NAQUET. — *Traité théorique et pratique des droits d'enregistrement.* Delamotte, 1881.

PIÉBOURG. — *Condition des personnes civiles en droit français.* Thèse de doctorat. Paris, Rousseau, 1875.

POIDEBARD. — *Traité des sociétés civiles et commerciales.* Extrait du répertoire encyclopédique du droit français publié par les rédacteurs et les collaborateurs de la *Gazette du Palais*, tome XI, 1896.

POTHIER. — OEuvres complètes, annotées par M. Bugnet. Paris. Cosse et Marchal. 1861.

PONT. — *Traité des Sociétés civiles et commerciales.* Paris. Delamotte, 1872.

RAMBAUD. — *Éléments d'économie politique,* II° édition. Paris. Larose, 1886.

REVUES ET PUBLICATIONS

Actes du Congrès des Banques Populaires de 1892. Paris, librairie du Crédit mutuel et populaire, rue de Valois, 2. 1893.

Annuaire de la législation étrangère.

Bulletin mensuel de l'Union des Caisses Rurales et Ouvrières à responsabilité illimitée. Lyon, 97, avenue de Saxe.

Bulletin de la Société de législation comparée.

Cooperazione Popolare.

Correspondant.

Économiste Français.

Gazette du Palais.

Journal des Sociétés.

Jurisprudence municipale et rurale.

Loi Allemande, 1889. Traduction, Michel Diemer-Heilmann. Mulhouse Buchdruckerei von veuve Baller et Cie, 1889.

Manuel des Banques populaires, par Charles Rayneri. Paris, Guillaumin, 1896.

Manuel pratique à l'usage des fondateurs et administrateurs de Caisses rurales, par Louis Durand, IIIe édition. Paris, maison de la Bonne Presse, 5, rue Bayard.

Notes à propos de la création d'une caisse à responsabilité limitée, par Emile Duport. Lyon, typographie Gallet, 1897.

Revue critique de législation et de jurisprudence.

Revue des Sociétés.

Statistique de Neuvied et d'Offenbach.

Jahrbuch des Allgemeinen Verbandes für Deutschen landwirth-schaftlichen genossenschaften für 1895. Offenbach Verlag der anwaltschaft des Allgemeinen Verbandes Druck von Uhde in Darmstadt.

Statistik pro 1894 über 980 in general-anwaltschaftsverbande ländlicher genossenschaften für Deutschland zu Neuvied befindliche Darlehnskassen-Verein Neuvied 1895. Druck und Verlag der Firma Raiffeisen.

Union économique.

SOURDAT. — *Traité général de la responsabilité.* Paris, Marchal, Billard 1876.

TARTARI. — *Nature et effets du cautionnement solidaire.* Extrait des *Annales de l'enseignement supérieur de Grenoble*, Tome II. n° 3. Grenoble, 1890.

THALLER. — *Traité de droit commercial.* Paris, Rousseau 1898.

TRIPIER. — *Commentaire de la loi de 1867*, IIe édition. Paris, Larose et Pichon, 1879.

TROPLONG. — *Du Contrat de société.* Paris, Hingray, 1843.

VAREILLES-SOMMIÈRES. — *Du Contrat d'association.* Paris, Pichon, 1893.

VALLEROUX. — *Les associations et leur situation légale en France.* Paris, Retaux, 1869.

Les corporations d'arts et de métiers et les syndicats profession-nels en France et à l'étranger. Paris, Retaux, 1885.

VAVASSEUR. — *Traité des sociétés civiles et commerciales.* Paris, Marchal-Billard, 1878.

INTRODUCTION

1. Si la valeur d'une institution se mesurait aux dévoue-
ments qu'elle suscite, les Caisses Raiffcisen passeraient à
juste titre pour l'une des conceptions les plus heureuses de
l'économie politique. Des hommes éminents, Raiffeisen en
Allemagne, Wollemborg et Cerutti en Italie, M. Louis
Durand en France ont consacré toute leur vie à les vulga-
riser, à venir, en véritables apôtres, annoncer la bonne
nouvelle aux classes déshéritées du monde agricole.

C'est une prérogative des œuvres humaines les meilleures de soulever, dès leur naissance, les contradictions et
de traverser des épreuves. Les Caisses Raiffeisen peuvent
revendiquer hautement cet honneur. En Allemagne,
Schutz-Delitsch faillit compromettre leur existence d'une
manière irrémédiable (1) ; elles traversent en Italie une
crise redoutable (2), et, malgré l'intervention bienveillante
de M. Méline (3), les Caisses françaises se sont trouvées, il

---

(1) Louis Durand. *Le crédit agricole en France et à l'étranger*. Paris,
Chevalier-Marescq, 1891. p. 251 et suivantes.

(2) *La Cooperazione Popolare*. Organo ufficiale della cassa centrale,
per le Casse Rurali cattoliche d'Italia. Parma, 33, Borgo Macina,
26 febbraio 1898, p. 4.

(3) « M. Méline reçut, le 7 avril 1897, une délégation de l'Union des
« syndicats des agriculteurs de France, protestant contre l'imposi-
« tion de la patente d'une Caisse. Il exprima son étonnement de
« l'attitude de l'administration des contributions directes, qui s'obs-
« tine à faire payer chaque année une taxe, en entravant abusive-
« ment l'exercice du recours que la loi ouvre aux contribuables
« devant le Conseil d'État. »

M. le Président du Conseil ajouta : « Les ministres ne peuvent pas
« savoir tout ce qui se passe ; mais lorsque de pareils faits se présen-
« tent, il faut les avertir. » Et il promit d'interposer son autorité

y a cinq mois à peine, à la veille de prononcer leur dissolution.

On ne saurait méconnaître cependant leur haute portée
morale et l'importance de leur rôle économique ; à ce point
de vue, comme sur leurs magnifiques résultats, il ne reste
plus rien à dire ; le beau livre de M. Durand sur le Crédit
agricole en France et à l'étranger (1) les a admirablement
mises en lumière. Le but de cette très modeste étude serait
d'aborder un des côtés des Caisses Raiffeisen jusqu'ici
laissé dans l'ombre, leur condition juridique, la situation
dont elles jouissent d'après la loi française. Modelées sur
la législation allemande, leurs clauses caractéristiques trouvent-elles droit de cité dans notre législation ? La réponse
ne saurait faire de doute dans un pays comme la France,
patrie traditionnelle de la liberté et du progrès. Il nous a
néanmoins paru intéressant de rattacher chacun des détails
de leur organisme à un principe, de les relier ensemble, d'en
esquisser la construction juridique.

2. On ne saurait invoquer contre les Caisses Raiffeisen
un argument tiré de leur origine, cela serait contraire à la
générosité française. Le devoir n'est-il pas de s'instruire,
toujours, de chercher pour sa patrie, même au milieu des
peuples voisins, les éléments du progrès indéfini ? La
science demeure la grande conquérante et on n'élève pas
les frontières pour arrêter la pensée, surtout celle qui
apporte sur ses ailes une raison de croire davantage à la
fraternité et à la solidarité humaine.

« pour contraindre l'administration des contributions directes à
« faire juger les pourvois sans aucun délai, ou à abandonner les
« poursuites. »

Bulletin mensuel de l'union des Caisses rurales et ouvrières à responsabilité illimitée. Lyon, 97, avenue de Saxe, mai 1897, p. 33.

(1) *Le Crédit agricole en France et à l'étranger*. Paris, 1891, Che=
valier-Marescq.

3. Avant d'entrer résolument dans notre sujet, nous
avons l'intention de tracer une rapide esquisse des nombreux projets de lois proposés comme solution au problème
de la crise agricole. Nous y comprendrons naturellement
les Caisses Raiffeisen, dont nous déterminerons en quelques
lignes les caractères généraux et les avantages.

4. Il n'existe pas au monde de pays où le crédit agricole
ait été, comme en France, l'objet d'un aussi grand nombre
de projets et d'enquêtes (1). Depuis 1837 (2), il a été le thème
sur lequel ont couru toutes les variations de l'imagination
des législateurs. L'étude de chacun de ces rapports nous
entraînerait trop loin ; d'ailleurs, M. Durand, dans son
ouvrage sur le Crédit agricole, a complètement épuisé
la question, nous donnerons donc de la période antérieure
à 1870 un aperçu très succinct, et nous nous placerons à
partir de ce moment pour suivre l'évolution des idées parlementaires jusqu'à la loi de 1894.

5. En 1845, le Conseil supérieur de l'agriculture convo-
qua un Congrès dans le but d'étudier les réformes dont la
nécessité s'imposait en faveur des cultivateurs. Wolowski y
prit une large part et il déposa un certain nombre de vœux :

« 1° Organiser pour le crédit foncier un intermédiaire
« unique entre le prêteur et l'emprunteur et faciliter ses
« opérations futures par une réforme hypothécaire dans
« certains points où la législation pourrait gêner la sûreté
« et la réalisation du gage :

(1) « Pour l'étude du crédit agricole, on peut bien dire que la France
« a été le cerveau de l'Europe, on peut admirer la fécondité d'inven-
« tion des auteurs de projets, puisque les moyens, plans et systèmes
« proposés dépassent le chiffre de deux cents. »
Joaquin Diaz de Rabago. *El credito agricola*, p. 62, cité par Durand,
p. 634.

(2) On eut l'idée à cette époque de créer une Banque agricole sous
forme de Société par actions. Durand, p. 634.

« 2° Institution d'une banque de crédit agricole avec
« réforme en ce qui concerne le privilège accordé par
« l'art. 2102 du Code civ. au propriétaire sur les meubles,
« les ustensiles, le bétail et les récoltes du fermier ;

« 3° Introduction de modifications dans les conditions
« des baux, garantissant aux fermiers, à l'expiration de
« leur bail, soit une indemnité pour les améliorations fon-
« cières réalisées par lui, soit la continuation de leur jouis-
« sance ;

« 4° Création d'établissements de crédit agricole (1). »

Ces propositions rencontrèrent des contradicteurs dans
la personne de MM. Dupin et Buffet, le Congrès ne prit
pas parti dans cette polémique, il se contenta de formuler
le vœu de l'intérêt à soumettre la question à l'étude du
gouvernement.

6. Sous la République de 1848, en pleine floraison des
rêves humanitaires, la solution du crédit agricole s'imposa
à l'étude des ordonnateurs d'un nouvel ordre social. Sans
parler des pures utopies, consistant, par exemple, à encourager les prêteurs en leur offrant comme garantie les biens
des communes, un ministre de l'agriculture demandait
d'inscrire dix millions au budget de 1849, pour avances
aux cultivateurs, et M. Flandrin demandait au nom du
Comité de l'agriculture, la création de deux milliards de
billets hypothécaires ayant cours forcé, dans le même
but (3).

7. Aucun de ces projets n'aboutit, mais ils avaient
signalé aux pouvoirs publics l'importance de la question.
Aussi le ministère se décida-t-il en 1852 à ouvrir une vaste

(1) Oudet. Discours au Sénat, séance du 30 novembre 1883. *Officiel*,
p. 1387.
(2) Projet Lefour cité par Durand. *Crédit agricole*, p. 636.
(3) Projet Tourret. Projet Flandrin. *Crédit agricole*, p. 638.

enquête sur le crédit agricole en France et à l'étranger. On avait tracé d'avance le travail de la Commission en lui imposant le questionnaire suivant :

« Convient-il d'abroger la loi de 1807 sur la limitation du « taux de l'intérêt ?

« Convient-il de créer des banques locales ?

« Convient-il de créer des magasins généraux à la portée « de l'agriculture ?

« Convient-il de relier les banques locales avec les sociétés « d'assurances qui intéressent le sol, les assurances contre « l'incendie, la grêle et tous autres sinistres ?

« Convient-il de supprimer le privilège des propriétaires « sur. les meubles des fermiers ou de le restreindre ?

« Indiquer dans des conclusions celles des dispositions « des projets ou des créations qui pourraient être utilement « adoptées (1) ? »

Aucun document officiel n'en a publié les réponses (2). Nous savons seulement qu'une commission (3), nommée à la suite des travaux pour en tirer les conclusions, raya d'un trait de plume la plupart des réformes proposées et se rallia à deux projets, l'un de M. Mosselmann, l'autre de M. de Germiny, préconisant, sous deux formes différentes, l'institution d'une banque centrale de crédit agricole (4).

8. Comme l'opinion s'était très vivement intéressée aux résultats des travaux de l'enquête, l'empereur Napoléon III fit publier dans le *Moniteur* du 5 janvier 1860, une injonc-

---

(1) Oudet. Discours au Sénat. *Officiel*, 1883, p. 1390.

(2) « Je ne sais si cette enquête a été mise sous les yeux de beau-« coup de personnes, ce que je sais, c'est que M. Victor Borie, en 1877, « se plaignait dans son livre sur le Crédit agricole, de n'en avoir pas « communication et de ne pas savoir ce qu'elle contenait. »
OUDET. Discours au Sénat. *Officiel*, 1883, p. 1390.

(3) Cette commission s'appelle commission de 1856, car, cette année, elle termina ses travaux.

(4) Durand. *Le Crédit agricole*. p. 639 et 640.

tion formelle au ministre de l'agriculture de se rendre aux vœux de la Commission. La Société du crédit agricole était fondée (1). Son but principal consistait à faciliter l'escompte du papier agricole. Elle se contentait seulement de deux signatures, mais l'une au moins devait présenter certaines garanties. Dans son champ d'opérations habituelles, rentraient également les ouvertures de crédit, de comptes-courants avec garanties, les dépôts, les négociations de titres en représentation des prêts ou dépôts consentis. Contrairement à ses statuts, elle élargit bien vite ce cercle d'affaires, et elle se trouvait, en 1876, à découvert de 120 millions, par suite d'un prêt avancé au Khédive.

9. Toutes les opinions ont reconnu dans la violation de leurs principes la cause de cet insuccès Si la Société du crédit agricole, disent les partisans de l'institution d'une caisse centrale, ne s'était pas livrée à des spéculations, tout aurait marché pour le mieux et elle existerait encore aujourd'hui (2). Un grand nombre d'économistes raisonnent très différemment et voient dans les statuts eux-mêmes la cause nécessaire et fatale de la ruine de la Société. Les administrateurs, pour établir un courant d'affaires suffisant, se sont trouvés obligés, par la force des choses, de se lancer dans des opérations étrangères au crédit agricole. La Société avait beau multiplier ses comptoirs ; ses banquiers correspondants installés dans les villes ne connaissaient pas les paysans et n'étaient pas connus d'eux (3).

10. Les promoteurs du mouvement en faveur du monde rural ne virent pas tous leurs désirs réalisés par la création

(1) Voir à ce sujet la loi du 28 juillet 1860. Collection des lois, décrets, par Duvergier, p. 362. Paris. Larose.

(2) En ce sens Josseau. Traité du Crédit Foncier. Marchal et Billard, p. 404. Paris 1884, 3ᵉ édit.

(3) Durand. Opuscule cité, 642 et suiv.

de la Société de crédit agricole. Enhardis par ce premier succès, ils s'adressèrent de nouveau aux pouvoirs publics, à l'effet d'obtenir un certain nombre de réformes dont ils réclamaient en vain depuis longtemps l'introduction dans notre législation. Une nouvelle commission, composée de MM. Suin, Josseau, De Germiny, Cornudet, Guillaumin, D'Aulnay, etc... fut fondée en 1866. M. Labiche résume de la manière suivante l'ensemble du projet de loi rédigé par M. Josseau, à la suite des travaux de la Commission :

« 1° Suppression des art. 1810, 1819, 1828 du Code civil
« qui restreignent la liberté des conventions en matière de
« cheptel ;

« 2° Prêt sur gage sans tradition du gage :

« 3° Privilège sur la récolte en faveur du marchand d'en-
« grais ;

« 4° Extension de la compétence des tribunaux de com-
« merce aux billets souscrits par les cultivateurs (1). »

Une commission supérieure de l'enquête agricole, chargée parallèlement par le Gouvernement du même travail, avait déclaré de son côté :

« Que le Gouvernement devait laisser à l'industrie privée
« le soin de créer les institutions de crédit agricole, et que
« celles-ci n'avaient à attendre, pour leur fonctionnement,
« aucune dérogation au droit commun (2). »

Il se produisit des tiraillements : les ministres du commerce et de la justice formulèrent des objections ; le Conseil d'Etat fut chargé de donner son avis et il ne s'était pas encore prononcé lorsqu'éclatèrent les événements de 1870.

11. Pour quelque temps des questions plus graves préoccupèrent les esprits : il s'agissait de l'existence de la patrie

(1) Rapport Labiche, 1883. Sénat. Documents, p. 997, annexe. 464.
(2) Rapport Labiche. 1883. Sénat. Documents, p. 997, annexe. 464.

française, de la libération du territoire, de la forme du Gouvernement, le crédit des agriculteurs se trouvait donc relégué au second plan. La Société des agriculteurs de France eut l'honneur de remettre la question à l'ordre du jour, en organisant, lors de l'exposition de 1878, un congrès international de crédit agricole. Dès l'année suivante, le Gouvernement créait une nouvelle commission extra-parlementaire(1)dans le but de trouver enfin unesolutionà ce problème. Entre temps, le ministre de l'agriculture et celui du commerce se livraient à une enquête auprès des conseils généraux et faisaient demander au ministère des affaires étrangères tous les renseignements relatifs aux institutions de crédit à l'étranger.

12. Les travaux de la Commission donnèrent lieu à trois rapports dûs à la plume de M. Bozérian, du comte d'Esterno et de M. Mauguin. On peut les résumer de la manière suivante :

« 1º Ni l'Etat, ni les départements, ni les communes ne « doivent s'immiscer directement dans les opérations du « crédit au profit d'une industrie quelconque.

« 2ᵒ L'Etat ne doit accorder aucun concours, même « sous forme de surveillance et de contrôle, aux établisse-« ments de crédit, fondés dans l'intérêt de l'agriculture.

« 3º Des vœux sont émis en faveur de :

« L'abrogation de la loi du 3 septembre 1807 sur le taux « de l'intérêt, et du 17 décembre 1850 sur l'usure ;

« La reprise des projets sur la réforme hypothécaire ;

« L'application de dispositions analogues à celles de la

---

(1) Cette Commission, d'abord présidée par M. Mauguin, puis par M. Bozérian, sénateur, était composée de MM. Denormandie, Garnier, Xavier Blanc, Labiche, sénateurs ; Bethmont, Christophle, Drumel, Antonin Proust, députés ; Victor Boric, Tisserand, Mangin, d'Esterno. Rapport Labiche. Sénat-Documents, 1883, p. 997.

« législation anglaise sur les améliorations foncières ayant
« un caractère durable ;

« L'extension à ces opérations des dispositions de la loi
« du 16 juillet 1856 sur le drainage ;

« 4° Enfin la Commission conclut à l'adoption immédiate
« de plusieurs modifications à notre loi civile. Ces modifi-
« cations sont formulées en trois titres :

« Le premier en cinq articles remplace les dispositions
« du Code civil relatives au cheptel (art. 1800 à 1831) en
« établissant en cette matière l'entière liberté des conven-
« tions ;

« Le second, en dix-neuf articles, est consacré au gage,
« sans tradition, des récoltes pendantes, des produits
« récoltés, des coupes de bois, des ustensiles agricoles et
« des animaux attachés à la culture. La transcription de
« la convention chez le receveur d'enregistrement constitue
« une condition essentielle à la validité de la convention.

« Le troisième titre, en un seul article, soumet à la com-
« pétence des tribunaux de commerce les actions tendant
« à obtenir l'exécution d'obligations ayant pour cause une
« opération agricole (1) ».

13. M. Devès, alors ministre de l'agriculture, se faisant
l'interprète de la Commission, déposait à la Chambre des
députés un projet de loi reproduisant la plupart de ces
réformes ; il survécut à la chute de Gambetta. Les nouveaux ministres, MM. de Mahy et Léon Say, continuèrent
l'œuvre de leurs devanciers et le portèrent au Sénat, le
20 juillet 1882 (2). On avait détaché au préalable toutes les
dispositions relatives au cheptel, car leur étude venait

---

(1) Rapport Labiche. Documents parlementaires. Sénat, 1882,
p. 997.

(2) Documents parlementaires. Sénat, 1882, p. 471.

naturellement à la suite du Code rural depuis longtemps en préparation (1).

14. Comme la Commission nommée par le Sénat (2) pour l'examen de cette proposition de loi, l'avait repoussée de fond en comble, elle se décida à présenter un contre-projet. D'un côté comme de l'autre, on admettait le principe du gage sans déplacement, de la restriction du privilège du bailleur et de la commercialisation des effets agricoles, mais le projet du Sénat présentait au point de vue juridique une incontestable supériorité sur celui de la Chambre.

Pour éviter aux paysans des formalités et des déplacements coûteux, la commission sénatoriale enlevait à la transcription de l'acte de gage son caractère obligatoire. Dans sa pensée, les pénalités de l'art. 408 du Code pénal détourneraient le débiteur de toute velléité de se soustraire par un mensonge à l'exécution de son engagement (3).

Le projet du Gouvernement réduisait les droits d'enregistrement en faveur des actes de gage sans nantissement, mais ils devaient être exclusivement relatifs à la constitution du gage. Cette rédaction pouvait donner lieu à des exigences fiscales peu fondées, car il est difficile de concevoir un acte de nantissement qui ne mentionne pas la

---

(1) Rapport Labiche, p. 997.

(2) Cette Commission était ainsi composée : De Parieu, président ; Foucher de Careil, Charpin, Barthe, Labiche, Denis, Goin, Clément. Rapport Labiche, p. 997.

(3) Au sein de la Commission, cette question avait soulevé des difficultés. M. Barthe avait donné sa démission, lorsque la majorité de la Commission se prononça pour la suppression de la transcription. M. Gustave Denis, de son côté, proposait de la remplacer par la création d'un carnet à souche, où seraient énoncées toutes les opérations d'emprunt sur nantissement sans tradition. Ce carnet, déposé à la justice de paix, aurait été communicable à tout intéressé. Cette proposition ne fut pas adoptée. Rapport Labiche, p. 998 et 999.

cause de la créance, l'obligation contractée et ses conditions accessoires. Ces énonciations auraient pu motiver les prétentions des agents du fisc à faire payer les droits ordinaires. On avait choisi à dessein des termes beaucoup plus larges dans le projet de la Commission sénatoriale· Toutes les négociations demeuraient permises, mais le complément des droits ordinaires devenait exigible, dès qu'il était fait usage de l'acte en justice ou dans un acte public.

La Commission du Sénat s'opposait à l'extension sans limite de la compétence commerciale à tous les engagements ayant une cause agricole (1). Ce serait, disait M. Labiche, un triste présent à faire à l' « agriculture, car, avant « tout débat sur le fonds, dans la plupart des cas, l'éven-« tualité d'un procès sur la compétence se présenterait toujours (2). »

En attribuant d'une manière générale la qualité d'acte de commerce au billet à ordre, on évitera tout débat sur la compétence, et les cultivateurs auront toutes les facilités de crédit des commerçants, s'ils offrent des garanties suffisantes.

(1) Lors de l'enquête de 1879, M. Giraud, qui avait dirigé avec beaucoup de succès une succursale de la Banque de France à Nevers, fit une déposition très intéressante sur l'escompte qu'il accordait aux agriculteurs. Les cultivateurs souscrivaient réciproquement des billets, ou demandaient la signature à des banquiers locaux, et leur renouvellement permettait de satisfaire aux exigences de l'agriculture et spécialement de l'industrie d'embouche. Il concluait à l'assimilation des cultivateurs aux commerçants. Durand, *le Crédit agricole*, p. 653

M. Léon Say disait de son côté au Sénat, le 30 novembre 1883. 1883, p. 1396 :

« L'exploitation agricole doit se transformer de plus en plus en « usine, l'agriculteur doit devenir de plus en plus industriel et com« merçant ; le jour où cette transformation sera achevée, l'agricul-« teur sera dans une situation meilleure qu'aujourd'hui. »

(2) Sénat. Documents, 1883, p. 1396.

Enfin, le projet du Sénat ne réservait pas aux seuls agriculteurs le bénéfice des réformes, il les généralisait et les appliquait à tous les citoyens sans distinction de profession (1).

15. Ce projet, dont la discussion vint au Sénat en novembre 1883 souleva une très vive opposition. Dans deux discours (2), M. Oudet s'efforça de détruire de fond en comble la plupart des réformes élaborées par la Commission. Ses arguments touchèrent la majorité, et de cette loi sur laquelle on fondait pour l'agriculture tant d'espérances, seules deux dispositions insignifiantes demeurèrent, la restriction du privilège du bailleur, et la subrogation des créanciers dans l'indemnité dûe par les Compagnies d'assurance (3).

16. Malgré cet échec, les projets relatifs au crédit agricole continuèrent à venir s'accumuler dans les archives parlementaires (4). M. Molon réclamait dans ce but la créa-

---

(1) Les besoins des agriculteurs sont la principale préoccupation de ceux qui cherchent à donner « de nouvelles facilités au crédit réel « mobilier, mais cette préoccupation ne doit pas être exclusive. De « même qu'il est préférable de ne pas constituer une législation d'ex- « ception au profit de quelques établissements déterminés, de même, « il est bon que cette législation ne soit pas le privilège d'une seule « industrie. Pourquoi, par exemple, le gage sans tradition pourrait- « il être constitué sur les chevaux d'un laboureur et ne pourrait-il « pas l'être sur ceux du meunier ou d'un entrepreneur. Ces considé- « rations conformes aux conclusions de la Commission supérieure, « nous ont déterminés à ne pas réserver ainsi que le fait le projet du « gouvernement, le bénéfice de la réforme aux seuls agriculteurs « mais à généraliser la nouvelle législation de façon qu'elle constitue « une règle de droit commun applicable à tous les citoyens sans dis- « tinction de profession. »

Rapport Labiche au Sénat. Documents parlementaires, 1883, p. 998.

(2) *Journal Officiel* du 30 mars 1883 et du 1er décembre 1883. Sénat. Débats parlementaires, 1388 et 1406.

(3) C'est la loi du 19 février 1889.

(4) Proposition Sonnier sur le crédit agricole, déposée le 31 janvier 1884.

tion d'un privilège en faveur du vendeur d'engrais. Si les nécessités de la culture moderne font de cet élément un facteur important de la production, on dut, de l'avis même des cultivateurs, écarter cette nouvelle réforme, à cause de l'impossibilité d'apprécier la plus-value provenant de ses résultats (1).

Dans un discours au Sénat, en 1888, M. Lacombe croyait trouver dans la réforme des voies d'exécution à l'égard de l'agriculture, un moyen sûr pour lui procurer du crédit. Il proposait donc de lui étendre une institution analogue à la faillite, en organisant sur son modèle la déconfiture (2).

17. L'année 1890 peut compter, à juste titre, parmi les plus fécondes en projets relatifs au crédit agricole. Sept nouvelles propositions furent déposées.

M. Guillemet, dans le but de faciliter les emprunts hypothécaires agricoles, demandait la diminution des droits d'enregistrement et des honoraires des notaires sur les obligations inférieures à 5.000 francs (3).

L'article 32 du projet de M. le comte de Pontbriand sur les chambres d'agriculture, leur assignait comme fonctions l'administration et la gérance d'établissements à l'usage de l'agriculture, en particulier, des sociétés de crédit agricole (4).

Le projet Dugué de la Fauconnerie réglait l'arbitrage de

---

(1) Sénat. Documents parlementaires, 1883, p. 1003.

(2) « La difficulté contre les agriculteurs n'est pas de prendre un « jugement, mais de le faire exécuter, et de convertir en argent le pa- « trimoine du débiteur qui sert de gage à tous ses créanciers. » Discours de M. Lacombe.
Sénat. Débats, 1888, p. 56.

(3) Chambre. Documents parlementaires 1890, p. 1510, annexe, 793.

(4) Chambre. Documents parlementaires 1890, p. 372, annexe 301.

l'indemnité dûe au·fermier au cas d'améliorations sur le fonds (1).

Le groupe socialiste de la Chambre témoignait également ses sympathies à la classe agricole en demandant, par l'intermédiaire de M. Cluseret, l'établissement de pensions alimentaires à l'usage des vieux cultivateurs (2).

Nous ne pouvons entrer dans le détail de toutes ces propositions, nous nous contenterons d'indiquer les lignes générales de deux projets très importants, dûs à MM. Antonin Proust et Lockroy. L'étude du projet Méline rentrera dans l'analyse de la loi de 1894.

18. M. Antonin Proust consacre les deux premiers titres de sa proposition à reproduire la plupart des réformes adoptées par la Commission de 1882 (3), la commercialisation des effets à ordre et le gage sans nantissement. Mais il se montre vraiment original dans son titre III, où il cherche, dans l'appui de la Banque de France, un moyen de venir en aide à la classe agricole. « Il suffirait, « dit-il, d'autoriser la Banque de France à ouvrir des « crédits aux cultivateurs, dont le montant ne dépasserait « jamais 20.000 francs.

« Quand il s'agirait d'un fermier, l'ouverture de ce « crédit serait garantie par la présentation du bail,

---

(1) Ce projet comprend un article unique : ‾
« Si au cours du bail, le fermier a fait, avec l'autorisation du pro-
« priétaire, des plantations, constructions, travaux et améliorations
« qui ont augmenté la valeur du fonds loué, il a droit à une indem-
« nité représentant cette plus-value. »
Chambre. Documents parlementaires 1890, p. 510 annexe 465.

(2) Proposition de loi tendant à faire allouer par l'Etat à tout journalier cultivateur, non propriétaire, âgé de 60 ans au moins, hors d'état de pouvoir travailler, une pension annuelle de 300 francs, au service de laquelle pension il serait pourvu au moyen d'un impôt de 30 millions à prélever sur les revenus dépassant 2.400 de la propriété agraire.

(3) Voir *Supra,* p. 8 et suiv.

« et la caution du syndicat agricole dont le fermier fait
« partie.

« Quand il s'agirait d'un propriétaire, le crédit serait
« garanti par une hypothèque conventionnelle prise sur
« les fond de l'emprunteur (1). »

L'escompte de la banque avec un renouvellement de
trois mois à l'échéance, aiderait également le cultivateur
d'une manière très efficace (2).

Nous ne pouvons examiner en détail chacune des dispositions du projet de M. Antonin Proust, mais de prime
abord, la durée de six mois ne convient nullement aux
prêts agricoles. La présentation d'un bail, dont chacune
des parties peut demander la résiliation, n'offre pas une
garantie très satisfaisante. Il en est de même de la signature apposée par un syndicat agricole au bas d'un
emprunt. Jusqu'à présent les syndicats ont joui d'un crédit considérable, car ils se contentaient d'acheter des
marchandises commandées par leurs membres, il n'en sera
plus de même, en raison du peu d'importance de leur
patrimoine, le jour où ils endosseront les chances d'insolvabilité de leurs adhérents.

19. Dans la pensée de M. Lockroy (3), il appartient aux
caisses d'épargne « admirablement placées pour connaître
« les besoins des déposants, pour apprécier les nécessités
« et les ressources agricoles, industrielles et commerciales
« des localités dans lesquelles elles existent et fonction-
« nent depuis longtemps (4) » de venir en aide à la classe
agricole. « Il est anormal de charger l'État seul du soin de

---

(1) Projet Antonin Proust, art. 16. Chambre. Documents parlementaires 1890, 336.
(2) Projet Antonin Proust, art. 15. Chambre. Documents parlementaires 1890. 336.
(3) Chambre. Documents parlementaires 1889, p. 54, annexe 19.
(4) Exposé des motifs du projet.

« faire emploi, en valeurs qu'il crée ou qu'il garantit, de la
« totalité des fonds des déposants. On amène une majora-
« tion fictive du cours de la rente par les achats que l'État
« effectue arbitrairement quand il le juge convenable. On
« engage d'autant plus le trésor qu'il réduit plus les élé-
« ments de la production générale, en retirant plus d'ar-
« gent de la circulation (1) » L'étranger nous a, depuis
longtemps, précédés dans cette voie (2). Mais il importait,
pour prévenir les retraits, d'offrir aux déposants des garanties sérieuses. M. Lockroy confiait au ministre le pouvoir
discrétionnaire d'accorder aux caisses, sur leur demande,
le droit de se livrer à ces opérations de crédit. (Art. 1er.) Il
recommandait aux Caisses d'épargne d'exiger de leurs
emprunteurs des cautions, selon l'usage si répandu en
Allemagne. Le montant des fonds mis ainsi à la disposition de l'agriculture ne devait jamais dépasser au maximum le cinquième du solde créditeur de la Caisse d'épargne au 31 décembre de l'année précédente. (Art. 2.)

Malgré la sagesse de ces dernières dispositions, ce projet, sur le rapport de M. Royer (3), au nom de la pre-

(1) Exposé des motifs du projet. Chambre. Documents parlementaires 1889, p. 54, annexe 19.
(2) Nous tirons de l'exposé des motifs du projet les détails
suivants :
En Belgique, sur un emploi de 43.564 520, au 31 décembre 1879,
on relevait après 32.427.625 de fonds d'Etat, 1.895.516 d'obligations
communales, 3.947.971 d'obligations de sociétés belges, 4.741.520
de prêts hypothécaires.
En Autriche, au 31 décembre 1883 le solde créditeur des déposants
atteignait le chiffre de 2.368.618,787. Il y avait 1.433.163.720 de
prêts sur hypothèque, 118.216.256 comme portefeuille d'effets
escomptés, 477.666.170 de titres estimés au cours.
En Prusse la masse des dépôts s'élevait en 1883-1884 à 2.045.502 719
marcks, où figuraient les prêts hypothécaires sur immeubles urbains
pour 542.170.488, marcks les prêts hypothécaires sur immeubles
ruraux pour 573.323.895 marcks.
(3) Rapport de M. Royer, député, séance du 1er juin 1890, annexe
633. M. Hubbard avait déjà demandé la même réforme que M.
Lockroy, 1889, p. 417 annexe, 186.

mière commission d'initiative parlementaire, ne fut pas pris en considération.

19. Dans l'impossibilité d'augmenter d'une manière pratique le crédit personnel de l'agriculteur, on essaya d'organiser un crédit réel agricole au moyen de docks-greniers et de certificats de dépôt négociables (1). Au lieu de rentrer la récolte dans leurs granges, les paysans l'apporteraient aux docks-greniers, où ils recevraient en échange un certificat de dépôt négociable. De cette manière, s'ils avaient besoin d'argent pour acheter des semences, des engrais, ou pour un autre motif, ils pourraient réaliser une partie de la valeur de leurs récoltes, en cédant le certificat, tout en conservant la faculté de choisir pour la vente un moment favorable.

20. Quelques esprits pensèrent attirer d'une autre manière les capitaux à l'agriculture. Ils imposaient aux cultivateurs l'obligation de s'assurer contre les fléaux défiant les prévisions humaines. Quatre centimes additionnels ajoutés aux contributions directes auraient suffi à les désintéresser du montant intégral de leur récolte. Ce projet ne fut pas pris en considération (2).

21. Parmi les amendements proposés lors du renouvellement du privilège de la Banque de France, un certain nombre tendaient à remédier à la crise agricole, en établissant un taux de faveur à l'égard des effets des cultivateurs. M. Jaluzot proposait, ou bien d'augmenter pour eux de six à neuf mois la durée de l'escompte, ou bien d'imposer à la Banque l'obligation d'employer 200 millions à l'escompte de ce papier. Par contre, on aurait exigé

(1) Projet de la loi Martinon. Chambre. Documents parlementaires 1891, p. 2886, annexe 1772.

(2) Proposition de loi Chollet ayant pour objet la création d'une Caisse générale d'assurance agricole dirigée et administrée par l'Etat. Documents parlementaires, 1891, annexe 1773, p. 2891.

quatre signatures et élevé de 10 0/0 le taux de l'escompte. Le rapporteur, M. Burdeau, fit justice à bon droit de ces prétentions, leur prise en considération aurait ouvert la porte à un nombre incalculable de demandes de taux de faveur pour des situations présentant le même intérêt (1).

22. La question du crédit agricole fit enfin un pas définitif avec la prise en considération du projet de M. Méline.

A la différence de toutes les propositions dont nous venons d'entreprendre l'énumération, le projet de M. Méline (2) a trouvé au Parlement un accueil favorable. Il est devenu, malgré des remaniements très nombreux, la loi du 5 novembre 1894. Nous nous bornerons ici (3) à exposer les diverses modifications introduites dans la rédaction primitive, sans rechercher si elle présentait, dans l'état actuel de notre législation, une utilité incontestable.

Son principal mérite consistait à écarter résolument toute innovation dangereuse et à greffer des établissements de crédit sur les syndicats agricoles. En organisant ainsi le crédit par en bas, on le plaçait à la portée des agriculteurs. M. Méline s'était largement inspiré des principes en vigueur dans les Caisses allemandes, il imposait aux membres de ces sociétés la solidarité (4), affectait à la constitution d'une réserve la majorité des bénéfices (5), attribuait une large

(1) Rapport fait au nom de la Commission chargée d'examiner le projet de loi portant prorogation du privilège de la Banque de France par A. Burdeau.

Chambre. Documents, 1891, p. 275, annexe 1649

(2) Chambre. Documents, 1890, I, p. 700, annexe 547.

(3) Voir *infra*, n° 66.

(4) Art. 2. *in fine*. « Ils (les statuts) régleront aussi la part de respon-« sabilité qui incombera à chacun des adhérents dans les engage-« ments pris par le syndicat. En cas de silence des statuts, ceux-ci « seront responsables solidairement. »

(5) Art. 3. Les statuts détermineront les retenues ou prélèvements qui seront opérés au profit du syndicat sur les opérations faites par lui.

« Les sommes, résultant de ces retenues après remboursement des part comme garantie à la valeur intellectuelle de l'individu (1). L'article 5 du projet, limitant à deux ans la responsabilité des membres après leur sortie de la Société, était visiblement inspiré par les statuts des Caisses Raiffeisen (2).

23. La Commission chargée d'examiner la proposition de M. Méline apporta au projet primitif, par l'intermédiaire de M. Mir (3), deux modifications très importantes. Au lieu de transformer d'une manière radicale tous les syndicats agricoles en sociétés commerciales de crédit, elle laissa aux syndicats eux-mêmes toute liberté pour profiter des avantages de la loi nouvelle, ou demeurer sous l'empire de l'ancienne. En second lieu, le silence des statuts n'entraînant pas la solidarité des membres, une clause spéciale était nécessaire pour produire cette aggravation dans la responsabilité.

« intérêts du fonds de roulement et des emprunts, seront d'abord
« affectées à la constitution d'un fonds de réserve qui ne devra pas
« être inférieur à dix fois, ni supérieur à vingt fois le montant des
« cotisations annuelles et souscriptions. »

Et M. Méline ajoute : « Dans notre pensée le but des syndicats de
« crédit ne doit pas être de faire des bénéfices dans le sens ordinaire
« du mot ; le vrai bénéfice consiste dans le profit que les adhérents
« agriculteurs retireront pour leur exploitation de leurs relations
« d'affaires avec le syndicat. S'ils lui apportent leur argent, ce n'est
« pas pour toucher de gros dividendes, mais pour se procurer à eux
« et à leurs associés des moyens d'exploitation plus puissants. »

(1) Méline exposé des motifs : « La fortune personnelle est si peu
« de chose pour la masse des agriculteurs qu'elle ne forme qu'un
« facteur secondaire du crédit. Le facteur principal réside dans la
« personne, dans sa valeur intellectuelle et morale, dans son ins-
« truction professionnelle, sa probité, son esprit d'ordre et d'éco-
« nomie. »

(2) L'art. 5 des statuts des Caisses limite la responsabilité des sociétaires à cinq ans après leur sortie de la Caisse, mais le principe est le même.

(3) Documents parlementaires de la Chambre, 1892, p. 206, annexe 2036.

24. Avec ces modifications, dont la seconde, au moins, enlevait à ces sociétés de crédit, le trait caractéristique des caisses allemandes, sur lesquelles M. Méline avait voulu se modeler (1), le projet vint devant la Chambre. Il donna lieu à de très nombreuses discussions, un grand nombre d'orateurs prirent successivement la parole ; on déposa

(1) « Si vous demandez d'une façon banale à un agriculteur s'il est
« à propos de venir au secours de son voisin, il vous répondra géné-
« ralement que ce voisin est un très brave homme qui mérite abso -
« lument qu'on fasse quelque chose pour lui. Si vous voulez obtenir
« la vérité tout entière de sa bouche, il faut qu'il ait un intérêt
« personnel à vous la dire, il faut, par conséquent, qu'il soit engagé
« dans la réponse qu'il vous fera, par sa responsabilité non seulement
« morale, mais pécuniaire ; il faut qu'il soit, dans une certaine
« mesure, si petite qu'elle soit, la caution de l'emprunteur. C'est là
« la première nécessité, et c'est le seul moyen qui permette d'arriver
« au but poursuivi : la création de véritables banques agricoles.
   « Mais comment obtenir des agriculteurs qu'ils fassent un tel
« sacrifice et qu'ils s'engagent pour leurs voisins ? Je ne vois qu'un
« moyen de les y décider, c'est de leur donner la certitude qu'ils
« obtiendront à leur tour le même service, le jour où ils en auront
« besoin, la certitude que, le lendemain, quand ils auront également
« besoin de crédit, ils trouveront des amis et des voisins pour les
« cautionner et répondre de leur dette. »
   « Ce système de garantie réciproque a un nom, il s'appelle la
« « mutualité ». et les banques ainsi organisées s'appellent des « ban-
« ques mutuelles ».
   « La mutualité, voilà, Messieurs, le grand principe sur lequel
« repose tout notre projet, c'est le grand et puissant levier avec
« lequel on arrivera, j'en suis convaincu, à soulever et à transformer
« notre Société. C'est par lui et par lui seul, qu'on accomplira paci-
« fiquement l'évolution pacifique qui se prépare dans le monde du
« travail. En tous cas, il n'est pas douteux qu'en matière de crédit,
« la mutualité présente des avantages incontestables ; seule elle peut
« donner aux placements une base solide. »
   Journal Officiel. Chambre. Débats, 1892, p. 823. Discours M. Méline.
Séance 16 juin 1892.
   On jugera par là de l'importance accordée par M. Méline à la solidarité. Les membres de la Commission, en l'écartant, ont décapité
le projet.
   « Le principe de la responsabilité solidaire et illimitée, dit M. Godde
(Le Crédit personnel de l'Agriculteur. thèse de doctorat, Paris. Arthur
Rousseau, 1897, p. 168) a fait la prospérité des sociétés coopératives
étrangères, on a eu tort de l'oublier ».

même un contre-projet (1) destiné, dans la pensée de ses auteurs, à faire échouer l'œuvre de la Commission. M. Méline défendit sa proposition avec une conviction d'apôtre. Toujours prêt à la riposte, il monta dix fois à la tribune pour rétorquer les arguments de ses adversaires; sa persistance triompha enfin de leur mauvais vouloir, et la Chambre adopta le projet sans lui apporter aucune modification.

Mais, en seconde délibération, la Commission crut céder d'elle-même aux désirs d'une partie de la Chambre. Relativement à la tenue des livres de ces Sociétés de crédit, le projet leur imposait seulement une comptabilité régulière (2), on réclama l'application des règles du Code de commerce, et, d'un commun accord, l'art. 4 fut modifié (3).

25. La Commission du Sénat, saisie à son tour de la question, n'accepta pas intégralement la rédaction admise par la Chambre des députés et lui fit subir un certain nombres de retouches. Tout d'abord on modifia (4) le titre de la loi. En lui donnant pour objet l'organisation du crédit agricole, on méconnaissait sa portée véritable, car, loin de résoudre d'une manière complète cette question, elle en étudiait seulement une des faces. La rubrique « Loi relative à la création de sociétés de crédit agricole » répondait mieux à son but véritable.

Le projet voté par la Chambre s'appliquait simultané-

---

(1) Le contre-projet Hubbard, ayant pour objet la constitution dans chaque canton d'un comptoir agricole et l'institution d'un grand comptoir national composé de tous les délégués des comptoirs cantonaux, chargés de distribuer le crédit, vint en discussion le 20 juin 1892.

(2) Art. 4. Les syndicats qui se livreront à tout ou partie des opérations autorisées par la présente loi devront avoir une comptabilité régulière.

(3) Séance du 29 avril 1893.

(4) *Journal Officiel*. Sénat. Débats. Séance du 27 avril 1894, p. 293.

ment au crédit populaire et au crédit agricole. En raison de leurs différences profondes, le Sénat s'opposa à cette extension, il assigna exclusivement le second comme but à la loi nouvelle, laissant à une loi postérieure le soin d'organiser le premier (1).

L'idée de la transformation des syndicats en société de crédit ne rallia pas davantage les suffrages de la Commission. On eût ainsi sacrifié au crédit agricole les résultats admirables de la loi du 21 mars 1884, aussi préféra-t-on établir côte à côte syndicats et sociétés de crédit au lieu de les confondre (2). En accordant à une partie seulement des membres d'un syndicat, le droit de se constituer en sociétés de crédit, sans obliger les autres en aucune manière à suivre leur exemple, on maintint leur indépendance réciproque, sans leur interdire de se prêter un mutuel appui.

Quand le projet revint une seconde fois devant le Sénat (3), il subit une dernière modification, par suite d'un amendement de M. Grivart destiné à limiter les retraits, conformément à l'art. 51 de la loi du 24 juillet 1867, dans le cas où la société prendrait la forme de société à capital variable.

26. Le vote de la loi du 5 novembre 1894 arrêta pour un temps le dépôt de nouveaux projets destinés à améliorer la situation des cultivateurs, mais dans la dernière partie de sa législature, la Chambre des députés, avant de se séparer, s'est occupée sérieusement, à plusieurs reprises, de la solution de la crise agricole. Les discours de

---

(1) *Journal Officiel*. Sénat. Débats. Séance du 27 avril 1894, p. 294.

(2) Nous voulons qu'à côté des Syndicats puissent se constituer dans des conditions privilégiées des sociétés composées d'un certain nombre de leurs membres. Op. cité, p. 294.

(3) *Journal Officiel*. Sénat. Débats. Séance 21 juin 1894. p. 449.

M. Jaurès (1) sur l'état désespéré des cultivateurs ont provoqué en leur faveur un mouvement d'opinion favorable. Le groupe socialiste de la Chambre a saisi l'occasion du renouvellement de la Banque de France, pour déposer sous forme d'amendements (2), des projets destinés, dans la pensée de leurs auteurs, à combler tous les vœux de l'agriculture, en matière de crédit.

M. Paschal-Grousset (3) proposait de constituer le crédit agricole, à l'aide de fonds destinés aux retraites ouvrières. Chaque patron aurait versé un centime par heure de travail de chacun de ses ouvriers ; de ce chef, 192 millions seraient venus tous les ans s'accumuler dans les caisses de l'État ; sur le gage de ce revenu certain, une banque autorisée aurait émis des obligations et fait des avances à l'agriculture.

Plus ingénieux, le système de M. Jaurès (4) reposait sur une base plus fragile. Il demandait la création d'une banque agricole centrale, alimentée en grande partie par une avance de cinq cents millions, dont la Banque de France aurait fait les frais, comme prix de concession de son privilège. Cette banque, composée par moitié par des représentants de l'État et par moitié par les délégués du monde agricole, aurait consenti des prêts sur l'avis de comités d'escompte locaux nommés au suffrage universel. Un privilège sur les meubles et les récoltes du débiteur primant celui du propriétaire lui aurait garanti d'une manière sûre la rentrée de ses avances.

(1) Discours du 19, du 26 juin et du 3 juillet 1897.
(2) Un amendement de M. Codet se bornait à demander l'établissement d'une banque centrale avec subvention. Nous ne l'avons pas cité au texte, comme ne présentant rien de particulier. Chambre des députés, 31 mars 1897. Débats.
(3) Chambre. Débats. Séance du 14 juin 1897.
(4) Chambre. Débats. Séance du 17 juin 1897.

27. M. Méline, dès la discussion de la loi de 1894, mûrissait le secret espoir d'assurer un fonds de roulement aux banques greffées sur les syndicats, grâce à la création de Caisses régionales (1). Ce désir vient d'être réalisé par la Chambre, le 31 mars 1898, sur la proposition de M. Codet. Les quarante millions offerts par la Banque de France au moment de son renouvellement sont affectés à titre d'avances sans intérêts à ces banques régionales, qui faciliteront, dans la mesure du possible, les opérations effectuées par les membres des sociétés locales de crédit agricole mutuel, (Art. 1er). L'art. 2 détermine d'une manière limitative le cercle de leurs affaires :

« Les Caisses régionales ont pour but de faciliter les « opérations concernant l'industrie agricole, effectuées par « les membres des sociétés locales de crédit agricole « mutuel de leur circonscription et garanties par ces « sociétés.

« A cet effet, elles escomptent les effets souscrits par les « membres des sociétés locales et endossés par ces sociétés.

« Elles peuvent faire à ces sociétés les avances néces-« saires pour la constitution de leur fonds de roulement.

« Toutes autres opérations leur sont interdites (2) ».

(1) Il disait dans l'exposé de son projet de loi. Chambre. Documents, 1890, annexe, p. 547 :
« Il nous paraît inévitable, en effet, qu'aussitôt que cette organisa-« tion fonctionnera, il se fonde, pour entrer en relations avec les « syndicats, une ou plusieurs banques qui auront bien vite constitué « le grand réservoir de capitaux nécessaire pour donner au crédit « son plus vaste développement. Nous aurons donné à ces Banques « ce qui leur a toujours manqué : une clientèle sûre et triée avec soin. « Ces banques seront la résultante du crédit organisé au-dessous « d'elles, et elles n'échoueront plus dans une entreprise d'organisa-« tion qui est au-dessus de leur force. » M. Méline n'a pas attendu leur fondation, il les a créées.
(2) *Journal Officiel*, séance du 31 mars 1898, p. 1504. Le rapport de M. Codet a paru dans les Annexes après le numéro de l'*Officiel* de vendredi 6 mai 1898, annexe 3108, p. 793.

La répartition des avances sera faite par le Ministre de l'Agriculture sur l'avis d'une commission spéciale déterminée par l'art. 4. Mais en tous cas, leur montant, pour chaque banque régionale ne pourra jamais excéder la somme du capital versé en espèces. (Art. 3).

28. Dans la même séance, la Chambre avait adopté en première délibération un projet de loi relatif aux warrants agricoles. Les agriculteurs jouiraient du droit d'emprunter, à l'aide d'un warrant, sur un certain nombre de leurs produits et en conserveraient la garde. (Art. 1er). Les greffiers de justice de paix inscriraient sur un registre à souche le montant des sommes empruntées, et le gage correspondant offert par l'agriculteur, la feuille détachée de ce registre deviendrait le warrant qui permettrait au cultivateur de réaliser son emprunt. (Art. 3). De cette manière, l'escompte du papier agricole présenterait beaucoup moins de difficultés, car les établissements publics de crédit recevraient les warrants comme effets de commerce avec dispense d'une des signatures exigées par leurs statuts (1). (Art. 8).

La nouvelle Chambre continuera-t-elle l'œuvre de sa devancière ? Ces projets rencontreront-ils au Sénat un accueil favorable ? Ce sont là des questions très problématiques. Cette tentative un peu tardive de faire droit aux réclamations des agriculteurs méritait la peine d'être signalée, car elle présage en leur faveur des réformes plus importantes.

29. Malgré la somme énorme de travail consacrée depuis de longues années à la solution de la crise agricole, on est loin de l'avoir résolue d'une manière pratique, à l'exemple d'un grand nombre de pays étrangers. Profondément convaincu de cette idée, M. Louis Durand conçut le projet de doter la France des Caisses Raiffeisen. Leur mécanisme se

(1) *Journal Officiel*. Séance du 31 mars 1898. p. 1502 et 1503.

modèle admirablement sur toutes les exigences de l'agriculture en matière de crédit. Quatre principes fondamentaux dominent leurs statuts :

Limitation de leur circonscription à une commune.

Prêts aux seuls sociétaires pour un usage déterminé et contrôlé.

Responsabilité solidaire et illimitée des associés.

Interdiction de distribution de dividendes et gratuité des fonctions des administrateurs.

D'un autre côté, pour améliorer la situation du paysan, le prêt doit présenter les caractères suivants : être long, consenti à des personnes sérieuses, pour un emploi rémunérateur. Les principes cités plus haut réalisent admirablement ces conditions.

Installées dans les petits villages, où tout le monde se connaît, limitant les prêts à leurs membres seuls, les Caisses sauront proportionner leurs avances à la valeur morale et à la fortune de chacun. On a écarté systématiquement chez elles l'idée de tout bénéfice, afin que l'intérêt du paysan et l'utilité de l'emprunt demeurent leur unique préoccupation et passent avant le désir de faire un gros chiffre d'affaires. Leur clause fondamentale, la solidarité des membres, amènera la direction à s'acquitter consciencieusement de ses fonctions, en particulier à se montrer sévère pour l'admission des adhérents et à contrôler sérieusement les emplois. Enfin, la caractéristique des Caisses Raiffeisen consiste précisément dans la longue durée des prêts (1).

30. L'essor merveilleux qu'elles ont pris en Allemagne, en Italie et en France met admirablement en lumière leurs

---

(1) L'art. 18 des statuts fixe aux prêts le maximum de cinq ans. Il envisage comme une hypothèse très ordinaire celle où le prêt dépasse une année.

qualités incontestables. Voici à ce sujet quelques chiffres dont nous garantissons l'authenticité absolue.

Deux Unions, en Allemagne, visant au même but, malgré quelques différences dans les statuts, groupent autour d'elles toutes les Caisses.

L'Union de Neuvied comptait, en 1894, 978 Caisses. La somme totale des prêts accordés aux membres s'élevait à 14.229.966 marks, dont 7.545.550 avaient été remboursés. 183.830 marks de gain se répartissaient sur sur toutes ces Caisses, contre 20.286 seulement de perte. Elles possédaient en valeurs 549.544 marks, et en immeubles 230.246 (1).

L'Union d'Offenbach avait groupé en 1895, 1.097 Caisses atteignant le chiffre de 93.417 membres. Le mouvement général des affaires s'élevait à 166.551.225 marks. Leur actif se montait à 89.986.357 marks, leur passif à 89.476.238 marks. Elles avaient réalisé comme gain, 546.165 marks et subi comme perte 36.046, tout en ayant une réserve de 2.320.587 marks, et un capital de 5.554.376 (2).

31. En Italie, grâce au dévouement de MM. Wollembourg et Cerutti, les Caisses Raiffeisen se sont également développées d'une manière admirable. Au Congrès de Fiésole, M. Cerutti nous donna, l'autre année, la note de plus de 500 Caisses. Je crois qu'au prochain Congrès qui sera donné sous peu à Milan, ce chiffre sera porté à 700 (3). Il existe un certain nombre de fédérations, no-

(1) Statistik pro 1894 über 980, in general anwaltschaftsverbande ländlicher genossenschaften für Deutschland zu Neuvied befindliche Darlehnskassen Vereine Neuvied Druck und Verlag der Firma Raif faisen. Zusammenstellung, p. 43.

(2) Jahrbuch des allgemeinen Verbandes der deutschen landwirtschaftlichen genossenschaften für. 1896. Zusammenstellung der Statistik der spar und Darlehnskassen, für 1895, p. 135, Offenbach Verlag der anwaltschaft der allgemeinen Verbandes.

(3) Rapport Micheli au Congrès de Tarbes. *Bulletin de l'Union des Caisses*, mai 1898.

:tamment à Venise, à Vérone et à Bergame. Le rapport du commandeur Rezzara contient, au sujet de ces dernières, quelques détails complémentaires.

La première fut fondée à Martiningo, le 19 février 1893, et au 20 juin 1897, les Caisses régulièrement constituées et adhérant à l'Union diocésaine sont au nombre de 64, dont 56 en exercice. Il y a 3618 associés : les dépôts d'épargne se sont élevés à 1.391.017 francs, remboursés pour 698.711 francs, en cours pour 692.246 francs. 5.888 prêts ont été accordés aux associés pour 1.206.566 francs, remboursés pour 614.883 francs, et en cours pour 591.643 francs (1).

Ces différentes Caisses sont réunies entre elles par une revue paraissant à Parme, la *Coóperazione Popolare* (2).

M. Micheli a envoyé à M. Durand, sur sa demande, le chiffre de la situation financière de 440 des 700 Caisses au 31 décembre 1896.

Sommes en Caisse . . . . Fr.	6.749.770 04
Dépôts	3.724.721 34
Prêts passifs	2.540.472 03
Bénéfices	49.526 44
Pertes	2.855 90

Ces Caisses avaient emprunté à leurs sociétaires pour presque six millions. De ces six millions, trois et demi représentent les dépôts du public, les autres, l'argent fourni par nos Banques catholiques. La moyenne des prêts faits par chaque Caisse a été de 13.000 francs (3).

(1) Rapport du Commandeur Rezzara au Congrès de Tarbes, publié dans le *Bulletin mensuel des Caisses rurales* de décembre 1897, p. 90. Lyon, 97, avenue de Saxe.

(2) La *Coopérazione popolare*, revista della cooperative catoliche italiane. Parma, 33, borgo macina.

(3) Rapport de M. Micheli, au Congrès de Tarbes. *Bulletin de l'Union*, mai, 1898, p. 38.

- **32.** En France, grâce à l'initiative de M. Durand, les caisses Raiffeisen se sont propagées avec une très grande rapidité. On fondait la première le 16 mars 1893 (1), et le bulletin mensuel d'avril 1898 enregistrait la fondation de la 675ᵉ (2). Ces résultats se passent de tout commentaire.

-- Leur organisation, copiée sur les institutions allemandes, présentent un certain nombre de particularités. Si plusieurs caisses existent dans un département, elles se groupent ensemble pour vérifier réciproquement leur comptabilité, s'aider moralement et matériellement. D'après le rapport officiel de M. le vicomte de Pelleport-Burète au congrès de Tarbes (3), il existe à l'heure présente huit groupes régionaux : dans la Haute-Saône, les Basses-Pyrénées, les Hautes-Pyrénées, le Gers, le Doubs, l'Ariège et le Pas-de-Calais. Le 30 septembre 1897, un nouveau groupe régional a été constitué dans le Jura. A peine né, il s'est réuni à ceux du Doubs et de la Haute-Saône, pour former la fédération provinciale de la Franche-Comté (4).

Dans un grand nombre de départements où les Caisses rurales s'acclimatent difficilement, quelques-uns de leurs partisans ont eu l'idée d'instituer des comités de propagande. Nous citerons entre autres, celui de la Gironde, du Loiret, de la Charente-Inférieure, et de la Charente (5). Un nouveau comité vient de se former dans le Lot-et-Garonne (6).

(1) *Bulletin mensuel.* Rapport du vicomte de Pelleport-Burète, novembre 1897, p. 82.

· (2) *Bulletin mensuel,* avril 1898, p. 27.

- (3) *Bulletin mensuel,* novembre 1897, p. 82.

- (4) *Bulletin mensuel,* novembre 1897, p. 81.

(5) *Bulletin mensuel.* Rapport du vicomte de Pelleport-Burète, p. 82.

· (6) *Bulletin mensuel,* mars 1898, p. 20. Ce dernier est divisé en 4 sous-commissions d'Agen, de Marmande, de Nérac et de Villeneuve-sur-Lot.

Ces groupements produisent un grand nombre d'avantages. Ils aident beaucoup à la vérification réciproque des caisses et provoquent l'éclosion des caisses centrales chargées de servir d'intermédiaire entre les caisses encombrées d'argent, vis-à-vis desquelles, elles jouent le rôle de banques de dépôts, et celles dénuées de capitaux, à qui elles en avancent. Il en existe une dans les Hautes-Pyrénées (1). D'autre part, le Crédit Mutuel de Poligny, le Crédit agricole de Besançon et celui de Genlis se sont engagés à remplir le rôle de caisse centrale dans leur région (2).

L'Union des Caisses Françaises n'a pas publié cette année de statistique, car, aux mois de janvier et de février, elle était uniquement préoccupée des modifications à introduire dans les caisses pour se conformer aux termes de l'arrêt du Conseil d'Etat du 24 décembre 1897 (3). Pour donner une idée de leurs opérations, nous nous reporterons aux résultats de l'exercice de l'année 1896.

A cette époque, l'Union comprenait seulement 317 caisses composées de 8.648 membres. Le chiffre de leurs affaires se décomposait de la manière suivante : Recettes 1.176.647, 78 ; Payements 1.146.303, 07; ce qui donne le chiffre de 2.322.950, 85. Leur actif comprenait 920.591 fr. en créances, représentant 2.501 prêts accordés aux membres, 30.344, 71 en caisse et 65.652, 28 à la Caisse d'épargne. Le total de leur actif atteignait donc 1.016.587 fr. 99 centimes. L'excédent du passif sur l'actif se montait pour elles

---

(1) *Bulletin mensuel*, mars 1898, p. 22 et suivantes. Rapport Chaperon-Grangère. Le montant des affaires de cette dernière atteignait le 31 mai 1897, année de sa fondation, 76.828, 50. Elle avait reçu 39.195, 12 et prêté 37.633, 38.

(2) *Bulletin mensuel*, novembre 1897. Rapport de Pelleport-Burète p. 82.

(3) Voir *infra*, n° 289.

à 7.117, 04, et elles avaient réalisé comme bénéfice 7.443 fr. 27 centimes (1).

Nous n'avons rien à ajouter à un pareil résultat. Les Caisses Raiffeisen, nous en sommes persuadés, rendront d'immenses services à l'agriculture française.

33. Si l'on a pu suspecter les intentions de leurs promoteurs, les membres les plus autorisés de la Chambre française se sont inclinés devant leurs résultats, et M. Méline a rendu publiquement hommage à « ces petites banques « de famille, qui rendent à l'agriculture d'incontestables « services (2). »

(1) Ces détails sont empruntés au *Bulletin mensuel* de juin 1897, p. 44 et 45.

(2) Discours Oudet, 30 novembre 1883 Sénat. Débats 1883 p. 1391.

« Ce qu'il faut retenir avec soin, ce sont les principes : l'initiative, « la décentralisation, le dévouement aux intérêts des classes labo-« rieuses. Je dois avouer que ce qui me plaît dans les banques popu-« laires agraires, c'est qu'elles font du crédit personnel, le dernier « mot du crédit. »

M. Ribot, disait également, en parlant des caisses Raiffeisen, 31 mai 1897, Chambre. Débats 1353 :

« Il ne faut pas tenir compte des mobiles, et qu'on agisse ainsi « parce qu'on appartient à tel ou tel parti, quelquefois à telle ou telle « confession religieuse, il y a peut-être là un acte moins désinté-« ressé, mais l'œuvre en elle-même n'en est pas moins excellente, « parce que c'est la propagande qui se fait, parce que c'est l'éduca-« tion qui commence, et parce qu'il faut encourager cette propa-« gande et ces rudiments d'instruction qui se répandent chez les « plus humbles de nos paysans. »

M. Méline est encore plus caractéristique :

« A côté des banques mutuelles fondées d'après la loi de 1894, « d'autres banques se sont créées, dont il est bon de dire un mot. « Elles ont une organisation d'un autre genre, et c'est probablement « à elles que l'honorable M. Jaurès a fait allusion en parlant de l'es-« prit politique qui pouvait les animer. Je n'ai pas à m'occuper de « leur esprit politique, mais, ce que je sais, c'est qu'elles rendent à « l'agriculture d'incontestables services.

« Ces petites banques sont d'une nature toute particulière. Elles « sont fondées sur le type des banques allemandes Raiffeisen : ce « sont des banques qui n'ont pas de capital du tout, ce qui prouve « bien qu'on peut faire du crédit sans capital. La garantie qu'elles

. Elles en rendront plus encore le jour où toutes les préventions se seront dissipées, et où on ne leur fera plus de procès de tendance bien qu'elles aient systématiquement écarté toute idée de propagande politique ou religieuse.

Il nous a paru indispensable (1) de clore cette rapide introduction par la reproduction intégrale des statuts

« offrent repose sur la solidarité des membres qui les composent ;
« ce sont des banques de famille. elles n'existent que dans les
« petites communes. Le mouvement d'où ces banques sont sorties est,
« parti du sud-ouest ; il remonte seulement à quelques années et il
« a été très fécond ; car il résulte du recensement que j'ai fait faire,
« qu'à l'heure actuelle on compte près de cinq cents de ces petites
« banques.

« Elles ne font pas de très grosses affaires, on le comprend aisé-
« ment ; cependant le chiffre de ses affaires n'est pas indifférent.
« Comme elles publient dans un bulletin mensuel le compte rendu
« de leurs opérations, je puis apprendre à M. Jaurès. qui sera très
« satisfait, j'en suis convaincu, que d'après une récente statistique
« pour 317 de ces caisses qui comprennent 8.468 membres, le mou-
« vement des fonds a été de 2.322.000 francs, et que, les prêts en
« cours ont dépassé 920.000 francs, soit environ 29.000 francs par
« caisse. Ce n'est pas beaucoup, mais c'est fort beau pour de petites
« associations qui n'ont pas de capital et qui n'offrent au capital que
« la garantie de leur intelligence. »
Discours Méline. 17 juin 1897.

_ (1) ARTICLE PREMIER.— Entre les soussignés et toutes les personnes
qui adhèreront aux présents statuts, il est fondé une Société en
nom collectif à capital variable, sous le nom de *Caisse rurale de*
. Cette Société a pour but de procurer à ses membres le crédit qui
leur est nécessaire pour leurs exploitations.

ART. 2. — Peuvent seules faire partie de la Société, les personnes
majeures, jouissant de leurs droits civils, habitant la commune de
ou y étant inscrites au rôle de l'impôt
foncier.
_ Les nouveaux membres doivent être agréés par le Conseil d'administration de la Société, et accepter toutes les obligations que les
présents statuts imposent aux associés. Tout candidat refusé par le
Conseil d'administration peut en appeler à l'Assemblée générale qui
statue en dernier ressort dans sa plus prochaine réunion.

ART. 3. — On perd la qualité d'associé :
1° Par démission volontaire : elle peut être donnée en tout temps ;
2° Par décès : les héritiers du décédé ne peuvent jouir d'aucun
des droits ou prérogatives de leur auteur ;

des Caisses Reiffeisen. Un résumé même très complet ne saurait en donner une idée suffisante. Nous serons d'ailleurs

3° Par la cessation des conditions de résidence ou d'inscription au rôle de l'impôt foncier, exigées par les présents statuts :

4° Par exclusion : elle peut être prononcée par le Conseil d'administration :

A. Si l'associé est condamné à une peine correctionnelle ou criminelle ;

B. S'il est déclaré en faillite ou s'il se trouve en état de déconfiture notoire ;

C. S'il ne remplit pas ses obligations vis-à-vis de la Société, s'il n'affecte pas les fonds empruntés à l'emploi qui a été déterminé, s'il oblige la Société à recourir contre lui aux voies judiciaires.

L'associé qui n'accepterait pas la décision du Conseil d'administration pourra appeler à l'Assemblée générale, qui statuera en dernier ressort. L'exclusion ne pourra être prononcée qu'à la majorité des deux tiers des membres présents.

L'acquisition ou la perte de la qualité d'associé est constatée, vis-à-vis de l'associé, de la Société et des tiers, par une inscription sur le registre des entrées et des sorties des associés, signée par l'associé, le directeur et un membre du Conseil d'administration, en cas d'entrée ou de démission, et par les derniers seulement, en cas d'exclusion ou de décès.

ART. 4. — L'associé a le droit :

1° De prendre part aux Assemblées générales avec voix délibérative :

2° De faire avec la Société toutes les opérations prévues par les statuts, autant que l'état de la Caisse et la solvabilité de l'associé le permettent.

ART. 5. — L'associé est, vis-à-vis des tiers, tenu sur tous ses biens des obligations de la Société. Entre les associés, les dettes de la Société se divisent par parts viriles. Mais chaque associé n'est tenu que des dettes antérieures à sa démission ou à son exclusion. Cette responsabilité est soumise à la prescription quinquennale établie par l'article 52 de la loi du 24 juillet 1867.

ART. 6. — Les associés ne peuvent engager la Société qui est représentée exclusivement par son administration, d'après les règles ci-après déterminées :

ART. 7. — Les organes de la Société se composent :

1° Du Conseil d'administration : — 2° Du directeur ; — 3° du Conseil de surveillance ; — 4° De l'Assemblée générale ; — 5° Du comptable.

obligés, dans le cours de cette étude, de constamment nous
référer aux statuts, soit pour déterminer les traits distinctifs

Du Conseil d'administration.

ART. 8. — Le Conseil d'administration se compose de (1)   membres élus par l'Assemblée générale pour (2)   ans ; il est renouvelable par (3)

Les premières fois, le sort désigne le membre qui doit être soumis à la réélection. Les membres du Conseil d'administration sont indéfiniment rééligibles.

En cas de décès, démission ou empêchement durable d'un membre du Conseil d'administration, le Conseil nomme un membre provisoire, qui restera en fonctions jusqu'à la plus prochaine Assemblée générale. Cette nomination doit être approuvée par le Conseil de surveillance.

Le Conseil d'administration choisit dans son sein le directeur qui préside ses délibérations, et le vice-directeur qui supplée le directeur en cas d'absence ou d'empêchement.

Le Conseil d'administration nomme et révoque le comptable, qui peut être pris dans son sein, s'il n'est pas rétribué.

Le Conseil d'administration se réunit au moins une fois par mois, et plus souvent si c'est nécessaire. Pour la validité de ses délibérations, il faut la présence de deux membres. En cas de partage, la voix du directeur est prépondérante.

Le Conseil d'administration a pour mission :

1° De recevoir les demandes d'emprunt et d'accorder les prêts selon les règles établies par l'Assemblée générale. après examen du but de l'emprunt et fixation des termes de remboursement ; de donner son avis sur les demandes d'emprunt et les délais de remboursement dépassant le maximum fixé par l'Assemblée générale et prévu par l'article 11, n° 3 ; de fixer le taux des prêts et des emprunts ; de rédiger les titres de créances et toutes pièces qui se rapportent aux affaires de la Société ; de surveiller l'emploi que l'emprunteur fait des sommes à lui prêtées ;

2° De décider sur l'admission ou l'exclusion des membres ;

3° De décider tous paiements ou recettes ; de veiller à la rentrée des fonds empruntés ;

4° De surveiller, de concert avec le directeur, la gestion du comptable, de vérifier la caisse tous les mois, et de faire faire inventaire tous les trois mois ;

---

(1) Ecrire le nombre des membres du Conseil d'administration : habituellement c'est *rois*.

(2) *Trois* — ou *six* — ou *neuf*. Ecrire le nombre d'années qui est adopté par la Caisse.

(3) Tiers chaque année, — ou par tiers tous les deux ans, *si le Conseil est élu pour six ans,* — ou par tiers tous les trois ans, *si le Conseil est élu pour neuf ans.*

des Caisses Raiffeisen, soit pour établir leurs points de res-
semblance avec les autres institutions de crédit. La grande

5° D'établir chaque année les comptes et le bilan ;

6° D'autoriser le directeur à intenter une action en justice ou à
y défendre ; de l'autoriser à transiger ou à compromettre sur toutes
les affaires, mais, dans ce cas, avec l'approbation du Conseil de surveillance.

Du Directeur.

ART. 9. — Le directeur représente la Société vis-à-vis de tous.
Néanmoins, sa signature n'oblige la Société qu'autant qu'elle est
contresignée par un autre membre du Conseil d'administration. Le
directeur peut être suppléé par le vice-directeur.

Le directeur gère les affaires de la Société, et est chargé notamment :

1° De représenter la Société en justice ou dans tous actes extra-
judiciaires ;

2° De signer la correspondance de la Société ;

3° De surveiller les opérations du comptable ; de faire exécuter
les décisions du Conseil d'administration relativement aux opérations
de caisse ; de vérifier la caisse tous les mois, et de faire dresser
l'inventaire trimestriel :

4° De surveiller la tenue régulière du registre des entrées et sorties des sociétaires ;

5° De présider les séances du Conseil d'administration ou de l'Assemblée générale, sauf dans le cas prévu à l'art. 11.

Du Conseil de surveillance.

ART. 10. — Le Conseil de surveillance se compose de cinq membres
élus pour deux ans par l'Assemblée générale. Chaque année, trois
ou deux membres sont alternativement soumis à la réélection. La
première année, le sort désigne les deux membres sortants. Ils sont
indéfiniment rééligibles.

Le Conseil de surveillance nomme chaque année, dans son sein,
un président, un vice-président et un secrétaire.

Pour délibérer valablement, il faut au moins la présence de trois
membres. Dans le cas où la présence de trois membres n'aurait pas
été obtenue dans deux réunions successives, les membres absents
sans excuse légitime seront considérés comme démissionnaires, et
une Assemblée générale sera convoquée pour compléter le Conseil
de surveillance.

Le Conseil de surveillance a pour mission :

1° De vérifier les écritures, la comptabilité et les opérations de
la caisse, et d'en faire un rapport écrit à l'Assemblée générale
annuelle ;

2° De statuer, en dernier ressort, sur la concession des prêts

majorité des Caisses françaises sur les conseils de leur
Union a adopté le modèle de statuts dont nous donnons

alloués au-dessus de la somme ou pour des échéances supérieures à
celles fixées par l'Assemblée générale conformément à l'art. II, n° 3 ;

3° De statuer sur les demandes d'emprunts faites par les membres
du Conseil d'administration et sur l'admission de ces mêmes membres comme caution ;

4° D'approuver la décision du Conseil d'administration autorisant
le directeur à transiger ;

5° De procéder tous les trois mois à l'examen de la caisse et de
l'inventaire trimestriel, à la vérification de la solvabilité des emprunteurs et de leur caution, de la réalité du gage garantissant les
emprunts, etc. Le conseil de surveillance vérifiera notamment si
l'argent prêté par la Caisse a été employé à l'usage indiqué par l'emprunteur. Dans le cas où cet argent aurait été détourné de sa destination première, ou si la solvabilité de l'emprunteur ou de la caution paraît avoir diminué, le Conseil de surveillance pourra ordonner
le remboursement du prêt, immédiatement dans le premier cas, et
dans le délai d'un mois dans le second, malgré toutes stipulations
contraires de l'acte de prêt.

Le Conseil de surveillance se réunit au moins tous les trois mois,
après la confection de l'inventaire, et plus souvent si c'est nécessaire. Il est convoqué par son président, chaque fois que le président, le directeur, ou trois membres de surveillance le jugent
nécessaire.

De l'Assemblée générale.

ART. 11. — L'Assemblée générale se compose de tous les sociétaires, ils n'ont qu'une voix. Elle se réunit en session ordinaire
tous les ans, après la confection de l'inventaire annuel. Des sessions
extraordinaires ont lieu toutes les fois que le Conseil d'administration, le Conseil de surveillance ou un quart des associés le demandent. Les motifs de la convocation doivent, dans ces deux derniers
cas, être présentés par écrit au directeur.

L'Assemblée générale est convoquée par le directeur. S'il se refusait à faire une convocation réclamée par le Conseil de surveillance,
le président de ce Conseil pourrait procéder à cette convocation. Si
le directeur et le président du Conseil de surveillance refusaient de
convoquer l'Assemblée générale réclamée par un quart des sociétaires, ceux-ci pourraient donner mandat écrit à l'un d'entre eux
pour procéder à cette convocation.

La convocation de l'Assemblée générale est faite, au moins huit
jours à l'avance, par (1)

(1) Écrire le mode de convocation qui aura été adopté. Les plus usités sont : 1° *Par
un simple avis inséré dans le journal*..... ; 2° *Par un simple avis affiché à la porte de la
Mairie; 3° Par un simple avis affiché à la porte de l'Eglise ; 4° Par un simple avis publié
à son de caisse; 5° Par lettre personnelle adressée aux Sociétaires.*
La Caisse ne doit adopter qu'*un seul* de ces modes de convocation.

en note la reproduction. Elles jouissent d'ailleurs à cet égard d'une liberté entière, et quelques-unes d'entre elles

Pour les Assemblées générales extraordinaires, l'avis mentionnera les objets portés à l'ordre du jour.

L'Assemblée générale est présidée par le directeur, sauf dans le cas où l'on doit délibérer sur l'approbation des comptes et la gestion du Conseil d'administration, et sauf aussi le cas où le directeur aurait refusé de convoquer l'Assemblée générale. Celle-ci élit alors son président.

L'Assemblée générale ordinaire ou extraordinaire ne délibère valablement qu'en présence d'un quart des sociétaires. Si le *quorum* n'est pas atteint, on convoque une nouvelle Assemblée générale dans le délai de huit jours; elle délibère valablement, quel que soit le nombre des membres présents.

Les membres personnellement intéressés dans une discussion ne prennent pas part au vote.

Les décisions sont prises à la majorité des membres présents, sauf ce qui est dit aux articles 3. 11 § 5, 20 et 21. En cas de partage, la voix du président est prépondérante.

Dans la réunion ordinaire annuelle qui a lieu dans le courant du mois de février, après la confection de l'inventaire annuel et du bilan, l'Assemblée générale procède aux opérations suivantes :

1° Elle élit des membres du Conseil d'administration et du Conseil de surveillance en remplacement des membres sortants, démissionnaires ou décédés. Les membres qui remplacent les démissionnaires ou les décédés ne sont nommés que pour le temps qui restait à courir pour leur prédécesseur.

Au premier tour de scrutin, la majorité absolue est nécessaire. Au second tour de scrutin, la majorité relative suffit. En cas de partage, le sort décide.

Les élections en remplacement de membres démissionnaires ou décédés peuvent se faire dans n'importe quelle session;

2° L'Assemblée générale ordinaire reçoit les comptes et bilans du Conseil de surveillance, et, s'il y a lieu, approuve la gestion du directeur et du comptable et leur donne décharge.

Les comptes et bilans et le rapport du Conseil de surveillance devront être à la disposition des sociétaires, au siège social, au moins huit jours avant l'Assemblée générale;

3° L'Assemblée générale détermine le chiffre maximum que ne devront pas dépasser les emprunts et engagements de la Société. Elle détermine aussi le maximum des prêts que le Conseil d'administration pourra accorder à l'un quelconque des sociétaires. Elle détermine, s'il y a lieu, un autre maximum que ne pourra dépasser le Conseil d'administration, même autorisé par le Conseil de surveillance, conformément aux articles 8 et 10. A défaut de décision spéciale à ce sujet, le Conseil de surveillance pourra autoriser des

pour profiter des avantages de la loi du 5 novembre 1894, ont rédigé leur constitution d'après les statuts proposés

prêts sans autres limites que celles fixées par le total des engagements de la Caisse ;

4° L'Assemblée générale fixe, s'il y a lieu, la rétribution à allouer au comptable ;

5° Elle décide, en dernier ressort, de l'admission ou de l'exclusion de certains membres, dans le cas où ceux-ci auraient fait appel des décisions du Conseil d'administration. L'exclusion ne peut être prononcée qu'à la majorité des deux tiers des membres présents, conformément à l'art. 3 des présents statuts.

Les Assemblées générales peuvent délibérer aussi sur les objets visés aux nᵒˢ 3, 4 et 5, pourvu qu'ils aient été portés régulièrement à l'ordre du jour.

L'Assemblée vote, en général, à mains levées avec contre-épreuve. Mais le scrutin secret est de rigueur quand il s'agit d'élection, ou quand un quart de l'Assemblée le demande.

Du Comptable.

ART. 12. — Le comptable est nommé et révoqué par le Conseil d'administration. Il peut être choisi dans le sein de ce Conseil, s'il n'est pas rétribué. S'il reçoit une rétribution, il ne peut faire partie d'aucun Conseil, mais il peut assister aux séances de l'un ou l'autre Conseil, sur convocation du directeur ou du président, avec voix consultative.

Le comptable est le chargé d'affaires de la Société et, comme tel, il a le devoir :

1° D'exécuter les décisions du Conseil d'administration. en ce qui concerne la gestion de la Caisse, d'effectuer les recettes et dépenses conformément à ces décisions, de tenir les livres, de garder en dépôt les titres, les actes et le numéraire en caisse. Mais sa signature n'oblige pas la Société.

2° De tenir la comptabilité, le registre des entrées et des sorties des sociétaires, et d'établir les comptes mensuels, les inventaires trimestriels et le bilan annuel.

Le comptable est tenu à fournir une ou plusieurs cautions ou à déposer un cautionnement, s'il n'en est dispensé par le Conseil de surveillance après avis conforme du Conseil d'administration. La fixation du cautionnement ou l'acceptation des cautions, si le comptable n'en est dispensé, appartiennent au Conseil de surveillance.

Dans le cas où le comptable n'est pas rétribué, il peut lui être adjoint un secrétaire rétribué ou non, chargé du travail matériel des écritures. Ce secrétaire ne peut, en aucun cas, avoir la garde des

par cette dernière loi. Bien entendu les modifications nécessitées par l'arrêt du Conseil d'Etat du 24 décembre 1897

effets ou valeurs, ni le maniement de l'argent. Il opère sous le contrôle et la responsabilité du comptable.

Dispositions générales.

ART. 13. — Les membres des Conseils exercent leurs fonctions gratuitement et ne peuvent réclamer que le remboursement des dépenses faites pour le compte de la Société.

Le comptable ou son secrétaire peuvent seuls recevoir, s'il y a lieu, une rétribution en rapport avec leurs services. Cette rétribution est fixée par l'Assemblée générale. Elle doit être exprimée comme somme fixe et non comme tantième.

ART. 14. — Les associés ne possèdent pas d'actions, ne font aucun versement, et ne reçoivent pas de dividende. Le capital social se compose exclusivement de la réserve qui est constituée par l'accumulation de tous les bénéfices réalisés par la Caisse sur ses opérations. Quand la réserve atteint le quart du capital suffisant aux opérations de la Caisse, le taux des prêts est abaissé par le Conseil d'administration, de manière que la Caisse ne réalise que les bénéfices nécessaires pour couvrir ses frais généraux.

ART. 15. — La Société emprunte soit à ses membres soit à des étrangers les capitaux strictement nécessaires à la réalisation des emprunts contractés par ses membres.

ART. 16. — Elle prête des capitaux à ses seuls membres, à l'exclusion de tous les autres, mais seulement en vue d'un usage déterminé et jugé utile par le Conseil d'administration qui est tenu d'en surveiller l'emploi. Tout emprunteur qui affecterait les fonds empruntés à un usage autre que celui en vue duquel le prêt à été consenti, est déchu du bénéfice du terme, obligé à rembourser immédiatement la somme à la Caisse, et exclu de la Société.

La Société se fait souscrire, en échange du prêt, soit une obligation civile, soit une obligation hypothécaire.

ART. 17. — Le Conseil d'administration ne peut consentir des prêts supérieurs à la somme fixée par l'Assemblée générale.

Si, dans certains cas exceptionnels, un membre de la Société voulait emprunter une somme supérieure, le Conseil de surveillance devrait statuer en dernier ressort, après avis favorable du Conseil d'administration. Si l'Assemblée générale a fixé une limite au Conseil de surveillance, conformément à l'art. 11 n° 3, le Conseil de surveillance ne pourra dépasser cette limite.

ART. 18. — Les prêts peuvent être consentis pour une durée maxima de cinq ans. Dans le cas où le terme excèderait une année, le prêt doit être remboursé par payements fractionnés au moins annuels :

figurent dans les statuts dont nous donnons la reproduction.

l'obligation doit indiquer les diverses échéances qui correspondront
aux époques où l'emprunteur réalise normalement ses principales
recettes par la vente de ses récoltes ou de ses autres produits.

Art. 19. — Quelle que soit la solvabilité de l'emprunteur, aucun
prêt ne peut être consenti sans bonnes garanties : caution, gage
ou hypothèque.

Art. 20. — Les présents statuts ne pourront être modifiés que sur
la proposition du Conseil d'administration, et par une Assemblée
générale extraordinaire. La modification des statuts ne pourra être
votée qu'à la majorité des deux tiers des membres présents.

Dans tous les cas, il ne pourra être dérogé aux dispositions des
articles 13 et 14, qui interdisent la rémunération des membres du
Conseil d'administration et du Conseil de surveillance et la distribution de dividende.

Art. 21. — La Société est fondée pour un temps illimité. En cas de
dissolution, sa réserve est employée à rembourser aux associés les
intérêts payés par chacun d'eux en commençant par les plus récents,
et en remontant jusqu'à épuisement complet de la réserve.

La dissolution ne peut être prononcée que par l'Assemblée générale extraordinaire, réunie et statuant dans les conditions établies
par l'article précédent.

Si sept membres déclarent s'opposer à la dissolution de la
Société et vouloir continuer ses opérations, la dissolution ne pourra
être prononcée, la réserve et la comptabilité seront remises à ces
associés, les autres ayant seulement le droit de se retirer, conformément à l'art. 3 des présents statuts.

Les membres qui veulent s'opposer à la dissolution de la Société
devront en faire la déclaration à l'Assemblée générale qui prononcera
cette dissolution, ou notifier leur résolution, par acte d'huissier, au
directeur de la Société, dans les deux mois qui suivront la résolution de dissolution. Passé ce délai, ils seront déchus de leur droit
d'opposition, et la réserve pourra être employée au remboursement
des derniers intérêts payés, comme il est dit ci-dessus.

DIVISION

34. L'étude des Caisses Raiffeisen au point de vue juridique, comprendra trois chapitres. Dans le premier, consacré aux notions générales, nous étudierons les divers contrats du droit civil dont les Caisses se rapprochent, nous préciserons leur nature et leurs caractères distinctifs. Le second et le troisième auront trait à deux éléments requis dans toute convention ; les conditions de forme et de capacité. Les opérations de la Caisse au point de vue juridique et économique nous fourniront la matière du chapitre quatre. Nous examinerons dans le cinquième les conséquences de ces actes, la condition juridique des associés et des administrateurs à l'égard des tiers. Un très court appendice relatif au droit fiscal, donnera quelques solutions sur les obligations des Caisses au point de vue du timbre et de l'enregistrement.

CHAPITRE PREMIER

NOTIONS GÉNÉRALES SUR LE CONTRAT
DES CAISSES RAIFFEISEN

35. La Caisse Raiffeisen est un contrat. Chacun de ses membres donne son adhésion sur un registre, après avis favorable du Conseil d'administration (art. 2 des statuts); nul doute n'existe sur l'accord des volontés; et les parties « s'obligent à donner ou à faire quelque chose », car l'une donne sa solidarité en échange d'un crédit éventuel promis par l'autre; nous sommes donc exactement dans les termes de l'art. 1101 (1) C. civ. Nous allons étudier ce contrat, au point de vue de la loi française. Plusieurs questions se présentent successivement, nous en suivrons l'ordre logique, car elles s'enchaînent comme des théorèmes. En premier lieu, nous nous demanderons si les conditions exigées par l'art. 1108 pour la validité des conventions, se rencontrent dans le contrat des Caisses Raiffeisen. Ce point élucidé, nous essaierons de préciser sa nature, nous examinerons une à une les autres conventions du droit français qui offrent avec lui des analogies, la société, l'association, pour en arriver à cette conclusion qu'il rentre dans la classe des contrats innomés, spécialement de ceux visés par la loi de 1867. Sa nature, une fois connue, nous permettra d'étudier ses conséquences. Bien qu'elle ne soit pas la seule, nous insisterons sur sa personnalité morale; elle a

---

(1) Art. 1101. Le contrat est une convention par laquelle une ou plusieurs personnes s'obligent envers une ou plusieurs autres, à donner, à faire ou à ne pas faire quelque chose.

été vivement contestée et mérite à ce titre une étude sérieuse, dans l'intérêt des Caisses Raiffeisen, comme au nom des principes. Notre attention se portera enfin sur un des corollaires de cette idée, qui offre un certain intérêt : le droit d'ester en justice.

Section I. — **Validité du Contrat des Caisses Raiffeisen.**

36. Comme la question de validité du contrat des Caisses Raiffeisen se pose avant celle de savoir si elles sont ou non des Sociétés, nous allons immédiatement l'aborder. Les quatre conditions exigées par l'art. 1108, dans toute convention, se trouvent-elles réunies ici : le consentement de la partie qui s'oblige ; sa capacité de contracter ; un objet certain qui forme la matière de l'engagement ; une cause licite dans l'obligation ?

37. Aucun doute ne peut s'élever au sujet du consentement ; il existe des deux côtés. « Les nouveaux membres, « disent les statuts, doivent être agréés par le Conseil « d'administration de la Société et accepter toutes les « obligations que les présents statuts imposent aux asso- « ciés. Le Conseil d'administration donne son assentiment « en se prononçant sur l'admission du nouveau socié- « taire (1). » Quant à ce dernier, il adhère à la Caisse d'une manière formelle, en apposant sa signature sur le registre des entrées et des sorties, dont parlent les articles 2, 9 et 12 des statuts, et le manuel de M. Durand (2). Ce même manuel recommande aux Conseils d'administration de se

(1) Art. 2 des statuts.
(2) Durand. *Manuel pratique à l'usage des fondateurs et administrateurs des Caisse rurales*, p. 24.

montrer sévères pour le recrutement des membres; on peut assurer que, d'un côté comme de l'autre, les parties donnent leur plein consentement au contrat.

. Nous examinerons avec soin dans le chapitre III, les conditions de capacité que doivent remplir les membres de la Caisse, les autorisations dont ils doivent se munir, le cas échéant, afin de satisfaire à la seconde condition de l'article 1108.

38. L'objet, « la prestation à laquelle une de ses parties s'engage envers l'autre (1) », consiste ici, dans l'engagement pris par le nouvel adhérent de supporter solidairement et d'une manière illimitée les obligations contractées par les administrateurs (2). (Art 5 des statuts.) Faut-il se demander s'il est licite, possible, utile, susceptible d'appréciation pécuniaire ? Nous n'en voyons pas la nécessité. Le cultivateur, dont les biens en entier répondent pour la Caisse, au cas où elle ne serait plus à même de faire face à ses affaires, se rend bien compte qu'il fait un apport considérable, en offrant sa solidarité , ses hésitations le prouvent assez.

39. La cause est « le motif juridique suffisant, pour que l'auteur de la promesse ait été déterminé à s'engager (3) ». Où est l'utilité des Caisses Raiffeisen, leur raison d'être, sinon dans le crédit qu'elles distribuent à leurs adhérents ? Voilà leur cause. En remplissant certaines conditions, soumises à l'appréciation souveraine des administrateurs, les membres ont le droit de former une demande à l'effet d'obtenir les sommes nécessaires à la culture de leurs

---

(1) Aubry et Rau. *Cours de droit civil français*, IV, p. 313, 4°. édition. Paris, 1871.

(2) Art. 5. — L'associé est, vis-à-vis des tiers, tenu sur tous ses biens des obligations de la Société.

(3) Aubry et Rau, IV, p. 321.

terres. S'ils n'entraient pas dans la Caisse, jamais ils n'obtiendraient d'elle un crédit (1). Leur entrée réalise la condition indispensable pour les rendre aptes à en recevoir.

40. On pourra discuter plus loin sur la nature du contrat des Caisses Raiffeisen, mais nous ne croyons pas qu'on puisse mettre en doute sa validité. La jurisprudence s'est, depuis longtemps, prononcée en ce sens, dans des circonstances particulières. Avant la loi du 17 juillet 1856, on avait confié aux arbitres le soin de juger les contestations entre associés et pour raison de la société. Ceux des plaideurs, qui, pour une raison ou pour une autre, ne pensaient pas rencontrer dans la juridiction arbitrale les garanties des juges de droit commun, arguaient immédiatement que le contrat en vertu duquel ils étaient obligés, n'était pas une société. Il se produisait alors ce fait curieux, les nombreuses décisions éparses au répertoire (2) de Dalloz en font foi. Les cours se livraient à un travail d'analyse, analogue à celui que nous venons de faire, elles cherchaient si les conditions de l'art. 1108 du Code se trouvaient réunies, puis, conformément au principe de la liberté des conventions, elles faisaient produire au contrat tous ses effets, se bornant, suivant les cas, à renvoyer devant une autre juridiction ou à maintenir le juge saisi. Nous ne connaissons pas de décision annulant un contrat de ce chef, qui ne rentre pas dans le cadre des conventions prévues par le Code.

41. Quelques arrêts sont caractéristiques. On nous permettra de les citer.

Les sieurs L... et D..., négociants, avaient mis en commun 2,000 francs, dont ils jouissaient alternativement chacun, pour les besoins de leurs commerces respectifs. Survint une difficulté, ils portèrent leur différend devant un arbi-

(1) Art. 16 des Statuts.
(2) Répertoire Dalloz. Société. Ch. II.

tre. Celui-ci n'eut pas de peine à reconnaître qu'il ne se trouvait pas en présence d'une société. Le partage est de l'essence de ce contrat, arg. art. 1832. Or, comment partager un bénéfice qui n'avait pas été réalisé en commun ? Il s'abstint donc de prononcer une condamnation. Saisi par une assignation de L..., le Tribunal de commerce de S... reconnut la validité du contrat et condamna D... à payer à L... une somme de 911 fr. 50. La Cour de cassation confirma ce jugement le 4 juillet 1826 (1).

Même solution dans un arrêt de cassation du 20 avril 1842 (2) et un de Paris du 2 janvier 1838 (3), le premier relatif à la construction d'un théâtre à Montargis, où diverses personnes avaient fourni, sous des conditions spéciales, des fonds aux constructeurs, le second, à l'exploitation d'une charge d'agent de change. Tous deux reconnaissent qu'il n'y a pas de société, mais se trouvant en présence d'un contrat valable, ils le constatent et renvoient devant les tribunaux ordinaires. Un arrêt de Paris du 10 août 1807 (4) indique très exactement la recherche à laquelle se livrent les tribunaux.

« Attendu que les trois actes dont il s'agit présentent à « la fois les caractères ou les apparences d'un prêt, et ceux « d'une société en commandite ; mais que ces deux titres « étant inconciliables, il faut nécessairement opter, et voir « quel est le contrat que les parties ont voulu faire, quel « est celui qu'ils ont voulu supposer et qui sert d'enve- « loppe à l'autre. »

42. Bien plus, disait M. Durand, dans un article de la *Revue des sociétés*, « parmi les très nombreux plaideurs qui

(1) Dalloz. Répertoire. Société. Ch. II, 388, note 1.
(2)   Id.   Id.   400, note 1.
(3)   Id.   Id.   407.
(4)   Id.   Id.   396.

« ont déféré aux tribunaux des contrats, dont le caractère
« de société était douteux, il n'y en a pas un seul qui ait
« eut l'idée de plaider la nullité du contrat. Jamais une
« pensée si étrange n'a hanté l'imagination cependant si
« fertile des plaideurs (1). »

Nous citerons un dernier arrêt tout récent du 3 décembre 1887, qui reconnaît la validité d'un simple contrat
d'association intervenu entre des porteurs d'obligations.

« Rien ne s'oppose à ce que les souscripteurs d'un em-
« prunt émis sous la forme d'obligations au porteur ou
« nominatives, s'associent soit pour la défense de leurs
« intérêts, soit pour la réalisation de l'hypothèque collec-
« tive qui leur a été promise au moment de l'émission.

« Que, sans avoir à rechercher si cette association pré-
« sente tous les caractères d'une société civile proprement
« dite, l'acte qui la créé, confère tout au moins valable-
« ment à son directeur le mandat de représenter ses asso-
« ciés dans les limites des intérêts mis en commun (2) ».

Une note sous l'arrêt remarque très bien qu'un pareil
contrat ne présente pas les caractères de la société, « il n'y
a pas d'apport, ni de bénéfices à réaliser. Ce serait tout au
plus une assurance mutuelle. »

43. Si nous avons insisté sur cette question, forts de
l'appui simultané des principes et de l'autorité de la chose
jugée, c'est en vue d'un système contraire, fort peu suivi,
d'ailleurs, dont nous empruntons à M. de Vareilles-Sommières, l'exposé et la réfutation (3).

« On fait implicitement ce beau syllogisme : un contrat
« qui manque d'un de ses éléments essentiels est nul ; or,

(1) *Revue des Sociétés*. Juin 1897. IIᵉ partie, p. 378.
(2) D. P. 1890, 1, 105.
(3) De Vareilles-Sommières. Du contrat d'association ou la loi française permet-elle aux associations non reconnues de posséder. Paris,
Pichon, 1893.

« le partage de bénéfices est de l'essence de la société ;
« donc, si le partage de bénéfices ne doit pas avoir lieu, le
« contrat est nul. Comme sophisme, c'est réussi. C'est
« dans la majeure que réside le vice du raisonnement et il
« est énorme. Il est faux que l'absence d'un élément essentiel
« ait toujours, dans les contrats, pour conséquence la
« nullité. Il faut distinguer ; si c'est un élément essentiel à
« tout contrat qui fait défaut, la nullité est, en effet, cer-
« taine. Mais si c'est seulement un élément essentiel à une
« espèce déterminée de contrat, il s'ensuit simplement que
« le contrat qui en est dépourvu n'appartient pas à cette
« espèce. S'il satisfait aux conditions communes à tous
« les contrats, il est parfaitement valable : il entre dans
« une autre espèce de contrat, tout au moins dans celle
« des contrats innomés. Ainsi le prix en argent est un
« élément essentiel de la vente : supprimez-le dans un
« contrat particulier, vous n'avez plus une vente, mais le
« contrat n'est pas nul ; c'est un échange si vous rem-
« placez le prix par une chose ; c'est un contrat innomé
« si vous remplacez le prix par un fait ; c'est une donation
« si vous ne mettez rien à la place du prix. »

Nous avons cru démontrer la validité du contrat des
Caisses Raiffeisen, une seconde question se pose : Quelle
est la convention dans le Code, dont il faudra, par analogie
lui appliquer les règles ; quelle est sa nature ?

SECTION II. — **Nature du Contrat des Caisses Raiffeisen.**

44. Au sujet de la nature des Caisses Raiffeisen, bien
des systèmes peuvent être soutenus avec une égale vraisemblance ; nous allons examiner les principaux. Nous
nous demanderons, en premier lieu, si ce contrat rentre

dans les termes de l'art. 1832 ; dans un ordre d'idées un peu différent, nous chercherons les ressemblances des simples associations avec les Caisses Raiffeisen ; puis nous dirons qu'il s'agit, à notre avis, d'un contrat très spécial, dont la nature juridique varie suivant le point de vue auquel on se place. Entre les parties. il présente tous les caractères du mandat ; au regard des tiers, c'est un contrat innommé régi par la loi de 1867. Cette étude nous amènera insensiblement à une définition.

A. — *Ce ne sont pas des sociétés aux termes de l'art. 1832.*

45. MM. Aubry et Rau caractérisent ainsi le contrat de société : « Un fonds commun créé avec 'l'intention de le « faire valoir et de partager les bénéfices qui résulteront « des opérations faites à l'aide de ce fonds (1) ».

L'art. 1832 définit la société dans son objet « mettre quelque chose en commun », et dans sa cause (2) « dans le but de partager le bénéfice qui pourra en résulter » ; on ne peut enlever un de ces éléments sans dénaturer complètement le contrat.

Il est certain, d'autre part, que les Caisses Raiffeisen ne se proposent pas de partager des bénéfices. M. Durand disait, en effet, dans un article du *Correspondant* (3) : « Les « bénéfices que la Caisse réalise forment une réserve qui « couvre les pertes qui pourraient être faites. Jamais un

---

(1) Aubry et Rau, IV, 542.

(2) L'article 1832 est ainsi conçu : La société est un contrat par lequel deux ou plusieurs personnes conviennent de mettre quelque chose en commun, dans le but de partager le bénéfice qui pourra en résulter.

(3) *Correspondant*, 10 juin 1893. — Le Crédit agricole et les Caisses rurales, al. V.

« centime de ces bénéfices ne doit être distribué aux
« sociétaires, comme dividende, ou aux administrateurs,
« comme traitement ». L'art. 14 (1) des statuts est en ce sens.
Ces caisses manquent donc d'un des caractères essentiels
de la société.

46. M. Hubert Valleroux a essayé d'expliquer d'une
manière très large l'art. 1832 (2). « La définition du Code,
« dit-il, n'a pas pour but de mettre la distribution pério-
« dique des dividendes comme condition *sine qua non* de
« toute société. On a voulu simplement faire une opposition
« entre les associations qui ne se proposent aucun but
« lucratif, et celles qui s'en proposent un : Celles-là sont
« des sociétés. Si cette interprétation n'est pas stricte, elle
« est conforme à l'art. 1156, C. C. On doit dans les con-
« ventions rechercher quelle a été la commune intention
« des parties contractantes, plutôt que s'arrêter au sens
« littéral des termes. Ce principe qui explique toutes les
« conventions particulières sert aussi à expliquer l'inten-
« tion du législateur au titre des sociétés. Qu'ont-ils
« voulu ? Maintenir entre les associés une certaine égalité
« et régler leurs rapports, régler la responsabilité des
« associés vis-à-vis des créanciers sociaux. »

« M. Valleroux montre que les Caisses Raiffeisen pour-
« suivent un but lucratif : meilleures conditions de crédit.
« Les associés se soumettent à toutes les règles édictées
« au titre des sociétés, dans l'intérêt des associés et des
« créanciers sociaux. Pourquoi venir alors déclarer que ce
« ne sont pas des sociétés, parce qu'elles ne répartissent

---

(1) Art. 14. Les associés ne possèdent pas d'actions, ne font aucun
versement et ne reçoivent pas de dividende.

(2) Revue des sociétés. Mai 1897. Une intéressante question de
légalité à propos des sociétés coopératives, par M. Valleroux,
11° partie, p. 316.

« pas de dividendes ? Cette clause n'est pas illicite. Elle ne
« nuit pas aux créanciers, dont elle ne diminue pas les
« sûretés, aux associés qui trouvent d'une autre manière
« leurs bénéfices. Elle ne nuit pas à l'ordre public : la
« défendre c'est porter atteinte à la liberté de contracter. »

Cette manière de voir est également celle de M. Vavasseur :
« L'association pour le crédit mutuel est une véritable
« société, quoique le but principal des associés ne soit pas
« de recueillir et de se partager des bénéfices, ce qui est
« l'un des attributs essentiels du contrat de société. Mais
« chacun trouve dans l'association un avantage positif,
« appréciable en argent : Celui d'obtenir des avances supé-
« rieures aux versements qu'il y a faits (1). »

47. Ce système (2) nous paraît plus subtil que solide.
Quelles que soient les interprétations fort ingénieuses des
auteurs, l'article 1832 est une définition, sa place même, à

---

(1) Vavasseur. Traité des sociétés civiles et commerciales, II, p. 602.
n°s 1003 et 1004.

(2) Certaines lois étrangères n'exigent pas la répartition des bénéfices comme condition *sine qua non* de la société. Nous citerons
notamment la loi allemande du 1er mai 1889, dont voici l'art. 20.
(Loi allemande de 1889, traduction Michel. Diemer Heilmann, Mulhouse).

« Il peut être stipulé dans les statuts que les bénéfices, au lieu d'être
« distribués, constitueront un fonds de réserve, pour une période
« maxima et renouvelable de 10 ans ».

La législation suisse présente des dispositions analogues.

L'art. 716 du Code fédéral des obligations donne de la société une
idée très large.

« Les sociétés qui ont un but scientifique, artistique, religieux, de
« bienfaisance ou de récréation, ou tout autre but intellectuel et
« moral, peuvent, en se faisant inscrire sur le registre du commerce,
« acquérir la personnalité civile, même dans le cas où elles n'au=
« raient pas, jusqu'à présent, cette faculté, d'après la législation
« cantonale.

Annuaire de législation étrangère, 1882, p. 558 et suivantes.

La répartition des bénéfices n'est donc pas exigée.

la tête du titre en fait foi ; son énoncé, jusqu'à preuve du contraire, déterminera les éléments essentiels du contrat. Il nous semble étrange d'y voir seulement une opposition entre les sociétés qui poursuivent un but lucratif et les autres ; dans cette opinion, où les rédacteurs du Code auraient-ils donc défini la société ? On doit rechercher, dit M. Valleroux, la commune intention des parties. Mais c'est assimiler l'interprétation des textes législatifs à celle des conventions, les législateurs de 1804 rompus à toutes les arguties juridiques à la grosse masse des contractants dont le Code a prévu d'avance l'inexpérience, les formes équivoques de langage, en faisant prévaloir au-dessus de tout leur bonne foi.

La liberté des conventions n'est pas atteinte ; la preuve en est dans l'accord simultané de la jurisprudence et de la doctrine qui reconnaissent la validité du contrat des Caisses Raiffeisen. Nous avons cru le démontrer dans le chapitre précédent, sans préjuger en rien sa nature, sans voir en lui une société.

B. — *Les Caisses Raiffeisen sont-elles des associations ?*

48. L'art. 1832 étant trop étroit, on a voulu ranger les Raiffeisen parmi les associations. Nous pensons que le but a été dépassé, que le mot association désigne trop de choses pour servir de définition. Nous citerons, en ce sens MM. Chauveau et Hélie, De Vareilles-Sommières, dont les opinions divergentes porteraient à croire qu'ils avaient en vue des collectivités différentes.

« Toute association, disent les premiers, suppose deux « éléments : un but déterminé et un lien qui unisse les « associés. Le caractère fondamental des associations est

« donc la permanence ; leur signe distinctif, une constitu-
« tion organique (1) ».

49. M. De Vareilles-Sommières examine la question à
un autre point de vue, il voit dans l'association la société
idéale, dont les termes étroits du Code limitent le domaine.
Elle est à la société ce que le genre est à l'espèce, elle
englobe toute mise en commun d'efforts individuels dans
un but déterminé, conception hardie que le Code fédéral
suisse a complètement adoptée (2).

« Le contrat d'association est le contrat par lequel deux
« ou plusieurs personnes conviennent de mettre quelque
« chose en commun, dans la vue de poursuivre un but qui
« leur plaît, mais en excluant l'idée de partager les béné-
« fices qui pourraient en résulter (3) ».

Cette définition convient admirablement aux Caisses
Raiffeisen, elle les vise trop spécialement, croyons-nous,
pour donner une idée exacte de l'association.

D'autre part, leur théorie est encore flottante, car les
lois modernes ont cherché à les détruire plutôt qu'à les
édifier. Nous assimilerons néanmoins, pour un instant, les
Caisses rurales aux associations ; deux questions se posent,
l'une au sujet de l'application de l'art. 291 du Code pénal,
l'autre, en ce qui concerne leurs droits. Leur solution
montrera les règles qui les régissent toutes deux.

50. L'article 291 est ainsi conçu :

« Nulle association de plus de vingt personnes dont le

(1) Chauveau et Faustin Hélie. *Théorie du droit pénal*. Paris, Marchal Billard, 1872, 5ᵉ édition, tome III. nº 1161.

(2) L'article 703 du Code fédéral, promulgué du 1ᵉʳ janvier 1883,
déjà cité, donne la personnalité morale « aux sociétés qui ont un
but artistique. scientifique, religieux, de bienfaisance ou de récréation, ou tout autre but intellectuel et moral ».

Toutes ces collectivités, qui, en droit français. ne sont que des
associations, ont reçu du Code suisse le nom de sociétés.

(3) De Vareilles-Sommières. *Du Contrat d'association*, p. 7.

« but sera de se réunir tous les jours ou à certains jours
« marqués pour s'occuper d'objets religieux, littéraires,
« politiques ou autres, ne pourra se former qu'avec l'agré-
« ment du Gouvernement et sous les conditions qu'il
« plaira à l'autorité publique d'imposer à la société. Dans
« le nombre des personnes indiqué dans le présent article,
« ne sont pas comprises celles domiciliées dans la maison
« où l'association se réunit. »

Les Caisses Raiffeisen n'ont pas pour but de se réunir ;
cet article ne les vise donc pas. Qu'ont-elles en vue ? l'article 1ᵉʳ des statuts nous le dit : « Cette société a pour but
de procurer à ses membres le crédit qui leur est nécessaire
pour leurs exploitations ». Ce serait bien mal connaître les
paysans que de les réunir pour leur procurer du crédit,
eux qui rougissent de contracter un emprunt comme de
commettre une mauvaise action. Nous empruntons les
lignes suivantes à une monographie très intéressante de
M. Dasbach, député au Reichstag, sur l'usure dans la campagne de Trèves (1), ses observations s'appliquent également aux emprunts.

« Les paysans qui se sont fait prendre dans les lacets
« de l'usurier rougissent de parler de cette affaire. Tout au
« plus donnent-ils quelques indications sur leurs relations
« avec le prêteur ; à celui-là seul qui les a aidés, ils disent
« quelque chose de précis, s'ils sont convaincus que le
« silence le plus absolu sera gardé sur leur situation. Ils
« craindraient, si elle était connue, que leurs enfants ne
« puissent se marier. »

Les réunions des Caisses rurales n'ont aucun rapport
avec celles qu'interdit l'art. 291, leur but unique est le
fonctionnement de l'œuvre ; elles n'ont lieu qu'à des inter-
valles très éloignés.

(1) Dasbach. *Der Wucher in Trierischer, Lande*, p. 1.

« Art. 11. L'assemblée générale se réunit en session
« ordinaire tous les ans, après la confection de l'inven-
« taire annuel. Des sessions extraordinaires ont lieu, tou-
« tes les fois que le conseil d'administration, le conseil de
« surveillance ou un quart des associés le demande. »

Peut-on dire qu'une association, dont les assemblées ont
lieu une fois l'an, a pour but de se réunir tous les jours ou
à certains jours marqués ? L'art. 291, écrit le 16 février 1810,
à une époque de conspirations et de troubles, a eu en vue
les clubs. Arg. du second alinéa de l'article. On a voulu
parler des associations politiques, et « on a prévu qu'elles
« chercheraient à se cacher sous des apparences inoffen-
« sives (1). »

- Un passage de M. Berlier, rapporteur du projet, met
bien en lumière l'esprit de la loi.

« L'action de se réunir pour parler d'objets religieux,
« littéraires ou politiques est de droit naturel, et si l'ordre
« public peut y apporter quelques restrictions, elles doi-
« vent être renfermées dans de sages limites. Dans ce cas
« même, la modération est le premier devoir comme le
« premier besoin du gouvernement ; s'il comprime trop,
« on lui résiste. C'est déjà beaucoup que d'introduire dans
« notre législation une disposition qui n'y a jamais
« existé (2) ».

L'art. 291 ne frappe donc pas les Caisses Raiffeisen, les
termes et l'esprit de la loi s'y opposent.

Quels seraient maintenant, en tant qu'associations, les
droits des Caisses Raiffeisen ?

51. La question, il y a cinq ans, aurait fait sourire.
C'est M. de Vareilles-Sommières, sur les traces de Van den

(1) Hubert Valleroux. *Des associations ouvrières et de leur situation
légale en France*. Paris, Retaux, 1869.
(2) Hubert valleroux. *Des associations ouvrières et de leur situation
légale en France*.

Heuven, qui a le premier revendiqué pour les associations le droit de posséder et leur assimilation aux personnes morales. Son petit opuscule : *Du contrat d'association ou la Loi française permet-elle aux associations non reconnues de posséder* (1), a eu un retentissement considérable. M. Beudant, l'éminent professeur de la Faculté de Paris, enlevé trop tôt à la science française, y consacra dans Dalloz (2) une vigoureuse réplique. Une théorie qui a mérité l'honneur de la discussion vaut la peine d'un examen approfondi.

Depuis, l'idée a fait son chemin. Deux thèses dans le même sens ont été soutenues l'an passé : l'une, à Paris, par M. Didier Rousseau (3), le 23 mars 1897 : l'autre, à Lille, à la même époque, par M. Jules Epinay. Voici, réunis en faisceau, les principaux arguments de M. de Vareilles-Sommières.

52: Il commence à appliquer au contrat d'association les règles de la Société, en vertu du principe qu'on étend au contrat innomé, les règles du contrat nommé, dont il se rapproche le plus. En conséquence : « Les membres de « l'association doivent effectuer leurs apports et ne peuvent « les reprendre. (Art. 1845.)

« Ils ne peuvent demander le partage du fonds social « avant la dissolution de l'association. Ils ne peuvent « vender leur part sociale que *cum sua causâ* grevée de « l'affectation commune. (Art. 1860 et 1861.)

« Les créanciers de l'associé peuvent faire saisir et ven- « dre la part dans le fonds commun, mais l'adjudicataire « doit respecter l'affectation...., etc., etc.

« Il résulte de tout ceci que les associés, en tant qu'as-

---

(1) Voir *Supra*, p. 40.
(2) Dalloz. II, 1894, p. 28. Voir également *Revue Critique.* 1895, p. 314.
(3) *Capacité juridique des associations en droit civil français.* Paris. Rousseau, 1891.

« sociés, autrement dit l'association, peuvent au moins
« posséder une première catégorie de biens, la masse de
« leurs apports. Et c'est d'une manière ferme et durable
« qu'ils les possèdent comme associés, du moins si l'asso-
« ciation est à temps limité, puisque l'engagement qu'ils
« ont pris de les affecter à la poursuite du but commun
« est obligatoire entre eux et opposable aux tiers (1). »

A cette argumentation on a opposé que le contrat d'association n'était pas valable. « La conformité (2) et la
« sympathie des idées, ne forment pas, dit M. Beudant,
« un apport social productif. Mais on s'associe pour agir
« et non pour rêver. Et l'action commune réclame de
« chaque associé ou l'effort personnel, l'industrie humaine,
« ou une chose, un bien dans lequel sont emmagasinés
« des efforts antérieurs. »

On a agité, naturellement, le spectre de la main-morte.
Mais l'article 1869, qui s'applique aux associations, empêche
absolument ce résultat, puisque une société constituée
pour une durée illimitée peut être dissoute par la
volonté d'une seule des parties.

« Rien ne s'oppose à ce que plusieurs individus acquiè-
« rent en commun des meubles ou des immeubles. Rien
« ne s'oppose davantage à ce que les acheteurs, par une
« convention antérieure ou concomitante ou postérieure à
« l'acquisition, stipulent et promettent réciproquement
« que le bien acquis sera affecté à la poursuite d'une entre-
« prise par eux commencée. Cette convention est de
« même nature que celle qui, tout à l'heure, s'appliquait
« aux apports. Que dis-je ? c'est la même convention :

(1) *Capacité juridique des associations sans but lucratif et non reconnues d'utilité publique,* étude d'histoire, de jurisprudence et de
législation. Paris. Rousseau, 1897.

(2) D. P. 1894, 2. 329. Note.

« Les parts indivises qui appartiennent aux acheteurs
« dans le bien qu'ils viennent d'acquérir sont des supplé-
« ments d'apport versés par eux dans le fonds social.
« Pour les mêmes raisons que nous avons données à
« propos de l'apport primitif, l'engagement qu'ils pren-
« nent ici est opposable à eux d'abord, aux tiers ensuite.
« Tant que le terme fixé par le contrat social n'est pas
« arrivé, ou tant qu'ils ne sont pas tous d'accord pour
« dissoudre ou modifier le contrat. les biens nouveaux,
« comme les anciens, restent affectés à l'entreprise com-
« mune. Qu'est-ce à dire, en langage vulgaire, si ce n'est
« que l'association peut acquérir à titre onéreux et qu'elle
« possèdera légitimement les biens acquis ainsi jusqu'à
« sa dissolution (1). »

53. M. de Vareilles-Sommière analyse l'idée que la plupart des jurisconsultes se font de la personnalité morale :

« Tous les auteurs se représentent l'association comme
« quelque chose de distinct des associés, et ce quelque
« chose, ils en font une personne incapable. Ils disent
« que c'est une personne morale de fait. Ils attribuent à
« cet être impalpable — à juste titre — le rôle principal et
« dominant dans toute œuvre collective, et arrivent à ne
« plus voir dans les associés que des modes, des formes
« accidentelles, des prête-noms de cette entité, des per-
« sonnes interposées entre elles et le public (2). Mais
« l'association n'est personne, absolument personne. Il n'y
« a rien autre chose en elle qu'un groupe d'individus reliés
« par une convention, rien autre chose que des associés.
« Une personne morale de fait est une chose inintelli-
« gible (3). La personne morale est, par définition, une per-

---

(1) Vareilles-Sommières. Du contrat d'association. p. 16.
(2)   id.   id.   p. 36.
(3)   id.   id.   id.

« 'sonne fictive créée par la loi. Or, dans l'espèce, la loi
« n'intervient pas : comment peut-il être question d'une
« personne morale ? Elle est de fait seulement, dit-on ;
« mais c'est ici précisément que tout se brouille : qu'est-
« ce qu'une fiction de fait ? Qui crée cette fiction, que ne
« crée pas la loi ? Que devient l'axiome que, seule, la loi
« peut créer les personnes que ne crée pas la nature ?

« La personnalité, même au cas d'association reconnue,
« n'est qu'un moyen ingénieux de mieux relier les associés,
« de concentrer leurs droits : elle est bien plutôt la
« réunion de tous les associés pris comme tels, en une
« seule personne, que la création d'une personne distincte
« d'eux ; et la preuve, c'est que là aussi, quand tous les
« associés disparaissent, la personne civile n'existe plus :
« elle était donc eux-mêmes. »

54. Tout en partageant les idées de M. de Vareilles-
Sommières, nous ne jugeons pas avoir donné des caisses
Raiffeisen une idée suffisamment précise, en les rangeant
au nombre des associations. Nous avons cité deux défini-
tions, mais chaque auteur en forge une à sa guise. Si
nous restons exclusivement confinés dans notre sujet,
nous voyons qu'à ce point de vue très spécial, le mot
d'association désigne trois choses fort différentes : les
réunions prévues par l'art 291, sens de MM. Chauveau et
Faustin Hélie ; les congrégations non autorisées, opinion
de M. de Vareilles-Sommières et enfin les caisses Raiffeisen.

S'il n'y a aucune analogie entre ces dernières et les
clubs interdits par l'article 291, elles ne ressemblent pas
davantage aux congrégations non autorisées. Celles-ci se
proposent comme but la charité, l'enseignement social ou
la sanctification en commun ; les caisses Raiffeisen ont des
visées moins hautes, elles tendent exclusivement à procurer du crédit à leurs adhérents. N'est-ce pas là un

avantage pour chacun des membres, susceptible d'appréciation pécuniaire, qui creuse entre elles un fossé profond ?

Une définition si compréhensive, désigne trop de choses dissemblables, elle indique le genre sans préciser les espèces.

55. Les Caisses Raiffeisen n'ont donc aucun rapport avec l'association telle que l'entend le droit administratif ou pénal, association qui se caractérise par l'absence d'un intérêt juridique. Le mot association désigne des choses très différentes. Pris dans un sens philosophique, il embrasse tout groupement dans un but déterminé, c'est le genre : les sociétés et autres groupements analogues sont l'espèce.

Mais, au point de vue de l'art. 291, le mot association a un sens plus restreint : elle embrasse l'association qui n'a pas un but juridique appréciable en argent, ou tout au moins présentant un intérêt matériel.

Le législateur a frappé les idéologues, mais il a respecté la liberté des conventions civiles. Toute association qui résulte d'un contrat et qui a une cause et un objet licite, en prenant ces mots dans le sens juridique, c'est-à-dire toute association qui a un but d'intérêt matériel est couverte par le Code civil. Plusieurs personnes peuvent évidemment convenir très licitement de faire ou de payer quelque chose, en vue d'entreprendre un commerce. C'est licite, mais ce n'est pas une association, c'est un contrat innomé.

L'association prohibée est celle où les associés poursuivent un but idéal, sortant du cercle des intérêts matériels. Donc la Caisse rurale, ayant pour but le crédit à bon marché et pour objet les prêts et les emprunts, est un contrat et ne rentre pas dans les associations prohibées. Peu importe la fréquence ou la rareté des réunions, des

assemblées générales, car les sociétés civiles et commerciales peuvent se réunir aussi souvent qu'elles le veulent
pour discuter les intérêts matériels résultant du contrat.

56. D'autre part, M. de Vareilles-Sommières cherche la
forme légale à donner aux associations. Il montre ou tend
à prouver que les associations peuvent se former par un
contrat. Nous sommes d'accord avec lui, lorsqu'il les analyse et voit en elles un contrat valide, mais alors, ce n'est
pas l'association qui existe, c'est le contrat. Dans le cas
particulier des Caisses Raiffeisen, c'est lui qui anime ces
collectivités, et l'idée d'association n'y intervient que
comme cause. Sans doute, elle en est la raison déterminante, mais on ne peut la considérer comme leur but,
puisque le droit civil ne connaît pas les associations et n'en
parle nulle part. Les Caisses Raiffeisen, contrat civil. n'offrent donc aucun trait commun avec les associations, elles
ne rentrent pas, d'autre part, dans les conventions prévues
par le Code. nous sommes donc naturellement amenés à
les désigner sous le nom de contrats innomés.

C. — *Les Caisses Raiffeisen sont des contrats innomés.*

57. Le Code civil reconnaît dans l'art. 1107 les contrats
innomés. Dans une législation qui a répudié le forma-
lisme, on ne peut assigner à tous les contrats des formes et
des noms. Les rédacteurs du Code ont établi pour chaque
convention des règles qui sont l'expression présumée de
la volonté des parties ; celles-ci pourront les modifier à leur
guise, ce seront là des contrats inommés.

Bien qu'ils soient très fréquents, les ouvrages de droit
leur consacrent à peine quelques lignes, à propos de
l'art. 1107. Au moment de s'accorder, la plupart des personnes ne cherchent pas, dans la loi, les dispositions qui se

rapprochent le plus de la convention qu'elles ont l'intention de former ; elles se concertent, règlent les prestations. réciproques au mieux de leurs intérêts.

On applique aux contrats innomés, d'après une doctrine constante (1), les règles des contrats nommés dont ils se rapprochent le plus. Les lois sur les conventions sont interprétatives de la volonté des parties ; n'entre-t-on pas dans leurs vues, si on s'attache uniquement à leur intention pour qualifier un contrat, sans tenir compte des divergences qu'il présente avec les articles du Code ? Du moment qu'elles n'ont pas dérogé aux autres règles, elles les ont acceptées.

Pourquoi ranger les Caisses Raiffeisen dans une catégorie à part ? Cela ressort de leur comparaison avec la société et l'association. Nous avons cru démontrer entre eux malgré des affinités de surface (2), des différences profondes qui s'opposent à une assimilation ; et comme ce sont les conventions dont elles se rapprochent le plus, une conclusion s'impose. Le Code ne les a pas prévues : ce sont des contrats innomés.

. Comme la difficulté subsiste toujours, au sujet des dispositions à leur étendre, nous proposerons une distinction. Le titre des sociétés civiles pose leurs règles dans deux sections successives : la première a trait aux « engagements des associés entre eux » ; la seconde « aux engagement des associés à l'égard des tiers » (3). Nous inspirant de cette idée, nous soumettrons les Caisses Raiffeisen à des règles différentes dans ces deux cas. La loi de 1867 servira à déterminer leurs droits et leurs obligations vis-à-

---

(1) Aubry et Rau, IV, p. 287.
(2) Voir *Supra*, nos. 48 et suivants, 45 et suivants.
(3) Les mots entre guillemets sont l'intitulé de la section I et de la section II du titre des sociétés.

vis des tiers ; mais pour préciser les rapports des membres entre eux ou à l'égard du Conseil d'administration, nous appliquerons les dispositions du mandat. Ces deux propositions vont être développées.

1° C'est la loi de 1857 qui règle les rapports des Caisses Raiffeisen à l'égard des tiers.

58. A l'appui de cette idée, nous apporterons les dispositions de la loi de 1867, qui régit les sociétés coopératives et les contrats innomés, nous invoquerons également la loi de 1894, dont les rédacteurs ont abandonné la conception de la société définie dans l'art. 1832.

La loi de 1867 consacre un titre entier aux sociétés à capital variable, aux coopératives ; les Caisses Raiffeisen en offrent tous les caractères ; elles sont donc sous l'empire de ces dispositions.

On pourrait tirer de l'article 48 de la loi de 1867 la définition suivante : La Société à capital variable est celle « dont le capital social sera susceptible d'augmentation par des versements successifs faits par les associés *ou* l'admission d'associés nouveaux. » Ce dernier membre de phrase vise précisément les Caisses Raiffeisen. Leur capital n'est pas augmenté ou diminué par des apports, mais par l'admission ou le retrait des membres, qui donnent ou enlèvent leur solidarité et offrent ou non une nouvelle garantie aux personnes en rapport avec la Caisse. Elles ont un grand nombre de traits communs avec le contrat régi par le titre III de la loi de 1867. C'est ainsi que, dans les deux, chacun des membres peut sortir à volonté et encourt l'exclusion par mesure disciplinaire ; dans l'un et l'autre cas, une responsabilité de cinq ans pèse sur les adhérents démissionnaires ; enfin la mort, la retraite, l'interdiction, la faillite ou la déconfiture des associés ne sont pas des causes de dissolution.

59. Mais une objection se dresse. Vous appliquez une loi sur les sociétés à un contrat qui manque d'un de ses caractères essentiels. Nous croyons, en effet, que la loi de 1867 a élargi la définition de l'art 1832 ; les travaux préparatoires sont formels en ce sens.

M. Garnier-Pagès demandait en ces termes des explications au rapporteur (1) :

« Vous n'avez parlé que des sociétés par actions ; vous
« avez oublié les sociétés personnelles, qui ont des parts
« non négociables et dont le partage des bénéfices se fait
« de manières différentes suivant les statuts. Je vous dis
« que ces sociétés-là, et c'est le plus grand nombre, sont
« presque toutes les associations que vous voulez proté-
« ger, introduire dans la loi, et qui pourtant s'en trouvent
« exclues. »

M. Mathieu, rapporteur, répondit :

« En réalité, avec la loi que vous allez voter, quand on
« la rapproche du droit commercial, du Code de com-
« merce, vous trouvez toutes les formes d'association pos-
« sibles, toutes les combinaisons imaginables à l'aide des-
« quelles les humbles, les plus humbles même, peuvent
« trouver la réalisation du problème qu'ils poursuivent. »

60. Cette conception nouvelle de la société cadre parfaitement avec la nature des Coopératives. Elles ont rarement comme but unique la répartition de bénéfices sous forme de parts ou de dividendes. Produire très bon marché et vendre à meilleur compte (sociétés de production) ; obtenir des prix de faveur en raison de la quantité des denrées achetées (sociétés de consommation) ; avoir du crédit dans de bonnes conditions (sociétés de crédit) ; des habitations : dans la plupart des cas, voilà leur principale raison d'être.

(1) *Commentaires de la loi de 1867*, par Louis Tripier, II. 323 à 325. Paris, 1879, Larose et Pichon.

Seulement, deux systèmes sont en présence.

La Coopérative de boulangerie de Roubaix, vendant le pain à ses adhérents au prix des autres boulangers, a distribué à ses membres 24 °/₀ du montant de leurs achats, en même temps qu'elle portait 1.422 fr. à la réserve.

Dans celle d'Angoulème, le pain se vend meilleur marché que chez les boulangers ; le sociétaire jouit immédiatement de la plus grande partie de l'économie ainsi produite, mais par contre il ne touche aucun dividende (1).

Si nous nous en tenons à l'interprétation juridique de l'art. 1832, de ces deux Sociétés, la première seule est valable. Toutes deux cherchent le même résultat : procurer à leurs membres une économie ; la première la réalise en espèces sonnantes, la seconde, en vendant moins cher ; il n'y a pas d'autre différence. Puisque les deux procédés arrivent au même résultat, les auteurs qui croient trouver dans ces modestes dividendes la cause, font une confusion certaine avec le motif (2), poussant trop loin l'analyse.

Il suffit de connaître le montant des dividendes pour être persuadé que les sociétaires n'ont pas accepté la solidarité indéfinie pour une somme aussi minime. Nous extrayons du rapport de M. Marteau (3) les articles suivants sur les banques Schulz-Delitsch :

« Les bénéfices des 902 sociétés dont s'occupe le rapport « ont été, en 1881, de 8.262.422 marks, et les dividendes « distribués, déduction faite des réserves, se sont élevés à « 6.262.422 marks. Répartis entre les 462.212 sociétaires, ces

---

(1) *Économiste français*, 1885. *Pain et Coopération*, par M. Fougerousse.

(2) Nous prenons ces deux mots dans le sens que leur donne M. Baudry-Lacantinerie. La cause est le motif prochain, immédiat, essentiel de l'obligation, le motif, la raison éloignée, la cause de la cause, le pourquoi du pourquoi.

(3) Le rapport de M. Marteau a été inséré au *Journal officiel* de 1883 sous ce titre : Les banques populaires en Allemagne.

« dividendes donnent pour chacun une moyenne d'en-
« viron 14 marks, et comme il a été établi plus haut que
« le montant moyen de la part de chaque sociétaire, en
« 1881, a été de 221 marks, cela revient à dire que la par-
« ticipation moyenne, sur l'ensemble des sociétaires, ressort
« entre 6 à 7 % des mises. En serrant de plus près, cela
« donne un dividende net de 6.25 % sur cet exercice (1) ».

Étant donnée une moyenne de mise d'environ 221 marks,
ce n'est pas pour quelque vingt francs que les sociétaires
ont accepté la solidarité indéfinie des dettes de la Banque.
Ils ont fait partie des Vorschussvereine, associations d'avances, uniquement pour les avances : le nom le dit.

61. A la rigueur, il ne serait pas impossible de soutenir,
à la suite de M. Vavasseur, que la doctrine interprète à sa
guise l'art. 1832, en lisant les bénéfices au lieu de bénéfice,
mot très large, où on pourrait bien faire rentrer au lieu de
dividendes, des avantages susceptibles d'appréciation pécuniaire.

Le crédit fourni par les Caisses Raiffeisen en est un ;
d'autant qu'au cas de dissolution, la réserve est employée

---

(1) Ce n'est pas seulement en Allemagne et en France que les coopératives présentent ce caractère, en Suède également, on ne répartit
jamais de dividendes :

« Les bénéfices des coopératives, en Suède, ne sont jamais payés
« en argent, dit M. Smith, car. si cela se faisait, ils seraient très sou-
« vent gaspillés en eau-de-vie et autres choses inutiles. »
Économiste français. 1884. II p. 72. Fougerousse. *La vie à bon marché et les institutions suédoises.*
Les principales sociétés coopératives dont l'*Économiste français*
cite les résultats comme dépassant toute espérance, oscillent entre
6 et 7 % ; par exemple : la Société de la rue Doudeauville, société de
consommation, qui donne 6 % à ses membres.
Economiste, 1884, II p. 71.
Les autres doivent être bien inférieures, et on ne leur dénie pas la
qualité de sociétés, bien qu'elles ne répartissent pas de bénéfices. En
tous cas, ce ne sont pas ces bénéfices, dans ce cas, qui sont la cause
de la société.

à rembourser aux associés les intérêts payés par chacun d'eux, en commençant par les plus récents, et en remontant jusqu'à épuisement de la réserve (1). Peut-être avec de la bonne volonté, élargirait-on l'art. 1832, pour y faire rentrer ce contrat, mais nous préférons nous en tenir à la rigueur des principes.

62. Les sociétés à capital variable, coopératives, ne se proposent pas, en dernière analyse, de répartir des dividendes à chacun de leurs membres. Elles ne peuvent donc rentrer dans la définition du Code. Si elles possèdent une cause apparente, comme M. Rayneri (2) le soutenait au Congrès de Lille, personne ne s'y trompera, personne ne verra dans ces prétendus dividendes leur raison d'être, et on leur opposera l'art. 1131 du Code civil, invoqué tant de fois contre les Caisses Raiffeisen : l'obligation contractée sur une fausse cause est nulle, comme celle qui n'en a pas.

C'est la loi de 1867 qui a ouvert les portes de notre droit à ces sociétés que le Code ne connaissait pas. Qu'est-il donc besoin d'élargir l'art. 1832, pour le plier à la forme des Caisses Raiffeisen ? Ce sont des sociétés à capital variable, elles ne rentrent pas, comme ces dernières, dans les termes du Code, mais l'assimilation est complète, nous leur appliquerons des règles identiques (3).

(1) Ce sont les propres termes de l'art. 21 des nouveaux statuts, modifié après l'arrêt du Conseil d'État de décembre 1897.
(2) Rayneri. *Manuel des Banques populaires*, p. 50. Paris, Guillermin, 1896.
(3) Les législations allemande et suisse font des coopératives des sociétés absolument distinctes des autres. C'est seulement en Italie et en France qu'on les considère comme des sociétés ordinaires, sauf à leur appliquer des dispositions de faveur.
Il n'y a pas dans le Code de commerce allemand, livre II, qui traite des sociétés, une seule disposition qui vise les coopératives.
Code de commerce allemand traduit et annoté par MM. Gide, Flach. Lyon, Caen et Dietz.

63. Si un doute pouvait subsister au sujet de l'assimilation des Caisses Raiffeisen aux coopératives, ce seraient toujours des contrats innomés ; présentant de grandes affinités avec la société, la loi de 1867 les régirait ; elle qui étend ses dispositions à toutes les conventions qui se rapprochent de la société, notamment aux assurances mutuelles et aux tontines. Laissant de côté les tontines pour lesquelles l'intention du législateur reste douteuse, nous nous en tiendrons aux assurances mutuelles. Ce ne sont pas des sociétés, et on leur en applique toutes les règles.

« Avant la loi de 1868, la loi cependant ne les connaissait pas.
« Comme elles ne rentraient dans aucun des types connus de sociétés,
« que d'énormes différences les séparaient, tant de l'anonymat que de
« la commandite, et d'assez fortes nuances de la société en nom collec-
« tif, elles n'avaient pas de place dans les codes. Le Gouvernement,
« qui ne les aimait guère, avait prétendu, à l'origine, les soumettre à
« la nécessité de l'autorisation préalable. Elles avaient résisté, lutté,
« plaidé et triomphé. Les Tribunaux avaient reconnu leur indépen-
« dance, mais aussi leur avaient refusé toute individualité propre.
« Elles ne pouvaient ni acquérir, ni posséder, ni comparaître en jus-
« tice en leur nom. Tous les billets à ordre et toutes les lettres de
« change que la banque faisait souscrire par ceux de ses membres
« auxquels elle avançait des fonds, il fallait les mettre sous le nom
« d'un caissier ; ce caissier pouvait être infidèle, et alors tout recours
« civil contre lui faisait défaut. »
Bulletin de la Société de législation comparée. Février 1870, p. 139.
Le loi de 1868 vint porter remède à cet état de chose; son art. 11
était ainsi conçu :
« L'association enregistrée peut, sous sa raison sociale, acquérir
« des droits et contracter des obligations, exercer les droits de pro-
« priété et autres droits réels, demander et défendre en justice. »
« La loi offre une faculté et n'impose pas une obligation. Rien
« n'empêche les sociétés de rester ce qu'elles étaient avant 1867, de
« vivre en dehors de la loi : elles le peuvent si elles veulent. Que
« si elles désirent sortir de ce régime et acquérir la vie légale, on
« leur en offre le moyen mais en leur imposant certaines conditions. »
Loi citée plus haut.
Nous préférons concentrer notre attention sur une loi qui a abrogé celle de 1868, la loi du 1er mai 1889 :
« Les droits d'une association inscrite seront acquis dans la mesure
« prévue par la présente loi, aux sociétés comptant un nombre

. « Les assurances mutuelles, disent MM. Aubry et Rau,
« dans lesquelles chacun des associés s'engage à supporter
« son contingent des sinistres que pourront éprouver les
« autres, n'offrent ni l'espoir, ni la possibilité de bénéfices;
« Ce ne sont pas des sociétés. (1) »

Cependant la loi de 1867 les désigne sous ce nom. La Section III du décret du 22 juin 1868, portant réglement
d'administration publique pour la constitution des sociétés
d'assurances, parle de l'engagement social; la Section IV, des
charges sociales ; l'article 29 prescrit un fonds de réserve,
que quelqu'un doit posséder. Nous lisons, en effet, dans
l'article 33 : « Les fonds de la société doivent être placés
« en rentes sur l'État... Ces valeurs seront immatriculées
au nom de la société. » On traite ce contrat comme une

« d'adhérents illimité, qui ont pour but la satisfaction des intérêts
« industriels et économiques de leurs membres, notamment :
« Aux sociétés de prêt et de crédit:
« Aux sociétés pour l'approvisionnement des matières premières :
« Aux sociétés pour la vente en commun des produits agricoles et
industriels ;
« Aux sociétés pour la production et la vente d'objets au profit de
la société ;
« Aux sociétés pour l'achat en gros, en commun et la vente en
détail d'objets nécessaires à la vie et à l'économie domestique ;
« Aux sociétés pour l'acquisition et l'usage, au profit de la société,
d'objets servant à l'exploitation agricole et industrielle ;
« Aux sociétés pour la construction d'habitations.
Annuaire de législation étrangère. 1890, p. 171.
Les Caisses Raiffeisen sont en Allemagne des sociétés coopératives.
car une seule condition. est requise : la satisfaction des intérêts
industriels et économiques de leurs membres, or, elles la remplissent
évidemment. La loi allemande a une définition très large. corroborée
par l'énumération qui suit.
Nous avons cité n° 47 l'art. du code fédéral suisse, qui accorde la
personnalité à des sociétés ayant les buts les plus divers, n'ayant
rien de commun avec des avantages pécuniaires, sociétés religieuses,
scientifiques, à la seule condition de l'inscription sur les registres du
commerce. Les Caisses Raiffeisen rentrent dans cette définition. Ce
sont donc, également en Suisse, des sociétés.
(1) Aubry et Rau, IV, p. 543, note 5.

société, puisqu'on lui reconnaît la personnalité morale.

A l'instar des assurances mutuelles, comme contrats innomés, les Caisses Raiffeisen peuvent se réclamer de la loi de 1867.

64. Une loi du 5 novembre 1894 vient à l'appui de nos idées. Elle précise la conception nouvelle de la société indiquée en 1867 et donne ce nom à des associations, où on ne répartit, ainsi que dans les Caisses Raiffeisen, aucun bénéfice entre les membres.

« Les sommes résultant de ces prélèvements après acquit-
« tement des frais généraux et paiement des intérêts des
« emprunts et du capital social seront affectées, jusqu'à
« concurrence des trois quarts au moins, à la constitution
« d'un fonds de réserve, jusqu'à ce qu'il ait atteint la
« moitié au moins de ce capital. » (Art 3.)

Comme aucune limite n'est posée, les statuts pourraient affecter le montant intégral des bénéfices à la constitution de la réserve, dont les membres ne profiteront même pas à la disolution, si elle est destinée à une œuvre d'intérêt agricole, ainsi que le prévoit l'article 3 *in fine*, étendant la portée de l'article 1832, puisque la société ne se propose aucun gain à répartir.

Après avoir dit dans l'article 3 :

« Il (le bénéfice qui n'est pas affecté à la réserve) ne pourra en aucun cas être partagé sous forme de divi- dendes entre les membres de la société », la loi ajoute :

« Les sociétés de crédit autorisées par la présente loi sont des sociétés commerciales. » (Art. 4).

65. Où trouver une meilleure preuve d'une conception nouvelle (1) de la société, étrangère au code, que dans cette

---

(1) Nous empruntons les lignes suivantes à M. Arthuys, *Revue cri- tique de législation et de jurisprudence*, 1895 p. 322.

« Il ne faut pas chercher dans ces associations mutuelles composées

contradiction flagrante de l'article 1832 ? si le contrat défini
par la loi de 1894 rentre dans la classe des sociétés, bien
qu'un de leurs éléments essentiels lui fasse défaut, pourquoi refuser le même droit aux Caisses Raiffeisen qui se
présentent dans des conditions identiques ? Un très fort
argument d'analogie et la raison dictent cette solution :
les Caisses Raiffeisent son régies par la loi de 1867.

Cette conclusion pourrait surprendre. Il semblerait tout
indiqué, pour procurer aux Caisses Raiffeisen une situation
très nette et pleine d'avantages, de les faire rentrer dans
les prévisions de la loi de 1894, dont les termes très exten-
sifs visaient certainement, dans l'esprit de ses rédacteurs,
toutes les sociétés de crédit, alors même qu'elles présente-
raient de notables différences avec le type de l'article 1832.
Les directeurs des Caisses se sont toujours refusés à cette
assimilation et à juste titre, car plusieurs dispositions de
la loi nouvelle offrent avec leurs statuts une incompatibilité absolue.

66. C'est en premier lieu l'article 4 qui proclame ces
sociétés commerciales et les oblige à tenir des livres conformément aux prescriptions du Code de commerce. La

« d'une partie ou de la totalité des syndicats professionnels, les carac-
« tères de la société en général, tels qu'ils nous sont présentés par
« par l'article 1832 du Code civil. Nous ne sommes pas en présence
« d'un groupe de personnes s'unissant pour exploiter un capital
« social et se partager les bénéfices qui résultent de cette exploita-
« tion. La définition de la société doit être écartée. Le véritable
« profit que les associés retirent de leur union, c'est le crédit qu'ils
« obtiennent. Assurément, cette association, défalcation faite de ses
« frais, peut réaliser des bénéfices, mais il ne seront pas distribués
« aux associés, sous forme de dividendes, et proportionnellement
« à leur cotisation ; ils seront employés en partie à former un fonds
« de réserve en partie à être restitués aux associés, proportionnel-
« lement à l'importance des opérations faites avec la société. C'est
« le système suivi dans les sociétés coopératives de consommation. »
On ne peut définir d'une manière plus précise les caractères de la
loi de M. Méline.

perspective de la faillite éloignera toujours les paysans,
car on a beau dire que les agriculteurs n'étant pas commerçants, n'y sont pas soumis ; comme nous tenons pour
certain que les sociétés de crédit apporteront en garantie
la solidarité de leurs membres, ou échoueront toujours,
sauf de rares exceptions : dans le premier cas, les agriculteurs font donc partie d'une société en nom collectif
commerciale, ils seront des commerçants que la faillite de
la société atteindra par contre-coup. On n'a pas voulu
tenter l'expérience sur les Caisses Raiffeisen et avec raison,
d'autant qu'on ne peut exiger d'un paysan, teneur de
livres improvisé et non rétribué, qui prête son concours par
seul dévouement, une comptabilité semblable à celle des
commerçants.

A propos du dépôt annuel obligatoire à la justice de paix
et au Tribunal de commerce (art. 5) du nom des membres
des opérations de l'année et du tableau des recettes et
dépenses, les Caisses ont redouté un essai de main-mise
administrative sur leur direction et se sont abstenues.

Enfin le législateur montre dans le cours de la loi une
prédilection marquée pour les sociétés à responsabilité
limitée, un grand nombre de dispositions les visent exclusivement, réglant les versements, les cessions de parts,
n'admettant la solidarité que comme un pis aller ; autant
de dissemblances avec les Caisses Raiffeisen dont la responsabilité illimitée des membres et l'absence de versements
forment la base des statuts.

Nous avons déjà examiné au point de vue économique
les conséquences de la loi de 1894, et comme elle ne résout
pas, à notre avis, la question du crédit agricole, nous préférons faire rentrer les Caisses Raiffeisen dans le cadre
beaucoup plus large de la loi de 1867.

D. — *Le Contrat des Caisses Raiffeisen, entre les parties,
est un mandat.*

67. Jusqu'à présent nous avons envisagé exclusivement
les rapports des Caisses Raiffeisen vis-à-vis des tiers, il nous
reste à étudier les relations de leurs membres, soit à
l'égard du conseil d'administration, soit entre eux, d'autant
qu'ici la loi de 1867 nous semble inapplicable.

A la différence de la Société, le contrat des Caisses
Raiffeisen n'est pas un contrat synallagmatique. Les
membres s'obligent d'une manière solidaire et indéfinie,
mais, de son côté, la Caisse ne se lie pas. Nous avons bien
dit que la cause de l'engagement des premiers était un
crédit éventuel, qu'ils étaient, moyennant certaines conditions, moralement sûrs d'obtenir; mais nous n'avons
jamais parlé d'un crédit obligatoire. D'excellents esprits
ont cependant soutenu le contraire (1). Une lecture
attentive de l'article 8 des statuts, qui confère au Conseil
d'administration d'une manière souveraine, le droit
d'accorder ou de refuser les prêts, sans prévoir aucun
recours, leur aurait dessillé les yeux. D'une manière générale, les décisions du Conseil d'administration n'emportent
pas appel, sauf au cas de l'article 11, qui vise un cas
autrement plus important que le refus de prêt, l'exclusion
des membres.

(1) « Le crédit mutuel est un droit et non une faveur pour celui
« qui est appelé à en bénéficier. Un membre d'une société de crédit
« agricole a-t-il besoin d'un petit capital? Il se présente au siège de
« la Société, et l'utilité de l'emprunt reconnue, on doit lui faire
« l'avance demandée. On comprend qu'il n'en est pas ainsi d un prêt
« demandé à un simple capitaliste, ce dernier restant toujours
« souverain maître de la décision à prendre. »
Godde. *Le crédit personnel de l'agriculture et les sociétés de crédit
agricole*, p. 51. Paris. Rousseau. 1897.

68. Les Caisses Raiffeisen ne répartissent aucun bénéfices, n'ont pas droit à des apports, ne possèdent pas de fonds social. Il n'est pas nécessaire d'insister sur les deux premières idées reproduites par les statuts (1), mais la troisième exige des explications, car on pourrait être tenté de voir le fonds commun dans le faisceau de la solidarité de tous les adhérents. Ce serait, à notre avis, une grande erreur; ce prétendu fonds social n'existe qu'à l'égard des tiers, les membres ne s'engagent pas les uns envers les autres, mais vis-à-vis des prêteurs de la Caisse. Nous n'en voulons qu'une preuve : au cas de dissolution, l'ancien article 21 affectait le montant de la réserve à une œuvre d'intérêt agricole; l'arrêt du Conseil d'État de décembre (2) 1897 le visait spécialement pour soumettre de ce chef les Caisses Raiffeisen à l'impôt de la patente. Il a donc été modifié; mais le nouveau n'autorise pas davantage à partager la réserve, il permet simplement de rembourser les intérêts payés par chacun des membres, en commençant par les plus récents et en remontant indéfiniment. Le fonds social ne présente donc d'utilité certaine qu'à l'égard des tiers. Comment appliquer, dans ces conditions, les articles 1843 à 1861 du Code civil, qui, sous la rubrique « des engagements des associés entre eux », règlent toutes les questions relatives aux apports, aux engagements réciproques, aux répartitions de bénéfices?

69. Une analyse approfondie du contrat intervenu entre les membres nous a conduit à le soumettre aux règles du mandat. Dans les Caisses Raiffeisen, tous les rapports entre les membres se résument dans les pouvoirs donnés au

(1) Art. 14. Les associés ne possèdent pas d'actions, ne font aucun versement et ne reçoivent pas de dividende.
(2) Voir *infra*, n° 289.

Conseil d'administration, les statuts lui reconnaissent bien
des droits, notamment le droit d'obliger indéfiniment
ceux dont il tient ses pouvoirs.

« Les caractères essentiels du mandat consistent :

« En ce que l'affaire que le mandataire est chargé
« d'accomplir, doit être un acte ou une série d'actes
« juridiques.

« En ce que le mandataire reçoit le pouvoir de repré-
« senter le mandant, à l'effet de l'obliger envers des tiers,
« et d'obliger des tiers envers lui (1). »

Le chapitre IV de notre travail (2) montrera la réalisation
de la première condition, par l'analyse successive de tous
les actes des Caisses. Quant à la seconde, nous avons assez
parlé de la solidarité illimitée des membres pour en entreprendre la démonstration, et nous verrons plus loin qu'elle
entraîne, comme corollaire, un groupement solidaire de
leurs créances, leur donnant le droit de se représenter
mutuellement en justice.

70. Peut-être trouvera-t-on extraordinaire d'appliquer
à un contrat innomé les règles de deux conventions
différentes. Aussi nous ajouterons une observation.

Les règles qui gouvernent les rapports des membres
d'une société sont celles du mandat, avec la particularité
d'un fonds commun, à l'augmentation duquel chacun doit
contribuer. Au contraire, dans les Caisses Raiffeisen, il n'y
a pas de fonds commun; si les membres sont unis, s'ils
ont des relations entre eux, c'est uniquement pour la
garantie des tiers.

71. Voici donc la définition qui nous paraît la plus
compréhensive :

La Caisse Raiffeisen, au point de vue de ses droits et de

(1) Aubry et Rau, IV, p. 634.
(2) V. *infra*, n° 183 et suivants.

ses obligations à l'égard des tiers, est un contrat innomé, prévu par la loi de 1867 ; quant à la convention intervenue entre ses membres, elle se résume « dans un mandat collectif donné aux administrateurs, d'emprunter sous la garantie solidaire de tous (1). »

SECTION III. — Des effets généraux du contrat des Caisses Raiffeisen.

72. Sous cette rubrique très large, nous n'examinerons pas toutes les conséquences des Caisses Raiffeisen, nous nous attacherons seulement à certaines questions qui ont des rapports directs avec la nature du contrat et le préciseront davantage.

La loi de 1867 qui le régit, a-t-elle pour effet de le transformer en contrat commercial ? En admettant la négative, jouit-il de la personnalité morale ? Quels en sont les corollaires, spécialement au point de vue du droit d'ester en justice ? Tels sont les points sur lesquels se portera successivement notre attention. Chemin faisant, nous résumerons le débat célèbre de la personnalité des sociétés civiles, dont la solution nous fournira un argument très fort d'analogie, et nous exposerons d'une manière succincte les règles générales de procédure appliquées aux Caisses Raiffeisen.

A. — Du caractère civil du contrat des Caisses Raiffeisen

73. — Il est naturel pour distinguer les sociétés civiles des commerciales de s'attacher au même principe que

---

(1) *Revue des Sociétés*, IIe partie, juin 1897, p. 376. De la légalité des sociétés coopératives qui ne partagent pas de bénéfices. Louis Durand

pour discerner les individus non commerçants des individus commerçants (1) » Sont commerçants, dit l'art. 1er du Code de commerce, ceux qui exercent des actes de commerce et en font leur profession habituelle. Comme c'est à la nature des opérations qu'on s'attache pour proclamer qu'une société, une personne est ou non commerçante, (2) nous dirons, sans tenir compte de la profession

(1) Lyon Caen et Renault. *Traité de droit commercial*, II. 80.

(2) En Allemagne, les Caisses Raiffeisen sont des sociétés commerciales.

« L'association coopérative a, comme telle, des droits et des obli-
« gations propres, elle peut acquérir le droit de propriété et d'autres
« droits réels sur des immeubles, ester en justice comme demande-
« resse ou défenderesse.

« Les associations doivent être considérées comme des commer-
« çants dans le sens du Code de commerce en tant que la présente
« loi n'en dispose pas autrement. »

Art. 17, loi 1er mai 1889. — *Annuaire de législation étrangère*, 1890, p. 173.

Trois raisons motivent, selon nous, cette divergence avec la loi française.

I. — « Le droit commun en Allemagne n'est autre que le droit romain.
« On a bien essayé, depuis le commencement du siècle, de combiner
« la législation des divers États et d'en faire un tout. On n'a réussi
« que pour le Code de commerce, devenu loi d'empire, depuis la
« Constitution du 16 avril 1871. Il y a bien une commission insti-
« tuée depuis 1875. Mais elle avance bien lentement dans l'exécution
« de ce grand travail ».

Introduction au Code de commerce allemand. par Lyon Caen, Gide, etc. Préface.

M. Bufnoir, dans le *Bulletin de la Société de législation comparée*, 1880, p. 424, constatait que le terme de Pâques donné aux rédacteurs pour rédiger leur travail, était passé et que rien n'avait paru.

« En octobre 1881, les projets partiels étant terminés, furent dis-
« cutés en séances générales de la Commission ; après la discussion,
« chaque projet partiel était rédigé à nouveau par une commission
« composée de son rédacteur et du président de la Commission,
« puis approuvé par la Commission tout entière. Ces travaux abou-
« tirent à une révision générale, qui eut lieu de septembre à décem-
« bre 1887, et le projet définitif, en ce qui concernait la Commission,
« fut transmis le 31 décembre 1887 au chancelier de l'empire qui en
« ordonna la publication. Depuis cette époque, de nombreux congrès
« de juriconsultes ont discuté le projet, mais il n'a pas encore abouti
« à la présentation au Parlement allemand. Une nouvelle commission

personnelle des associés, ou de la qualification donnée par eux.à la société, qu'une société se livrant exclusivement aux actes de commerce est commerciale, qu'une autre ayant pour but unique des actes civils est civile. La Caisse Raiffeisen n'est pas une société : et c'est cependant une loi ayant trait aux sociétés commerciales qui la gouverne, nous pensons que le *criterium* indiqué plus haut s'applique dans sa généralité à toutes les conventions : Elle sera un contrat civil, si tel est le caractère de ses actes habituels.

74. Les Caisses Raiffeisen consentent principalement des prêts, art. 1er des statuts, acte civil par excellence,

« a été chargée d'y joindre ses observations, elle a commencé ses « travaux le 1er avril 1891. »

Projet de Code civil allemand par Raoul de la Grasserie. Paris, Pedone Laniel, 1893.

Les Caisses qui voulaient avoir la personnalité et jouir des bienfaits de la vie civile, ne pouvaient, en attendant ce fameux code, adopter la forme de société civile qui change suivant chaque État. Pour s'étendre à toute l'Allemagne, elles avaient adopté la forme commerciale.

Le projet vient d'être voté, mais promulgué le 18 août 1896, il ne sera exécutoire qu'à partir de 1900. (*Bulletin Société législation comparée,* 1895-1896, p. 622.

II. — Il n'y a pas en Allemagne de grande différence entre la société civile et la société commerciale, car « la loi allemande, comme « notre ancien droit français, établit une assimilation complète « entre les commerçants et les non commerçants.

« C'est le Tribunal du bailliage ou cantonal qui a compétence « exclusive ».

Bufnoir. *Bulletin de la Société de législation comparée,* 1888, p. 368.

III. — Enfin l'Allemagne a une institution très originale, celle des registres de commerce.

Art. 12 du Code de commerce allemand. (Traduction Lyon Caen, Dietz, Flach, Gide.)

« Dans chaque Tribunal de commerce, il sera tenu un registre où « devront être portées les diverses inscriptions prescrites par le « présent code. Le registre de commerce est public. Communication « peut en être prise par toute personne aux heures de service habi- « tuelles. Toute personne peut se faire délivrer une copie à ses frais « et la faire certifier conforme »

Le Code de commerce allemand ajoute beaucoup d'importance à cette prescription qu'il mentionne à propos de toutes les sociétés :

auquel le Code consacre trente articles 1874 à 1904, d'autant qu'elles s'interdisent par définition toute idée de spéculation, en prohibant les dividendes. Pour les opérations de banque « les dépôts, les virements, les recouvrements, « la négociation d'effets de commerce, l'escompte, le « change, les avances ou prêts sur titres, les ventes ou « achats de valeurs de bourse, les émissions directes, soit « d'actions, soit d'emprunts de sociétés ou d'État, la créa- « tion de billets au porteur dits billets de banque (1) » ; elles n'en ont jamais fait d'une manière sérieuse, les statuts n'en parlent aucunement. Si, à l'exemple des Caisses

celles en nom collectif, art. 86 à 89 ; celles en commandite, art. 151 et suivants ; celles par actions, 176 ; anonymes, 211.

Nous nous bornerons à mentionner la loi de 1889 :

Art. 10. Les statuts, ainsi que les membres de la direction, doivent être inscrits sur le registre des associations coopératives auprès du Tribunal dans la circonscription duquel l'association a son siège et qui est déjà chargé de la tenue des registres du commerce.

Art. 11. La demande d'inscription incombe aux directeurs qui doivent y joindre les statuts, etc.

Art. 13. L'association coopérative ne possèdera les droits d'une association inscrite qu'après l'inscription effectuée au registre des associations.

Obligées, sous peine de ne pas exister, de figurer sur les registres du commerce, les Caisses Raiffeisen se sont faites inscrire et ont acquis en même temps que la qualité de commerçantes, tous les droits attachés à la personnalité morale. Las de sa lutte contre Raiffeisen, tout l'effort de Schulze-Delitzch porta sur ce point : les en faire rayer. Du reste il n'y parvint pas.

Pour la même raison, en Suisse, les Caisses Raiffeisen sont des sociétés commerciales ; le registre du commerce. Art. 678 du Code fédéral des obligations.

Toute réunion de personnes qui, sans constituer l'une des sociétés définies au titres XXIV à XXVI (en commandite, en nom collectif, anonymes) poursuivent un but économique et financier commun doit, pour former une association ayant droit à la personnalité civile, se faire inscrire sur le registre du commerce conformément aux dispositions qui suivent.

Annuaire législation étrangère, 1882, p. 575.

(1) Lyon Caen et Renault. *Traité,* IV, p. 452.

allemandes (1), elles recevaient des dépôts, avant l'arrêt du
Conseil d'État de 1897, « il était impossible d'assimiler ces
« sociétés à des banques, car le banquier manque et avec
« lui l'esprit de spéculation qui détermine la commercialité
« de l'acte (2) ». Quoi qu'il en soit, le doute ne se comprend
plus aujourd'hui devant les art. 15, 16, 18 et 20 modifiés,
qui interdisent aux caisses l'usage du billet à ordre et la
réception des dépôts.

75. Les Caisses Raiffeisen sont des contrats civils malgré
la loi du 1er août 1893, qui proclame commerciales les
sociétés constituées dans les formes du Code de commerce
« quel que soit leur objet ». Elles ont bien adopté la forme
de la société en nom collectif et l'analogie des deux situations paraît frappante. Mais comme la loi nouvelle vise
seulement les sociétés en commandite ou anonymes, —
art. 68 nouveau ; — les caisses sont absolument en dehors
de toute discussion.

76. Aucun argument à tirer non plus de la loi du
5 novembre 1894, qui déclare commerciales les sociétés de
crédit agricole greffées sur les syndicats professionnels. Un
court examen de leurs actes principaux, opérations de
banque pour la plupart, suffit à démontrer le néant de
leur analogie prétendue avec les Caisses Raiffeisen. « Ces
« sociétés, dit l'art. 1er, peuvent recevoir des dépôts de
« fonds en compte courant, avec ou sans intérêts, se char-
« ger relativement aux opérations concernant l'industrie
« agricole des recouvrements et des payements à faire
« pour les syndicats, ou pour les membres de ces syn-
« dicats ».

---

(1) Les statistiques de banques allemandes dont nous avons donné
les résultats n° 30 contiennent toutes des dépôts dans le tableau de
leur exercice. Il en est de même des italiennes.

(2) Vavasseur, II, p. 602, n° 1004, *Traité des sociétés civiles et commerciales.* Paris, Maréhal-Billard, 1878.

Ce sont bien là des opérations de banque. D'autre part, la loi nouvelle n'étant pas impérative mais facultative, — Arg. art 1ᵉʳ des sociétés de crédit agricole peuvent être constituées, — les Caisses Raiffeisen ont le droit de ne pas se conformer à ses prescriptions.

77. De ce fait maintenant connu que les Caisses Raiffeisen sont des sociétés civiles, nous tirerons quelques conséquences se rattachant intimément à leur nature.

Les sociétés coopératives, cela est d'évidence, peuvent prendre les formes du Code de commerce, et cependant, un certain nombre de jurisconsultes refusent aux Caisses rurales le droit de fonctionner comme sociétés en nom collectif. Nous lisons, en effet, dans l'*Union économique*, sous la signature de M. Hubert Valleroux, que le Conseil municipal de Paris a refusé de voir dans une société en nom collectif, une coopérative, ayant droit aux bénéfices du legs de M. Rampal (1).

Les termes de la loi de 1867 nous semblent très formels : Il peut être stipulé (art. 48), dans les statuts de *toute société* que le capital social sera susceptible d'augmentation par des versements successifs.

« Les sociétés, dont les statuts contiendront la stipula-
« tion ci-dessus, seront soumises, indépendamment des
« règles qui leur sont propres suivant leur forme spéciale,
« aux dispositions des articles suivants ». Les termes sont formels. Ils sont assez larges pour comprendre toutes les formes de société du droit commercial. Les auteurs qui ont étudié la question se sont prononcés en notre sens (2). M. Durand (3), dans son bel ouvrage sur le Crédit agricole,

---

(1) *Union économique,* 10 février 1889.
(2) Paul Pont. *Traité commentaire des sociétés civiles et commerciales,* II, nᵒ 1732. p. 650. Paris, Delamotte, 1872.
(3) *Le Crédit agricole,* p. 743-748.

apporte avec preuves à l'appui, la certitude que les rédac-
teurs de la loi de 1867 ont entendu ainsi cette disposition.
M. Mathieu, rapporteur, M. Forcade de la Roquette,
M. Emile Ollivier le disent formellement.

78. Ce qui a induit en erreur un certain nombre de personnes, c'est que la loi de 1867, titre III, contient des articles qui réglementent l'émission des actions et la quotité du
capital-action. Mais on n'oblige pas pour cela toutes les
Coopératives à émettre des actions et à constituer un capital
social. On fixe les règles auxquelles doivent être soumis ce
capital et ces actions, au cas où ils existeraient. S'ils n'existaient pas, les dispositions de la loi deviennent sans objet (1).
On ne l'élude pas, on n'a pas l'occasion de l'appliquer,
voilà tout (2).

79. Ceci posé, quelles règles des sociétés en nom collectif
allons-nous appliquer aux Caisses Raiffeisen? Voici, à ce
sujet, la théorie de M. Bédarride que nous adoptons complètement : « Il faut diviser en deux les règles qui
« s'appliquent aux sociétés commerciales. Les unes s'appli-

---

(1) *Le Crédit agricole.* p. 748.

(2) Les lois étrangères admettent-elles la possibilité, pour une société coopérative, de prendre la forme en nom collectif : responsabilité illimitée ?

ITALIE :

La question se présente sous le même jour qu'en France, car les
coopératives ne sont qu'une modalité et non une classe spéciale de
sociétés. Elles pourront donc prendre la forme en nom collectif et
la responsabilité illimitée. Rapport Lourties, *Journal Officiel*, Sénat,
documents 1892, p. 186, annexe 29.

Est-il nécessaire qu'il y ait un apport ? L'article 87 du Code italien semble l'indiquer. L'article 219 qui vise les coopératives renvoie
à cet article, exigeant dans les statuts qu'on mentionne « la part afférente à chaque sociétaire en espèces, en créances et en autres
biens ».

ANGLETERRE :

Il y a une loi spéciale sur les sociétés coopératives. Elle est de
1876. C'est l' « Industrial and provident societies act. » Nous ne parlons
pas de la loi de 1895 sur les Loan Societies (sociétés de prêt), car le

« quent à élles, comme à tous les commerçants, on les
« considère comme individus, comme êtres moraux. Telles
« sont la faillite, l'obligation de tenir des livres. Ces règles
« ne peuvent évidemment pas s'appliquer aux sociétés
« civiles à forme commerciale, aux Caisses Raiffeisen, car
« ce ne sont pas des commerçants, et ce sont là des règles
« qui s'appliquent aux seuls commerçants.

crédit agricole n'existant pas en Angleterre (Durand. *Le Crédit agricole*). p. 578) elles n'ont absolument pas trait à la question.]
    Les statuts indiquent s'il y a responsabilité limitée ou illimitée.
    Le capital doit être divisé en actions.
    ALLEMAGNE :
    L'Allemagne possède une loi spéciale sur les coopératives. c'est la
loi du 1ᵉʳ mai 1889. L'art. 2 admet trois catégories. suivant les cas,
au point de vue de la responsabilité des associés.
    1º Chacun des associés est responsable sur tous ses biens des en-
gagements de l'association envers elle et directement envers les
créanciers de l'association (association à responsabilité illimitée,
mit unbeschränkter Haftpflicht) ;
    2º Chacun des associés est responsable sur tous ses biens, non pas
directement envers les créanciers de l'association, mais envers
celle-ci, et obligé de verser dans sa caisse les suppléments de fonds
nécessaires à l'acquit des dettes (Association inscrite avec obligation
illimitée de versements supplémentaires, mit Unbeschränkter Nac-
hschüsspflicht) ;
    3º La responsabilité de chacun des associés est limitée, tant envers
la société qu'envers les créanciers (association inscrite à responsabilité limitée. mit beschränkter Haftpflicht).
    On discutait, sous l'empire de la loi de 1878, s'il était nécessaire
de verser une part. La loi de 1889 tranche la controverse. Elle
exige qu'on la mentionne dans les statuts.
    6º Montant de chaque part sociale (Geschäftsantheil) ; montant et
époque des versements qui doivent s'élever à au moins 1/10 de la
part sociale.
    Ce sont donc des sociétés par action avec une responsabilité plus
ou moins étendue. Rapport Lourties déjà cité.
    BELGIQUE :
    C'est sa loi du 18 mai 1873 qui régit les coopératives. Chacun des
associés verse une part ; elle a cela de particulier qu'elle est inces-
sible : art. 85.
    La constitution de la société est possible sans qu'aucun minimum
ni de souscription, ni de versement, soit exigé. Le législateur belge
semble avoir attaché si peu d'importance au versement précédant

« Il y a d'autres dispositions, dispositions de pure forme
« qui sont la conséquence de la forme adoptée par la
« société commerciale. Ces dispositions s'appliqueront
« aux sociétés civiles qui ont revêtu la forme commerciale,
« car, ayant pris la forme, elles n'ont pas pris seulement
« le nom, mais tout ce qui se rattache à ce nom et en est
« le corollaire. Telle est, par exemple, la solidarité des
« membres dans une société en nom collectif. »

80. Nous leur appliquerons donc les règles de pure
forme et laisserons de côté celles de fonds, car ces sociétés

---

la formation définitive de la société, qu'il se contente, dans les
sociétés anonymes, du versement d'un vingtième du capital et que
ce faible minimum n'est pas même exigé ici. »
Les parts peuvent être réduites à presque rien.
Suisse :
Il en est de même qu'en Belgique. La faculté est laissée aux statuts
de fixer le montant des parts et le mode de versement ; mais la loi
n'établit aucune limite pour le chiffre du capital social et les apports
de chaque membre ; dès lors la liberté est entière à cet égard.
Aucune difficulté n'est donc à craindre de ce côté-là, si on veut former une société de personnes et non de capitaux.
Les statuts peuvent limiter la responsabilité des associés au montant des biens de l'association, cette clause n'a de valeur qu'autant
qu'elle a été publiée dans la feuille officielle du commerce. Dans le
le cas contraire, c'est le droit commun, c'est-à-dire la solidarité entre
les sociétaires limitée à deux ans dans les conditions des lois allemande et autrichienne, en ce sens que les créanciers n'ont action
contre les sociétaires qu'après clôture de la faillite et insuffisance de
l'actif social.
Lourties, *Rapport au Sénat*, p. 74.
Autriche-Hongrie :
La loi du 9 avril 1873 présente beaucoup de rapports avec la loi
allemande de 1868. On admet la responsabilité limitée. Mais, dans
ces dernières associations, les associés sont tenus non seulement du
montant de leur engagement, mais d'une somme double. (Rapport
Lourties.)
Il n'y a donc qu'un pays où les sociétés coopératives puissent.
comme en France, adopter la forme en nom collectif, c'est l'Italie,
On peut arriver au même résultat en Belgique, en Suisse, en Allemagne, car comme on ne fixe aucun minimum pour la part que chacun doit verser, elle peut être infinitésimale.

ne sont pas commerciales, et « la forme ne peut prévaloir
sur la nature des choses et rendre commercial ce qui n'a
jamais été susceptible de l'être (1) ».

En vertu de ce principe, les Caisses Raiffeisen seront,
pour leur constitution, les conditions de publicité, soumises
à la loi de 1867, dont les dispositions complètent le Code
et s'étendent à toutes les sociétés. Les mots « à capital
variable » suivront toujours la dénomination sociale, conformément à l'article 64. Comme conséquence caractéristique et nécessaire de l'adoption de la forme en nom collectif,
nous proclamerons enfin la solidarité de leurs membres.
(Art. 22, C. Com.).

81. L'application rigoureuse des principes conduirait à
exiger également, pour les Caisses Raiffeisen, une raison
sociale, nous n'irons pas jusque là pour les raisons suivantes :
si on part de la définition « la raison sociale est le nom et
la signature de la société », un double but lui est assigné :
indiquer d'une manière précise les cas où la société est
obligée ; donner aux tiers la mesure de la confiance qu'ils
peuvent avoir en cette dernière. Il y a dans les statuts des
Caisses une disposition qui correspond admirablement au
1º : art. 9 : la signature du directeur n'oblige la société
qu'autant qu'elle est contresignée par un membre du Conseil d'administration. Quant au second motif, nous n'en
comprenons pas ici l'utilité. Si on veut se renseigner d'une
manière générale sur la solvabilité des Caisses, qu'on com-
pulse les statistiques publiées tous les ans par l'Union de
Neuvied et d'Offenbach; qu'on relise la lutte de Schulze-
Delistsch contre Raiffeisen où pas une faillite, pas une
liquidation judiciaire ne peut être citée à son passif; les
discours de M. Carlo Contini, au congrès de Toulouse,

(1) Bédarride, *Commentaire du Code de commerce*, I, 187, Paris
1877, Thorin.

affirmant qu'au milieu de la crise agricole italienne, pas
ùn sinistre n'avait été constaté dans les institutions Raiffeisen (1).

Indépendamment de ces conditions générales, les
Caisses Raiffeisen forment une classe spéciale parmi les
sociétés en nom collectif, dont les membres ordinairement
restreints atteignent ici un chiffre très élevé. La raison
sociale d'une société comprend la majeure partie de leurs
noms, puisque « son but est de faire connaître ceux qui
« seront responsables solidairement. » (Art. 23. Code de
Commerce.) On ne peut songer cependant à mettre celui
de tous les membres de la Caisse ; ils sont trop nombreux.
Mettre le nom du directeur et de l'administrateur délégué
se conçoit difficilement. Ne serait-ce par subordonner le
crédit de la Caisse, qui tire sa force du faisceau des solida-
rités, au plus ou moins de surface que présentent ces
deux hommes ? Des changements peuvent se produire :
l'article 8 des statuts fixe à neuf ans le maximum de durée
du mandat du Conseil d'administration chargé de nommer
le directeur. En pratique, les modifications dans les
raisons sociales se présentent rarement, les commen-
tateurs du Code (2) reconnaissent que souvent le nom
d'un ancien associé y figure indûment, surtout dans le
cas présent où la société reste la même (3).

Imposer une raison sociale dans ces conditions c'est aller
manifestement contre l'esprit de l'article 64 : s'il insiste

(1) *Correspondant* du 10 juin 1893.
(2) Lyon, Caen et Renault *Traité de droit commercial*, II, p. 113.
(3) Les Caisses Raiffeisen allemandes sont obligées d'avoir une
raison sociale ; la loi se montre en effet très catégorique. Voici les
textes :
Art. 19, du Code de Commerce.
« Tout commerçant — les Caisses Raiffeisen sont des sociétés
« commerciales — est tenu de notifier sa raison commerciale au Tri-
« bunal de commerce dans le ressort duquel se trouve son établis-

longuement sur la désignation précise de la société et punit d'une amende sévère la moindre infraction à ses dispositions, c'est dans l'intérêt des tiers, afin qu'ils ne soient pas induits en erreur. Les Caisses Raiffeisen, affublées d'une raison sociale, iront à coup sûr contre le but du législateur ; on croira traiter avec une société composée du directeur et de l'administrateur délégué, et on se trouvera en présence d'un contrat civil, sans possibilité d'arriver à la faillite. Le nom de Caisse Raiffeisen ne laisse aucun doute ; c'est aussi le seule qui leur convienne.

82. Le caractère civil du contrat des Caisses Raiffeisen entraîne un grand nombre de conséquences. Ainsi :

Les tribunaux civils trancheront leurs litiges ;

La faillite et la liquidation judiciaire ne les atteindront pas.

On se demande pour elles comme pour les sociétés civiles, si elles ont la personnalité morale.

Nous allons aborder immédiatement cette dernière question qui présente le plus haut intérêt.

B. — *De la personnalité juridique des Caisses Raiffeisen*

83. Comme s'est à l'occasion des sociétés civiles que la discussion s'est élevée, nous allons être obligé de laisser au second plan les Caisses Raiffeisen, afin de donner au débat une idée plus nette. Nous avons assimilé complètement

« sement, pour qu'elle soit transcrite sur le registre du commerce. Il « doit l'écrire lui-même et la signer devant le tribunal ou la lui « remettre dans une forme authentique. »

Tout commerçant doit avoir un nom sous lequel il exerce le commerce. On le désigne sous le nom de Firma.

La loi de 1889 sur les sociétés coopératives énumère parmi les choses que doit contenir l'acte social :

Art. 6. — 1º Raison sociale et siège de l'association. (Loi allemande citée plus haut p. 7.)

ces dernières aux sociétés quant aux règles qui les régissent à l'égard des tiers, nous serons donc amené à adopter également le principe qui détermine leurs droits et leurs devoirs envers eux.

1. — HISTORIQUE

§ 1. — A Rome.

84. La personnalité civile des sociétés n'est pas une idée d'hier, elle existait déjà à Rome, du moins suivant l'opinion d'un parti très important dans la doctrine, dont on n'ose cependant embrasser complètement les idées, tant les arguments fournis de part et d'autre paraissent probants. M. Girard est très peu affirmatif : « cette conception de groupes d'individus pouvant constituer des unités organiques aussi différentes de leurs parties que l'organisme humain l'est des éléments qui le composent existait-elle déjà à Rome ? Nous n'en sommes pas très sûrs » (1). Il fait ailleurs la déclaration suivante : si une autorisation était nécessaire, elle pourrait être générale, et des associations privilégiées étaient autorisées d'avance, à condition de se constituer suivant un certain type (2). Ces observations

---

(1) Girard. Manuel p. 559. Paris, Arthur Rousseau, 1896.

(2) « L'autorisation peut être générale ou spéciale ; or le droit « romain n'a jamais admis qu'on pût constituer une association « sans statuts ; en revanche, à cette condition toutes les associations « étaient licites, sous la République. Les XII Tables ne sanctionnèrent « pas seulement celles qui existaient déjà, elles permirent d'en établir « de nouvelles dans les mêmes formes ; plus tard une loi julia de « César ou d'Auguste dirigée contre les associations politiques ne « laissa subsister qu'une partie des anciennes associations, les cor- « porations ouvrières, les collèges de prêtres, les sociétés de publi- « cains, et subordonna la création des associations nouvelles à une « autorisation préalable. mais cette autorisation elle-même peut « être soit spéciale, soit générale : tandis que les associations ordi- « naires ne peuvent se constituer qu'en vertu d'une autorisation « préalable, dont nous avons un certain nombre d'exemples. Il y a

diminuent beaucoup la portée des arguments de l'opinion adverse, en tout cas, elles contredisent ses conclusions. On ne pourra plus affirmer que les Romains n'ont pas même eu l'idée de la personnalité.

85. Les sociétés commerciales à Rome étaient rares. M. Girard énumère dans son Manuel les diverses formes de sociétés : on voit des *Societates omnium bonorum* « sans doute issues de la communauté fréquente à l'époque ancienne, sous le nom de *consortium*, entre enfants du même père restés volontairement dans l'indivision après sa mort » : des sociétés d'acquêts ; des sociétés portant sur un fonds de terre ou un esclave ; enfin la société formée en vue d'opérations communes, par exemple, d'un commerce ou d'une industrie, *societas alicujus negotiationis*, la seule qui réponde à notre conception moderne sur ce contrat. Et parmi ces dernières citées par M. Girard (1), à

« des catégories d'associations privilégiées qui sont autorisées par
« avance, à condition de se constituer suivant un certain type.
« Quand une association était autorisée il ne semble pas qu'il fallût
« pour lui donner la personnalité morale, une concession distincte
« de l'autorisation.
Manuel de Girard, p. 226.
(1) Nous allons passer en revue les sociétés *alicujus negotiationis* citées par M. Girard :
« Les sociétés de travailleurs libres traitant avec les propriétaires
« des récoltes. »
Elles présentent plus de rapports avec les communautés taisibles du moyen-âge qu'avec la société.
« La société entre un propriétaire et un ouvrier soit pour l'élève
« du bétail ou la mise en culture d'un champ. »
C'est un vulgaire contrat de louage avec ou sans la modalité de cheptel.
« Les sociétés de soumissionnaires de travaux publics et de per
« ception d'impôt. »
Ce contrat rentre dans l'étude du droit administratif ou public.
Restent les sociétés citées plus haut, de marchands d'esclaves et de banquiers, nous sommes donc bien fondés à affirmer que les sociétés étaient rares à Rome, dans le sens où nous les entendons.

part quelques sociétés de banquiers trouvées dans les Triptyques de Transylvanie et de marchands d'esclaves, toutes les autres n'offrent pas le caractère de sociétés. Alors que Rome les connaissait à peine, pourquoi venir, au nom de la tradition (1), leur refuser la personnalité ?

Les essais de conciliation des textes sont demeurés infructueux. On peut les invoquer de part et d'autre, ils se contredisent d'une manière absolue (2).

§ 2. — *Au moyen âge*

86. — Quoi qu'il en soit, au moyen âge, un grand nombre de juriconsultes croyant voir dans les brillantes sociétés commerciales italiennes une image des sociétés de Rome, n'hésitaient pas à leur conférer la personnalité, en vertu de textes complètement étrangers à la question. On a bien soutenu le contraire, mais nous citerons dans notre sens :

(1) Nous empruntons à M. Thiry les lignes suivantes :
« Je crois que les recherches historiques peuvent être d'un grand
« secours dans la solution de ce problème juridique : car les dispo-
« sitions du Code civil, sur le contrat de société, ayant été emprun-
» tées aux législations antérieures, il est vraisemblable que l'idée
« principale, celle qui domine toute la matière, doit également y
« avoir été puisée. Si nous y rencontrons donc la fiction de la person-
« nalité, il en résultera une présomption très forte, qu'elle existe
« aussi dans le Code civil, à moins que la volonté de la répudier
« n'ait été manifestée, d'une manière quelconque, par le législa-
« teurs. »
Revue critique de législation et de jurisprudence, 1854. p. 420.
(2) En notre sens :
L. 22 D. *De fidej et mand.* 46 1 ;
L. 3 § 4 D. *De Bon. Pon.* 37 1 ;
L. 63 § 14 D. *Pro Soc.* 17 2 ;
   Contra :
L. 1 D. *Qua cujus univers.* 3 4 ;
L. 13 § 1 D. *De prescriptis verbis*, 19 5 ;
L. 13 D. *Pro Socio*, 17 2.

Balde (1) au 14ᵉ siècle, Salicet (2), Cynus, Straccha (3), La Rote de Genès (4). Coquille insistait avec force sur le caractère des associations agricoles du Nivernais. Le Président Fabre, convaincu de la personnalité des sociétés, essayait de concilier la loi 65, 14, *Pro Socio* avec la loi 13, D, *Præscriptis verbis* (5).

Quant aux textes des jurisconsultes qu'on nous oppose, nous remarquerons que ceux qui sont les plus caractéristiques visent les sociétés publiques et non les privées (6).

(1) Nos videmus plerumque quod socii bursam communem faciunt et constituunt aliquem, qui præsit illi bursæ, ut D. pro Socio 1 63, § 5, si cum tres. Modo posse quod talis præpositus, nomine societatis, petit ab uno ex sociis quod ponat certam quantitatem in societate quam ponere debet, dicet ille : Tu debes mihi tantam quantitatem et ideo compenso totum. Quæritur quid juris ? Respondeo : compensatio non procedit, quia *corpus societatis agit*, non ille tanquam singularis persona ; et ideo quod debetur societati, non compensatur cum uno ex sociis, ut D. pro Socio 1 65 actione, § 14, si communis.

(2) Quæro cum Cyno : Plures fecerunt societatem in arte cambii, et unusquisque certam quantitatem debet ponere in bursa communi, et omnes ex eis unum constituerunt qui præesset tabulæ et bursæ ; petit iste præpositus. societatis nomine. ab uno eorum quantitatem quam ponere debebat in societate, excipit iste : Tu mihi debes tantumdem partem, unde illud compenso. Quæritur an possit ? Dicendum est quod non ; quia iste alienum debitum compensat, non quod debetur in societate cujus nomine petitur ; iste enim non petit ut sibi debitum, nec ipse ut singularis persona, sed debitum societatis. Ideo ci non, compensatur quod ipse ut singularis persona debet (arg. hujus legis et infra 1 si velut) et pro hoc accedat D. pro Socio, 1 actione § si communis ; pro hoc etiam facit, quia si pecunia ista est status ad usus communes societatis. facit quod istud non si distributum singalaris personæ sed societatis ; quia quod universitatis, non est singulorum.

(3) Societas est corpus mysticum ex pluribus nominibus conflatum.

(4) Liv. IV, ch. XII : Creditores societatum mercatorum..... in rebus, et in bonis societatum..... præferentur quibucumque aliis creditoribus et etiam dotibus.

(5) Toutes ces citations sont tirées du livre des sociétés de Troplong. Contrat des sociétés p. 82. Paris Hingray, 1843.

(6) Voici pour donner une idée des auteurs invoqués en sens contraire, le texte qu'on nous cite : Ferrière. *Dictionnaire de droit*

Cette distinction, les romanistes l'avaient déjà faite à ce
moment-là. Quant à Pothier, dont nos adversaires veulent
se couvrir, il a si peu approfondi la question qu'il parle de
la possession de la société, au titre de la prescription (1),
contrairement aux idées qu'on lui prête dans un grand
nombre de passages.

87. Au moment de la rédaction du Code, un grand
nombre de jurisconsultes, regardaient la personnalité des
sociétés comme un principe indubitable. Voici à ce sujet
les observations de la cour de Rouen, lors de la rédaction
du Code.

« Nous observons au surplus qu'on a omis un des
« premiers principes qui découlent de la nature des
« sociétés ; ce principe est que la société forme une per-
« sonne fictive et morale séparée des associés, et, qu'en
« conséquence, on ne peut saisir les immeubles et les
« fonds de la société pour les dettes personnelles d'un des
« associés, lorsque la société est légalement et authenti-
« quement constatée ; sans préjudice toutefois des hypo-
« thèques antérieures qui auraient appartenu à l'un des
« associés. (2) »

II. — EXPOSÉ DE LA THÉORIE DE LA PERSONNALITÉ
DES SOCIÉTÉS CIVILES

88. Si nous passons maintenant à l'étude des articles
du Code, nous constaterons que les termes sont suffisam-

---

et de pratique : « On a toujours tenu pour une maxime indubitable
« que personne ne peut établir aucune congrégation, corps, collège,
« communauté soit pour la religion, soit pour la police civile, sans
« la permission du prince. » Il est difficile de voir dans cette phrase
les sociétés privées. Elle ne vise que les publiques qu'elle distingue
parfaitement. Paris 1 1762.

(1) Pothier, prescriptions 79 et suivantes, IX, Paris, Cosse et Marchal
1861, édition Bugnet.

(2) Fénet, tome V, p. 544. *Recueil complet des travaux préparatoires du Code civil*. Paris, 1827.

ment clairs pour accorder aux sociétés civiles la personnalité. Les articles 1845 et 1846 disent formellement que la
société peut être créancière : le même article 1845, assimile
complètement la société à une personne, puisqu'il proclame que l'associé lui doit garantie. On lui reconnaît le
droit d'être propriétaire, et d'ester en justice dans les
articles 1851, 1852, 1847 : le premier traite la question des
risques : *Res perit domino* ; les deux derniers envisagent
l'éventualité d'une instance introduite en justice comme
demanderesse et défenderesse. Ces textes n'ont pas
convaincu la doctrine ; on les a expliqués en disant que
la loi « employait cette expression comme une formule
« abrégée pour désigner les associés, envisagés exclusi-
« vement au point de vue de leurs intérêts collectifs : par
« opposition à ces mêmes associés, envisagés au point
« de vue de leurs intérêts individuels (1). C'est une simple
« image, forme plus commode et plus abrégée de lan-
« gage (2). »

89. Il est très difficile de savoir ce que les rédacteurs
du Code voulaient exprimer mais, en tous les cas, la raison
prescrit de s'en tenir au sens littéral, car des jurisconsultes
consommés avaient bien pesé une expression qu'ils ont
dix fois reproduite. Comment le mot société si net, si
précis, désignerait-il seulement les associés, considérés au
point de vue de leurs intérêts collectifs, par opposition aux
associés envisagés quant à leurs intérêts individuels ? Si
on relit attentivement les articles précités, il s'en dégage

---

(1) Baudry, III, p. 476.
(2) Aubry et Rau, IV, p. 546, note 16. — Laurent, exprime
également la même idée : « C'est pour distinguer les biens qui
« sont la copropriété indivise des associés de ceux qui leur
« appartiennent en propre, que la loi parle des biens de la société,
« simple manière de s'exprimer qui évite des longueurs et rend
« l'idée plus claire. » Principes de droit civil français, p. 185, t. 26.
Bruxelles, 1877.

l'idée d'une personne vivante. On n'a pas pù dire de la masse des associés, envisagés « au point de vue de leurs intérêts », qu'elle était créancière, propriétaire, capable d'agir en justice, mais d'un être, d'une personne morale suivant l'heureuse expression de MM. Championnière et Rigault.

« Les associés ne s'engagent pas immédiatement l'un
« envers l'autre. Une tierce personne vient se placer
« entre eux. C'est la société qui reçoit leurs promesses et
« acquiert ce dont ils se dépouillent (1). »

90. L'article 1843 ainsi conçu : la société commence à l'instant même du contrat, ne se plie en aucune manière à cette interprétation : il précise le moment où l'être moral prend vie comme un acte de naissance.

« Ce qui prouve, disent MM. Aubry et Rau, que le mot
« société désigne uniquement les intérêts communs, c'est
« que ce mot ne se trouve que dans les dispositions léga-
« les qui statuent sur les rapports respectifs des associés
« les uns à l'égard des autres et disparaît pour faire place
à celui d'associés dans les art. 1862 à 1864, qui s'occupent
« des engagements des associés à l'égard des tiers (2) ».
La bonne foi de MM. Aubry et Rau a été évidemment surprise, car le mot société figure dans l'art. 1862, 1863 ; et
l'art. 1864 l'emploie deux fois, dans le sens d'être distinct
des associés.

La personnalité des sociétés civiles résulte de la lecture seule des textes. Mais, pour entrer au cœur même de la discussion, nous exposerons les dispositions qui sont le corollaire de cette fiction ; nous passerons en revue les arguments de nos adversaires, faisant ressortir les contra-

(1) Championnière et Rigault : *Traité des droits d'enregistrement,* n° 2743. Hingray. Paris, 1851.
(2) Aubry et Rau, IV, p. 546.

dictions fatales auxquelles ils sont amenés en pratique. C'est à la jurisprudence que nous laisserons le soin de conclure. Dans un court exposé où nous résumerons la substance de nombreux arrêts rendus depuis la rédaction du Code jusqu'à nos jours, nous montrerons qu'elle n'a jamais changé d'opinion ; n'est-ce pas le meilleur garant de sa vérité ?

§ 1. — *Dispositons du Code explicables seulement par l'idée de personnalité.*

96. On peut résumer de la manière suivante l'art. 1848 : Quand un associé a une créance personnelle et exigible contre un tiers qui est en même temps débiteur de la société, il impute proportionnellement sur les deux créances, ce qu'il reçoit du débiteur. Mettons qu'il soit copropriétaire, il serait créancier à un double titre et nous ne voyons pas de raison pour restreindre son droit. Tout s'explique, au contraire, avec l'idée de la société, personne morale. Les créanciers qui n'ont pas entre eux de cause de préférence, doivent venir au marc le franc (art 2093), la société, étant créancière au même titre que l'associé, doit avoir le même avantage que lui

92. L'art 1860 refuse à l'associé non administrateur le droit de propriété, puisqu'il lui défend d'aliéner les choses mobilières de la Société. Devant un texte aussi écrasant, le désarroi des auteurs est extrême. M. Mongin n'hésite (1) pas à reconnaître qu'il crée un droit de préférence au profit des créanciers sociaux, mais il ne le considère pas comme une conséquence de l'idée de personnalité ; il en cherche la cause dans une prétendue servitude d'indivision, ou mieux, dans un droit de propriété démembrée du « Jus abutendi », en raison de l'indivision. Ce système n'a pas

---

(1) M. Mongin. *Revue Critique*, 1890, p. 677.

le mérite de la simplicité. D'autres (1) expliquent cette
disposition à l'aide d'un texte de Paul (2), qui détonne
singulièrement au milieu de cette discussion de droit civil,
sans compter que Pothier, dont on connaît le respect du
droit romain, ne partageait pas cette opinion. « Le Code
est allé plus loin que Pothier. Il faut en conclure que le
fonds social est le gage des créanciers sociaux et nullement
celui des créanciers personnels des associés ; qu'indépendant des associés considérés individuellement, il ne relève
que d'une personne distincte de chacun d'eux (3) ». -

Le droit de préférence au profit des associés est une
conséquence directe de la personnalité, l'art. 1860 le concède aux sociétés civiles. C'est la preuve certaine de l'a-
doption de cette idée par le Code.

§ 2. — *Articles du Code qui, dans un système, ne se concilient
pas avec l'idée de personnalité.*

93. « L'art. 1847, disent MM. Aubry et Rau, suppose que
« les créances sociales sont, pendant la durée de la société,
« divisées en fait entre les divers associés, ce qui serait
« inadmissible si la propriété de ces créances résidait,
« ainsi que cela a lieu dans les sociétés commerciales, sur
« la tête de la société considérée comme personne mo-
« rale (4) ». De l'aveu même de ces auteurs l'article résout
une question de fait ; il prévoit une hypothèse bien
humaine, celle où les associés laisseraient de côté les principes, pour se procurer le plaisir de toucher des dividendes. — Arg. des mots : Lorsqu'un des associés a reçu

(1) M. Thiry. *Revue Critique*, 1854, 439.
(2) Paul. Loi 65, § 14. D. *Pro Socio.*
(3) Bravard. *Manuel de droit commercial.* p. 65. Paris, Marescq, 1862.
(4) Aubry et Rau, IV, 547.

sa part entière de la créance commune. L'idée de copropriété ne cadre pas avec la solution donnée par le Code
dans cette hypothèse très spéciale, le prétendu associé, le
copropriétaire n'aurait rien à rendre ; il est créancier ; on
le paie : dans ces conditions, l'obligation se trouve éteinte.
On peut parfaitement, malgré un arrêt de la Cour de cassation (1), assimiler au partage un acte qui ne fait cesser
l'indivision que vis-à-vis de l'un en la laissant subsister
à l'égard des autres ; c'est une opinion très respectable,
partagée par un grand nombre de jurisconsultes (2). Il
suffit, d'ailleurs, de déplacer un peu la question pour se
mettre d'accord avec la jurisprudence. Un arrêt de cassation du 23 mars 1881 déclare « que les créances héréditaires
« — un cas analogue de copropriété — se trouvent en
« dehors de la masse à partager ; sans doute les héritiers
« peuvent, pour faciliter les opérations du partage ou pour
« ménager leurs convenances réciproques, répartir entre
« eux les créances héréditaires autrement que ne le fait la
« loi ; mais cette répartition ne constitue pas un partage,
« les héritiers n'ayant pas à partager ce qui a déjà été par-
« tagé par la loi, et, par suite, il ne saurait être question
« de lui appliquer l'effet déclaratif du partage (3) ».

L'opinion de la Cour suprême se dégage très nettement ;
les créances se trouvent divisées par le fait même de la loi.
Le paiement de sa part, fait à un copropriétaire, est un
paiement valable, puisque la division est toute faite et
qu'aucun partage n'interviendra. Si l'associé est obligé de
remettre une somme dans la masse, c'est uniquement par

(1) Cass. 16 février 1887. S 88, I, 257.
(2) Duvergier. *De la Vente*, II, 147. Rolland de Villargues. Rep. du
Notariat. Licitation n° 10. Championnière et Rigault, III, 2743 à
2747. Mourlon. *Revue pratique*, 1859, VIII, p. 209. Bertaud, *Revue
critique*, XXIV, p. 391. Tous ces auteurs cités par MM. Aubry et Rau.
(3) Sir 1882, I, 217, D. 1881, I, 177.

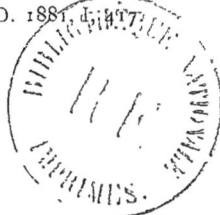

7

l'absence de copropriété, parce qu'il la détenait sans cause, et qu'un être moral la possédait à sa place.

94. « Les art. 1862 et 1863 sont plus péremptoires encore. « Il en résulte, d'un côté, que le créancier d'une dette « sociale ne peut demander à chaque associé que sa part « dans la dette, et qu'il n'est pas admis à refuser une part « distincte qui lui serait offerte par l'un des associés ; ce « qui ne saurait avoir lieu, si le créancier avait pour débi- « trice la société comme personne morale (1) ».

Nous croyons que ces articles n'ont pas cette portée, qu'ils tranchent seulement la question de savoir si, dans les sociétés civiles comme dans les commerciales, les associés sont tenus solidairement des dettes sociales, et donnent à ce propos la mesure de leur responsabilité. Les conséquences qu'on en tire ne sont d'accord ni avec leur esprit, ni avec leur texte, surtout si on examine leur champ d'application. Tant qu'il y aura un fonds social, les créanciers ne s'adresseront pas aux associés, mais à leur principale obligée, la Société, et au moment où les biens de cette dernière seront dissipés, elle n'existera plus, l'article 1865 du Code civil, signalant comme une des diffé- rentes manières dont elle finit, l'extinction de la chose, c'est-à-dire la perte du fonds social. Voilà l'hypothèse visée par les articles 1862 et 1863 : comme ils seront lettre morte, tant que la société vivra, on n'en peut tirer aucun argument.

95. Il n'est pas besoin de s'arrêter longtemps sur l'article 529 du Code civil, dont on tire en raisonnant *a contrario* les conclusions suivantes : Les actions des sociétés civiles ne sont pas des meubles, puisque la loi parle seu- lement de celles des sociétés de finances, de commerce et

_____

(1) Aubry et Rau. IV, p. 547.

d'industrie; pour ces dernières seules, il n'y a pas copropriété entre leurs membres. Ces termes, malgré l'avis
de M. Thiry (1), nous paraissent avoir été choisis très com-
préhensifs, afin d'englober toutes les sociétés, d'autant que,
lors de la rédaction du Code civil, on ne savait si les
compagnies de finances seraient de la même nature que
celles de commerce. « En appliquant cet article aux
« sociétés, personnes morales, on tranforme singulièrement
« le sens du texte; d'un côté on refuse de l'appliquer aux
« sociétés d'industrie qui seraient purement civiles, telles
« que des sociétés constituées pour exploiter des prises
« d'eau, pour acquérir et construire des immeubles: d'un
« autre côté, on l'étend à toute société quel que soit son
« objet, qui a pris une forme commerciale (2). Cet article
« ne décide pas lui-même quand une société est revêtue
« de cette qualité ou ne l'est point; il ne nous apprend
« pas quelles sont les associations érigées en corps, et celles
« qui ne jouissent pas de cette prérogative (3).

96. L'interprétation que nous combattons est en contradiction formelle avec la loi de 1810. « L'article 32 de
« cette loi établit clairement que les sociétés minières sont
« des sociétés civiles. Or, l'article 8 de la même loi dit que
« les actions ou intérêts dans une société ou entreprise
« pour l'exploitation des mines seront réputées meubles,
« conformément à l'article 529 du Code civil. L'article 529 ne
« s'applique donc pas seulement aux sociétés commerciales,
« mais aussi aux sociétés civiles, puisque les sociétés
« minières ont ce caractère. Or, l'article 529 suppose
« nécessairement la personnalité de la société, qui est pro-

---

(1) « Ces trois termes sont synonymes et la preuve en est que les
« compagnies de finances sont de la même nature que celles de
« commerce. » *Revue critique* déjà citée.

(2) M. Mongin. *Revue critique*, 1890, p. 716.

(3) Thiry. *Revue critique*.

« priétaire des biens sociaux, tandis que les associés n'ont
« contre elle qu'un droit mobil'.cr de créance (1). »

97. Reste l'objection tirée de l'article 69 qui permet
d'assigner les sociétés de commerce en leur maison sociale,
sans viser en aucune façon les sociétés civiles. Il nous
semble étrange d'aller chercher dans le Code de procédure
civile la solution de cette importante question. Ce n'est
pas une différence si caractéristique entre ces deux sortes
de sociétés, attendu que le code de commerce, promulgué
le 20 septembre 1807, plus d'un an après l'article 69, datant
avec le Code de procédure du 24 avril 1806, ne parle pas
du siège social parmi les pièces exigées dans l'acte de
société, la loi de 1867 en a la première exigé la mention.
L'unique raison du silence de la loi a été, jusqu'à ces dernières années, le peu d'importance des sociétés civiles,
mais elles étaient toujours assignées en fait au domicile du
gérant.

On a donc en vain cherché dans ces différents articles
l'esquisse d'une théorie générale sur le défaut de personnalité des sociétés civiles, ce système ingénieux s'effondre
de lui-même par les contradictions où sont amenés ceux
qui l'ont laborieusement construit.

§ 3. — *Droits des Sociétés civiles*
dans le système qui ne leur reconnait pas la personnalité.

98. Les adversaires les plus résolus de la personnalité
essayent de justifier la conciliation de leur système avec
les conséquences de celui qu'ils viennent de combattre, car
ils sont obligés de les accepter. M. Thiry, qui, au dire de

(1) *Traité des sociétés* de M. Poidebard. Extrait du répertoire
encyclopédique du droit français publié par les rédacteurs et les
collaborateurs de la *Gazette du Palais,* tome XI.

M. Laurent (1), avait épuisé la matière dans un article de la *Revue critique* de 1854, a été obligé de revenir quelques mois plus tard dans la même *Revue*, atténuer ses conclusions, pour en arriver, à l'instar de M. Mongin, aux mêmes résultats que nous, les seuls vraiment acceptables.

« Il semblerait au premier abord, dit-il, qu'en raisonnant « logiquement on dût arriver à des conséquences diamé- « tralement opposées à celles que l'on obtient dans le « système contraire, et c'est, en effet, ce que nous avions « pensé, en écrivant notre premier article, où, exposant « l'importance pratique de la question soumise à notre « examen, nous nous exprimions ainsi (2).

« Si la société ne constitue pas une personne morale, « il faudra adopter le contre-pied des conséquences que « je viens d'énumérer : les biens sociaux ne seront pas la « propriété de l'association comme telle ; ils appartiendront « pour une part indivise à chacun de ses membres ;

« Les créances et les dettes feront partie du patrimoine « actif et passif des sociétaires. Les créanciers sociaux ne « primeront pas, sur les biens de l'association, les créanciers « personnels des associés : il n'y aura qu'une classe de « créanciers, qui viendront tous en concurrence.

« Les débiteurs de la société pourront opposer en com- « pensation les créances qu'ils auront contre les associés « personnellement, pour la part qui revient à ceux-ci dans « les créances sociales ; et vice-versa un associé pourra « opposer à son créancier personnel la compensation des « sommes que ce dernier devra à la société proportion- « nellement à sa part dans ces sommes.

« En écrivant ces lignes, notre attention était concentrée « exclusivement sur le principe même que nous exami-

(1) Laurent, 26, p. 184.
(2) *Revue critique*, 1854, p. 416.

« nions et sur la démonstration que nous voulions en faire,
« qui était notre but. nous n'avions pas soumis à une
« analyse particulière, scruté isolément chacune des con-
« séquences à en déduire : Nous raisonnions logiquement,
« mais nous ne prenions pas garde que le principe d'où
« nous partions devait se combiner avec un autre que nous
« établissions cependant dans notre travail. Aussi croyons-
« nous aujourd'hui que ces propositions sont *trop absolues*,
« qu'elles ont besoin d'être expliquées, et que ce sont ces
« explications que nous allons fournir (1) ».

98. Qu'on le veuille ou non, il est certain que l'art. 1860
crée un droit de préférence (2). Nos adversaires s'évertuent
à en trouver la raison. M. Thiry prétend que la convention
de société crée en faveur des associés un droit analogue à
celui que le bail fait naître au profit du preneur (3). D'autres
disent qu'il est la conséquence d'une sorte de servitude
qui pèse sur les biens mis en société, la servitude d'indivision. D'après M. Mongin, c'est la conséquence d'un droit réel
existant au profit des associés, mais ce droit n'est pas une
simple servitude d'indivision, c'est la propriété elle-
même (4). Toutes ces explications ne sont pas très simples.

- (1) *Revue critique*, 1885, p. 293.
(2) Thaller, *Traité du droit commercial*, 1ᵉʳ fascicule, p. 153. M. Thaller soutient le contraire : « Les engagements d'une personne, dit-il,
ne s'étendent pas à ses ayant-cause autres que ses successeurs à
titre universel. Cette nécessité de respecter les biens sociaux,
n'existe ni pour les créanciers de l'associé, ni pour un acheteur.
Ceux-ci peuvent pratiquer sur la chose indivise de leur débiteur
une main-mise à laquelle le débiteur lui-même serait non recevable».
Mais cette manière de voir nous semble contraire aux termes de
l'art. 1860, qui dit que l'associé ne peut engager les choses qui dépen-
dent de la société, donc ses créanciers n'auront aucun droit ; en second
lieu ; *Nemo plus juris ad alium transferre potest quem ipse habet*. Ses
créanciers ne peuvent avoir plus de droit que lui.
(3) *Revue critique*, 1855, p, 300.
(4) *Revue critique*, 1890, p. 704. Mongin.

Nous avouons, pour notre part, ne trouver aucune analogie entre la société et le contrat de bail. Cette servitude prétendue défendant d'aliéner sort de toutes pièces du cerveau des auteurs. Dire que les associés sont propriétaires n'est pas non plus suffisant, chacun pouvant demander le partage. Il nous paraît beaucoup plus simple et rationnel de rattacher l'art. 1860 à la personnalité morale des sociétés civiles ; si chacun des associés ne peut vendre sa part, si ses créanciers ne peuvent la saisir, c'est que cette part ne lui appartient pas, elle appartient à la société.

99. « Puisque les créanciers sont sans action sur l'actif social pour obtenir le paiement de leur créance, il faut en conclure que s'ils devenaient débiteurs de la société, c'est-à-dire des associés traitant en cette qualité, ils ne pourraient lui opposer la compensation de ce qui lui serait dû par un de ses membres (1) ». M. Thiry admet donc qu'il n'y a pas de compensation. Tout le monde est d'accord, si un tiers se trouve débiteur de la société et créancier personnel d'un associé ; les divergences naissent si un tiers est créancier de la société et débiteur personnel de la société.

Mais comme le fait remarquer M. Mongin (2), on peut reprocher à la théorie dominante un défaut de symétrie « et une atteinte grave à l'équité, car pourquoi faire payer « à l'associé en première ligne, quitte à lui donner un « recours? Ne pourrait-on pas admettre ici ce qu'on admet « pour les sociétés en nom collectif, qu'on ne peut agir de « *plano* contre un associé isolé, qu'on est tenu au préalable « de mettre la société en demeure ? ».

100. Tout le monde s'accorde à dire que l'hypothèque légale de la femme mariée ne frappera pas les immeubles

(1) *Revue critique*, 1855, p. 302. Thiry.
(2) *Revue critique*, 1890, p. 711. Mongin.

de la société : l'effet rétroactif du partage ne lui fera pas primer l'hypothèque de la société. La théorie_que nous « exposons (1), dit M. Thiry, relativement aux droits des « créanciers personnels des associés pendant que la société « subsiste, et qui repose sur notre interprétation de « l'art. 1860, ne diffère en rien dans ses résultats de celle à « laquelle aboutit le principe de la personnalité ».

101. Où commencent les divergences ? c'est quand il s'agit de délimiter la situation des créanciers après la dissolution de la société, pendant la liquidation. M. Thiry prétend qu'ils ne sont plus privilégiés et que l'art. 1860 ne s'applique pas. Par le contrat constitutif, chaque associé a promis de verser son apport et, en outre, de laisser cet apport en commun... « La part de chaque sociétaire est « frappée d'indisponibilité tant que l'association subsiste... « Mais à la dissolution, l'obligation que le pacte constitutif « imposait aux parties est évidemment éteinte... L'indis- « ponibilité se trouve levée ». Mais il est à peu près seul de son avis (2). Et nous soutenons l'opinion contraire, qui découle directement de la personnalité.

MM. Aubry et Rau disent en effet : « Les créanciers per- « sonnels de l'un des associés, bien qu'autorisés à saisir sa « part d'intérêt comme telle, ne peuvent cependant mettre « en vente sa part indivise dans les objets faisant partie du « fonds commun avant le partage de ces objets. D'un « autre côté, ils ne seraient pas admis même après la dis- « solution de la société, à provoquer par l'action *communi* « *dividundo*, le partage isolé de ceux des objets dépendants « de ce fonds, sur lequel ils entendraient exercer leurs « poursuites (3).

(1) *Revue critique*, 1855, p. 303. Thiry.
(2) *Revue critique*, 1855. Thiry, p. 305.
(3) Aubry et Rau, IV, n° 381 *bis*.

« Jusque-là, dit M. Mongin, il existe une copropriété
« indivise portant sur un ensemble de biens et empêchant
« que l'un des biens ne soit enlevé à la masse, du fait de
« l'un des associés ; les créanciers personnels ne peuvent
« exercer que le droit de leur auteur, et ce droit ne va pas
« jusqu'à mettre la main sur un bien isolé pour le sous-
« traire aux opérations d'ensemble. Les poursuites des
« créanciers se trouvent ainsi suspendues jusqu'à ce que
« le partage général du fonds social soit opéré. »

Chaque associé, en contractant l'association, s'est engagé
à mettre et à laisser en commun non seulement son apport,
mais encore toutes les autres choses qui seraient acquises
pour le compte de la société, pendant sa durée. Celle-ci
peut, sans conteste en disposer... « Or si elle peut les
« aliéner, pourquoi ne le pourrait-elle pas en contractant
« des obligations vis-à-vis des tiers? Vous reconnaissez que,
« pendant l'existence de l'association, les biens qui lui
« appartiennent sont le gage des créanciers à l'exclusion
« de tout autre et vous voudriez qu'à la dissolution ce gage
« leur échappe... (1) ».

On a répondu en disant : « Si pendant la durée de la
« société ils sont préférés aux créanciers des sociétaires,
« ce n'est pas qu'ils aient un droit plus fort, d'une nature
« différente, qu'ils aient un privilège ou un droit réel quel-
« conque sur l'actif commun, c'est à cause de l'art. 1860.
« C'est donc par suite d'un simple accident qu'ils jouissent
« de cette faveur (2) ».

Mais n'y a-t-il pas une confusion évidente à vouloir
prendre comme une exception, ce qui n'est en somme que
l'application d'un principe ?

(1) M. Mongin, *Revue critique*.
(2) M. Thiry, *Revue critique*, 1885.

L'équité proteste contre les conclusions de M. Thiry.
Les créanciers qui ont traité avec les associés en cette qualité ont contribué à la prospérité de la Société, ils lui ont
avancé de l'argent, n'est-il pas très juste que le patrimoine
social soit employé à les payer par préférence ?

102. Après avoir constaté encore entre les sociétés civiles
et les commerciales une simple différence au point de vue
de l'assignation, M. Mongin conclut son étude en ces
termes :

« On en est donc arrivé, même en matière de procédure,
« à établir entre ces deux sortes de sociétés une assimilation
« presque complète. Il ne reste plus qu'une faible barrière
« établie par le texte de l'art. 61 et chaque jour de nou-
« veaux efforts la font plier (1) ».

Puisque les auteurs ne reconnaissent aucune différence
entre les sociétés qui jouissent de la personnalité morale
et celles qui en sont privées, ou bien la personnalité morale
est un leurre, ou bien toutes les sociétés la possèdent. La
personnalité morale est cependant un ensemble de droits,
une capacité spéciale soigneusement réglementée par la
loi ; toutes les sociétés auront donc la personnalité. Nous
appliquerons ce principe aux Caisses Raiffeisen dont nous
avons proclamé l'assimilation complète à la société pour
leurs rapports à l'égard des tiers. Un exposé rapide de la
jurisprudence fortifiera encore notre conclusion.

§ 4 — *Opinion de la jurisprudence en matière de personnalité
des sociétés civiles*

103. La jurisprudence a toujours (2) proclamé très caté-

---

(1) M. Mongin, *Revue critique,* 1890, p. 724.
(2) Une note sous un arrêt du 3 février 1868, Dalloz, 1868, 1, 225,
qui prétend retracer l'historique de la question, ne reconnaît pas
un arrêt antérieur avant celui de 1836. Les deux questions citées
plus haut, prouvent son inexactitude flagrante.

goriquement la personnalité des sociétés civiles. La première décision qu'on rencontre dans l'ordre chronologique est un arrêt de la Cour de Paris rendu en 1814, dont les termes nous paraissent si explicites que nous les reproduisons intégralement.

« Les biens d'un débiteur sont le gage de ses créanciers,
« J... a donc engagé au profit de ses créanciers personnels
« la partie indivise qui lui appartenait dans les biens de la
« Société. — Les intimés répondirent que la Société est un
« être moral distinct de chacun des associés ; que, d'après
« l'art. 1862 C. C., l'un des associés ne peut obliger les
« autres sans un pouvoir spécial : que dès lors les biens
« sociaux appartiennent à la Société et doivent avant tout
« servir à payer ses dettes ; que chacun des associés n'a
« droit qu'à ce qui reste après ce paiement. « Lucrum non
« intelligitur, nisi omni damno deducto. » L'arrêt con-
« firma cette manière de voir » (1).

Le dispositif d'un second arrêt, celui-ci en date de 1831, développe sous forme de principes, des conclusions plus saillantes encore :

« Attendu que l'effet de toute société est de donner à
« cette même société le caractère d'être moral qui peut,
« qui doit même être considéré indépendamment des per-
« sonnes qui la composent, qui a son actif et son passif
« propres, d'où il résulte que tout ce qui se fait en dehors
« de lui ne peut l'atteindre et que les dettes particulières
« de l'un des sociétaires ne peuvent le grever, et que pour-
« tant chacun (2) des créanciers de cette même société a
« sur son actif un privilège que ne peuvent lui disputer les
« créanciers personnels des divers sociétaires ;

(1) Paris, 10 décembre 1814. *Répertoire* de Dalloz. Société, ch. IV, section V, p. 498 et note.

(2) Paris, 10 décembre 1814. *Répertoire* de Dalloz. Société, ch. IV, section V, p. 498 et note.

« Attendu que ces principes découlent des dispositions
« des art. 1852 et 1872 C. C., et que leur application doit
« avoir lieu, alors que tout est distinct et séparé entre les
« intérêts sociaux et les intérêts des sociétaires, alors qu'on
« peut voir bien évidemment deux personnes bien distinc-
« tes et bien différentes : la société d'une part et les indi-
« vidus de l'autre... »

Quoi qu'il en soit, en outre de l'argument très fort qu'il
faut constater à une époque très rapprochée de la rédaction
du Code, la proclamation si catégorique de la personnalité
des sociétés civiles, il y a un arrêt de la Chambre des
requêtes de 1836 absolument dans le même sens :

« Attendu, en droit, que la société civile est comme la
« société de commerce un être moral dont les intérêts sont
« distincts de chacun de ses membres, art. 1845, 1850,
« 1852, C. Civ., un être moral qui peut charger un seul
« associé de l'administration de ses intérêts, art. 1856,
« administrateur irrévocable pendant la durée de la so-
« ciété ; les tiers intéressés peuvent agir tant que la société
« existe, devant le juge du lieu où la société est établie.
« (Art. 50 et 59 C. pr.)

On n'en peut conclure qu'il est permis à cet être moral
« d'agir en nom collectif, sans donner même l'indication
« des noms et domiciles de ses membres ; d'une part, en
« effet, dans les sociétés autres que celles de commerce,
« les associés ne sont pas tenus solidairement des dettes
« sociales ; de l'autre, l'art. 61 C. pr., porte que l'exploit
« d'ajournement doit contenir les noms, profession et
« domicile du demandeur ainsi que les noms et demeure
« du défendeur ; l'art. 69 C. Pr. excepte l'État, le trésor
« public, les administrations et établissements publics et
« les sociétés de commerce tant qu'elles existent. Il n'ex-
« cepte point les sociétés civiles ; ces sociétés restent donc

« soumises au droit commun et aux dispositions impé-
« ratives de l'art. 61. »

104. Cet arrêt nous semble avoir commis une manifeste
contradiction. La société est une personne, elle peut donc
agir en justice. Pour être en conformité avec l'art. 61, il
suffira de mettre le nom de la société. L'exploit d'ajournement contiendra les dates des jour, mois et an, les nom,
profession et domicile du demandeur. Qui est demandeur
ici ? Ce ne sont point les associés ; c'est la société. Qu'est-
il besoin alors de mettre le nom des associés ? Il y a une
contradiction manifeste à reconnaître que la société et les
associés forment deux êtres distincts, et à exiger le nom
des deux dans l'assignation, comme si la première étant un
être moral, ne pouvait cependant ester en justice.

Au fond, tous les jurisconsultes reconnaissaient bien le
principe de la personnalité, mais ce qui hantait leur imagination, c'était le vieux brocard. Nul en France, hormis
le Roy, ne plaide par procureur. La société est un être
moral, mais ne pouvant agir elle-même, elle a besoin d'un
représentant. Or l'article 69 du Code de procédure ne
permet pas d'assigner les sociétés civiles à l'instar de celles
de commerce; d'où des hésitations, des contradictions,
que la Cour de cassation a éludées, nous le verrons plus
loin, d'une manière assez ingénieuse.

S'il est exact néanmoins que la maxime citée plus haut,
dont l'article 69 est la reproduction, signifie :

« Nul ne peut se faire représenter par un mandataire
« qui figurerait seul dans l'instance, et le mandant doit
« toujours être en nom dans les actes de procédure et la
« rédaction du jugement (1); »

L'arrêt de 1836 en faisait une application manifestement

---

(1) Garsonnet, *Cours de procédure,* Paris, Larose, 1887, p. 478.

erronée. En nommant la société, on est d'accord avec la
règle, puisque c'est elle la demanderesse, qu'il s'agit de
son patrimoine et non de celui des associés.

105. Nous avons cité, quelques pages plus haut, une
note de Dalloz ayant la prétention d'esquisser l'évolution
de la jurisprudence sur la personnalité des sociétés civiles.
L'arrêt de 1836 serait une décision isolée — nous en avons
montré d'antérieures — de peu d'importance à cause de sa
contradiction et du soin pris par les arrêts postérieurs
d'exiger le nom de tous-les membres sur les pièces de
procédure. La personnalité serait donc refusée aux sociétés
civiles, telle est, en effet, la conclusion (1) :

« Ainsi, tandis que l'arrêt de 1836 décidait que les
« sociétés civiles ne peuvent pas agir en justice par leurs
« administrateurs quoiqu'elles constituent des corps
« moraux, la Cour, si la même question se représentait
« aujourd'hui, devrait pour rester conséquente avec ses
« derniers arrêts, maintenir la même solution pour un
« motif opposé et décider que les sociétés ne peuvent pas
« agir en justice sous le nom des administrateurs, parce
« qu'elles ne constituent pas des êtres moraux. »

Deux arrêts cités à l'appui de ce système, ne sont rien
moins que concluants. Le premier, du 6 mai 1850, tranchait
la question suivante : Des personnes individuellement
investies dans un bois du droit d'usage, sans qu'aucune
communauté existât entre elles, pouvaient-elles être
assignées en la personne de leurs syndics? Il fut répondu
que non. Mais l'arrêt ne préjugeait pas la question de
savoir si les sociétés civiles peuvent agir par l'intermédiaire
d'un gérant, pour cette raison très simple énoncée dans
une note sous l'arrêt, que « les usagers exerçant individuel-

---

(1) Note sous un arrêt du 3 février 1868. Dalloz, 1868, I, 225.

lement leurs droits, n'étaient pas constitués en sociétés civiles (1). »

Le second arrêt de 1854 a été rendu dans l'hypothèse très spéciale d'une action en diffamation dirigée par le gérant d'une société d'assurances mutuelles. Comme la capacité s'entend d'une manière beaucoup plus restreinte à l'égard des personnes morales, on leur concède les seuls droits nécessaires à la réalisation du but en vue duquel elles ont été créées, en résumé, le droit d'acquérir à titre gratuit ou onéreux et d'ester en justice. Elles ne peuvent posséder les droits de famille, invoquer des atteintes à leur honneur, la personnalité ne va pas jusque là. Il est bien évident qu'en diffamant une société, on ne vise pas l'être moral abstrait imaginé par les jurisconsultes pour servir d'assise à la construction juridique de ses droits, mais les membres qui la dirigent. Avant tout, la diffamation exige comme condition nécessaire, une personne. Et nous comprenons parfaitement les scrupules dont les juges ont dû être assaillis, en voyant bien que la société n'avait pas été diffamée elle-même, et d'autre part, en n'osant pas pousser si loin une assimilation avec les personnes physiques que tout concourait à démentir. Cet arrêt n'a donc aucune portée.

106. En revanche, nous allons citer intégralement un arrêt de 1849 qui montre bien, que, contrairement à l'opinion de l'annotateur de Dalloz, la jurisprudence a toujours proclamé la personnalité des sociétés civiles.

« Sur le moyen de nullité tiré de ce que la demande
« aurait été introduite par des mandataires et contraire-
« ment à la maxime qu'en France, nul ne plaide par pro-
« cureur ; considérant que la société civile, comme la

(1) D. P., 1850, I, 290.
    D. P., 1855, I, 41.

« société commerciale, est un être moral, dont les intérêts
« sont distincts de chacun de ses membres en particulier ;

« Que, comme être moral, la société peut confier à l'un
« de ses membres la direction et l'administration de ses
« droits et de ses intérêts ;

« Que rien ne s'oppose qu'en vue d'économiser les frais
« et de rendre plus promptes et plus faciles les opérations
« de la société, les actions judiciaires soient intentées au
« nom et à la requête du conseil d'administration ;

« Que de pareilles stipulations n'ont rien de contraire à
« la loi et ne sont pas, par elle-même, une infraction au
« principe que nul en France ne plaide pas procureur ;

« Considérant qu'à supposer que ces stipulations ne
« puissent être opposées aux tiers, elles n'en sont pas
« moins la loi des parties qui les ont consenties ; que, de
« ces principes, il suit que l'action a pu être introduite,
« comme elle l'a été par exploit du 18 mars 1847, au nom
« et à la requête du conseil d'administration, poursuites
« et diligences de Henry et consorts, ainsi que le prescrit
« l'acte de société ;

« Sur le moyen tiré de ce que ledit exploit ne contient
« pas les noms, profession et demeure de tous les socié-
« taires et actionnaires ;

« Considérant qu'aux termes de l'art. 69 C. pr. c. les
« sociétés de commerce sont assignées au domicile et en
« la personne du gérant ou liquidateur ;

« Que l'exploit d'assignation délivré à la requête de ces
« sociétés, ou contre elles, n'a pas besoin de contenir les
« nom, profession et domicile de tous les associés ; qu'il
« suffit d'indiquer les nom, profession ou domicile du
« gérant ou liquidateur ;

« Considérant que si l'article 69 ne parle que des sociétés
« de commerce, on ne saurait en conclure qu'il interdit

« d'introduire une disposition analogue dans les sociétés
« civiles, parce que cette disposition, qui a pour objet de
« simplifier et régler le mode des actions judiciaires, ne
« présente qu'une chose manifestement utile et destinée à
« protéger, non seulement les intérêts des sociétaires,
«· mais encore les intérêts des tiers en relation avec la
« société ;

 · « Qu'au surplus, s'il était vrai que la stipulation ne fût
« pas opposable aux tiers, toujours est-il que les parties
« qui l'ont consentie sont tenues de l'exécuter comme ne
« contenant rien de contraire à la loi (1) ».

107. Cet arrêt résout deux questions également importantes. A l'encontre de celui de 1836, il tire, du principe de
la personnalité des sociétés civiles, toutes les conséquences
juridiques, notamment le droit pour elles d'ester en justice ; puis il s'efforce de concilier ce dernier corollaire avec
le texte formel de l'art. 69. La jurisprudence est entrée
complètement dans cette voie. Parlant précisément de la
règle : Nul ne plaide pas procureur, M. Mongin écrivait
ceci :

 « La procédure ainsi organisée aboutirait dans bien des
« cas à supprimer toute possibilité d'agir en justice. Aussi
« la jurisprudence, soucieuse des besoins de la pratique,
« a-t-elle fait d'incessants efforts pour l'écarter, s'appuyant
« dans cette lutte sur certains principes qui modèrent
« l'application de l'ancienne maxime, elle est arrivée, sinon
« à une victoire complète, du moins à des résultats satis-
« faisants, qui rendent l'action en justice plus facilement
« accessible (2) ». L'annotateur de Dalloz cité plus haut, qui
déniait aux sociétés civiles le droit d'ester en justice par
l'entremise des gérants, était néanmoins obligé d'admettre

---

(1). D. 1849, II, 180.
(2) Mongin, 1890. *Revue critique.*

un certain nombre d'exceptions, en faveur des sociétés civiles à forme commerciale et de certaines sociétés d'intérêt public et général. C'étaient des étapes successives dans ce chemin qui devait aboutir à la reconnaissance du droit, pour toute société, de se faire représenter en justice.

« On (1) a reconnu à quelques sociétés le droit d'ester
« en justice, mais elles doivent être formées dans un inté-
« rêt général et public, elles doivent être instituées avec
« adhésion, approbation de l'autorité publique, en vertu
« des décrets et règlements propres à leur institution. Il
« faut qu'elles aient un caractère d'individualité véritable,
« que ce soient des êtres moraux ayant une existence dis-
« tincte de celle des particuliers qui la composent. Ce qui
« se reconnaît au grand nombre des associés, aux assem-
« blées générales nécessaires pour arrêter les statuts, nom-
« mer des administrateurs, recevoir et contrôler les mem-
« bres du comité ». Et la Cour de cassation faisait l'application de ces principes le 30 août 1859 à une société d'arrosage, D. P. 1859, 1, 365 ; le 6 juillet 1864 à une société d'élevage de chevaux, D. P. 1864, 1, 424.

108. Depuis, la jurisprudence a affirmé (2) davantage ses principes, et nous ne pouvons manquer de citer le fameux arrêt du 3 décembre 1889 qui reconnaît le droit de

---

(1) Dalloz, Note sur l'arrêt de 1891.
(2) Arrêt de Paris du 27 février 1878. D. P. 1898 2 257.
« Si les sociétés civiles croient devoir se donner un représentant
« légal, il est impossible de comprendre pourquoi une collectivité
« de personnes et d'intérêts reconnue par la loi civile, régie par elle
« et pouvant avoir des intérêts distincts des intérêts des autres
« membres de l'association, ne pourrait pas concentrer, pour des
« raisons de facilité de procédure, et dans les cas de rapidité et
« d'économie, la gestion de toutes les affaires sociales et les pouvoirs
« nécessaires pour la mener à bonne fin entre les mains de son con-
« seil d'administration ou d'un seul associé ;
« Qu'une interdiction aussi défavorable à la marche et au succès
« des sociétés civiles ne pouvait peser sur elles qu'en vertu d'une

se faire représenter en justice à un groupe d'actionnaires ne formant pas une société :

« Sans avoir à rechercher si cette association présente
« tous les caractères d'une société civile proprement dite,
« l'acte qui la crée confère tout au moins valablement à
« son directeur le mandat de représenter ses associés dans
« les limites de l'intérêt mis en commun (1). » D. P. 90,
I, 105.

Il est donc de jurisprudence constante que la société civile peut se faire représenter en justice par son gérant ou administrateur :

Mais est-il nécessaire de mettre le nom de tous les associés dans les actes de procédure ?

Quelques arrêts de cassation, sans se prononcer nette-
« ment sur la question de principe ont admis la validité
« d'assignations dans lesquelles tous les demandeurs

« défense expresse du législateur. et que cette défense n'a pas été
« prononcée par lui ; que s'il est vrai qu'on ne trouve pas écrite
« dans le C. Civ. la concession de l'action *ut universi*, il est également
« vrai qu'elle ne leur est pas formellement refusée. et que, dès le
« le moment que ces sociétés sont reconnues et autorisées comme
« corps sociaux, elles sont investies par cela même des droits appar-
« tenant à toute réunion de capitaux..... »

(1) Voici le texte intégral de l'arrêt :

« Rien ne s'oppose à ce que les souscripteurs d'un emprunt émis
« sous la forme d'obligations au porteur ou nominatives s'associent,
« soit pour la défense de leurs intérêts, soit pour la réalisation de
« l'hypothèque collective qui leur a été promise au moment de
« l'émission ;

« Que sans avoir à rechercher si cette association présente tous
« les caractères d'une société civile proprement dite, l'acte qui la crée
« confère tout au moins valablement à son directeur le mandat de
« représenter ses associés dans les limites de l'intérêt mis en
« commun ;

« Qu'une pareille association ne constituant d'ailleurs, dans aucun
« cas, une personne morale et n'ayant pas d'individualité distincte
« de celle des membres qui la composent, les droits qui naissent
« des opérations ou négociations, en vue desquelles elle a été cons-
« tituée, profitent directement à ces derniers. »

« n'étaient pas nommément désignés. Citons dans ce sens
« un arrêt du 25 juin 1866 (S. 1866, 1, 358) rendu en faveur
« du cercle de Montbard ; un procès avait été engagé par
« deux administrateurs agissant comme mandataires des
« membres du cercle, et il résulte des termes du pourvoi
« que ces administrateurs seuls étaient nommés dans
« l'exploit. La Cour suprême admit la validité de la pro-
« cédure. Une décision analogue est contenue dans un
« arrêt du 20 juin 1878 (Cercle catholique d'Epernay, S.
« 80, 189). Toutefois, on chercherait en vain dans ces
« arrêts une règle ferme, décidant que l'art. 61 est inap-
« plicable aux associés. Les motifs se bornent à indiquer
« que l'action est recevable parce que plusieurs coïnté-
« ressés ont le droit de désigner un mandataire unique.
« Le vice de forme résultant de mentions insuffisantes
« n'est pas visé par le juge. Il serait téméraire sans doute, de
« généraliser la doctrine qui semble ressortir des arrêts et
« d'admettre qu'un exploit peut être rédigé au nom du pré-
« sident, comme représentant les membres d'une société.
« Le texte de l'art. 61 se trouverait ouvertement violé. »
  « Aussi on a pris une autre voie. On a dit que la maxime :
« Nul ne plaide par procureur, n'est pas d'ordre public, et
« que les parties peuvent renoncer à l'invoquer, avant
« même tout procès, en confiant au président le droit de
« représenter la société. Les parties sont censées y avoir
« adhéré, par cela seul qu'elles ont adopté les statuts.
« Quant aux tiers, ils sont censés avoir renoncé à se pré-
« valoir d'une semblable clause, car, avant d'avoir traité
« avec la société, ils ont pris connaissance des statuts (1) ».
  Cass. 19 f. 1884, S. 86, I, 61.
  Cass. 27 janvier 90. Gaz. Palais, 6 mars 1890.

---

(1) *Revue critique.* Art. de M. Mongin précité.

109. Débarrassés ainsi de la maxime génante, nul ne plaide par procureur, les cours d'appel n'ont pas hésité à proclamer à maintes reprises le principe de la personnalité des sociétés civiles. Nous citerons notamment un arrêt de 1865 (1), un arrêt de 1866 (2), un de 1868 (3), un de 1878 (4) et enfin le fameux arrêt de 1891 corroboré par un arrêt de la Cour de Grenoble de la même année.

L'arrêt du 23 février 1891 a eu un énorme retentissement. Le voici intégralement :

« Attendu qu'il est de l'essence des sociétés civiles,
« aussi bien que des sociétés commerciales, de créer, au
« profit de l'individualité collective, des intérêts et des
« droits propres et distincts des intérêts et des droits de
« chacun des membres ;

« Que les articles 1845, 1846, 1847, 1848, 1855, 1859

(1) Arrêt du 18 novembre 1865. D. P. 1866. 1, 455.
Attendu qu'il est de l'essence de semblables associations, aussi bien que des associations commerciales, de créer au profit de l'individualité collective, des intérêts et des droits propres et distincts des intérêts et des droits de chacun de ses membres ;
Que dès lors ces sociétés constituant une personne civile, peuvent agir en justice dans les formes et conditions réglées par leurs statuts, puisque la loi ne leur interdit par aucune disposition de se constituer des représentants pour leurs rapports avec les tiers, et qu'elle n'indique pour cette constitution, aucun mode spécial.

(2) Arrêts du 25 juin 1866. D. P. 1, 334, 1866.
Considérant que les sociétés civiles forment comme les sociétés commerciales un être moral et peuvent être représentées en justice par les administrateurs, agissant au nom et dans l'intérêt de la société.....

(3) Arrêt du 3 février 1868. D. P., 1868, II. 257.
Attendu qu'une société, qui, quoiqu'ayant pour objet des sociétés civiles, est organisée et fonctionne sous une forme commerciale, est une personne morale, distincte des membres qui la composent.

(4) Arrêt de Paris du 27 février 1878. D. P.,1878, II, 357.
Attendu que, lorsque la gestion d'affaires d'une société civile a été centralisée entre les mains d'un conseil d'administration ou d'un directeur, ce qui n'est interdit par aucune disposition de loi, cette société constitue un être moral, ayant un intérêt distinct de chacun des membres qui la composent.

« personnifient la société d'une manière expresse en n'éta-
« blissant jamais des rapports d'associés à associés et en
« mettant toujours les associés en rapport avec la société ;
    « Que les sociétés civiles constituent, tant qu'elles
« durent, une personne morale, laquelle est propriétaire
« du fonds social (1). »

    « Il s'est produit un fait économique qui donne singu-
« lièrement raison à cette doctrine, c'est la création des
« grandes sociétés civiles comme celle du canal de Panama,
« ou comme les sociétés minières, qui comptent leurs
« membres par milliers, et qui, sans l'être moral, n'au-
« raient posséder qu'une propriété collective, émiettée
« entre la multitude des actionnaires (2). »

    110. Les sociétés civiles ne diffèrent pas des commer-
ciales autant qu'on a bien voulu le dire : ce sont deux

---

(1) Nous pouvons citer également dans le même sens un arrêt de la
eour de Grenoble du 9 décembre 1891. *Revue des sociétés*, 1891, p. 270.
    « Attendu qu'il est, en effet, contraire aux principes du droit de
« ne pas reconnaître à la société civile une personnalité ou au moins
« un intérêt distinct de celui des membres :
    « Que si les actions ne peuvent être en général suivies que contre
« ces derniers, il n'en demeure pas moins certain qu'à la différence
« de la simple communauté, constituant un état purement passif,
« la société poursuit un but déterminé avec une individualité nantie
« de droits et soumise à des obligations ;
    « Que son patrimoine distinct de celui des associés est régi selon
« les clauses du pacte social ou par les dispositions de la loi..... »
Cet arrêt déclare sans doute « qu'on doit reconnaître aux sociétés
« civiles une personnalité », mais il ajoute aussitôt, comme s'il s'était
trop avancé « ou au moins un intérêt distinct de celui des membres ».
Pourquoi cet « au moins » ? Alors surtout que l'arrêt, revenant à
« l'idée première, déclare que dans la société civile, il y a une indi-
« vidualité munie de droits et soumise à des obligations, un patri-
« moine distinct, etc. » En vérité, c'est assez : « mais pourquoi tant d'em-
« bages ? Pourquoi des atténuations, des restrictions ? Quoi qu'il en
« soit et malgré cette défaillance momentanée de l'expression, la
« pensée de la cour de Grenoble est, au fond, conforme à celle de la
« Cour de cassation. »
    (2) Vavasseur, *Revue des sociétés*, 1891, p. 250.

rameaux d'un même tronc : elles ont toute deux la personnalité morale, de l'aveu unanime et constant de la jurisprudence, appuyé sur des arguments très sérieux. Les caisses Raiffeisen ont également la personnalité morale. Puisque nous les avons déclarées soumises aux obligations de la loi de 1867, c'est la même loi qui déterminera leurs droits ; or, ils découlent tous du principe qui règle également la situation de toute société, la personnalité morale. Nous allons immédiatement en étudier les conséquences.

C. — Conséquences pour les Caisses Raiffeisen de la personnalité.

111. Comme tous les droits exigent un sujet, la reconnaissance de la personnalité pour une collectivité équivaut à l'acte de naissance d'un individu ; elle lui concède la vie ; les Caisses Raiffeisen auront donc une très grande capacité. Elles posséderont le fonds social sur lequel les membres ne pourront invoquer aucun droit réel, jusqu'à l'heure de la dissolution où seulement, l'indivision, naissant de la copropriété, commencera et sera le point de départ de l'effet déclaratif du partage. Conformément à l'art. 102, à l'exemple de toute personne, les Caisses auront un domicile où on signifiera leurs actes, où se déterminera le ressort des Tribunaux qui jugeront les procès et les contestations entre leurs membres. Les principes proclament également la nature mobilière des droits des membres de la Caisse ; sans doute, comme on ne distribue jamais de dividende et que, même au cas de dissolution, on ne se partage pas la réserve, on n'aura pas à se demander si leur part ne tombe pas dans la communauté, si elle est peut-être aliénée, hypothéquée etc....., mais des circonstances peut surgir

l'utilité de mettre cette idée en lumière : c'est pourquoi
nous la signalons. Il n'y a pas d'autre cause à l'affectation
exclusive des biens des Caisses aux créanciers, ainsi qu'à
l'impossibilité de compenser une de leurs créances avec
une dette personnelle de leurs membres, bien que des
auteurs absolument contraires (1) à l'idée de personnalité
pour elles, refusent d'y voir des conséquences directes de
de cette idée.

112. Les Caisses Raiffeisen peuvent donc aquérir, posséder, contracter, mais dans quelle mesure ? Deux-systèmes
sont en présence.

« Les êtres moraux, dit M. Cassagnade (2), sont des créa-
« tions de la loi. Ils n'ont par nature aucun droit et
« tiennent tous ceux dont ils usent de la loi qui les leur
« attribue dans la mesure où ils leur sont nécessaires pour
« leur existence. Ce sont des droits concédés et par suite
« limités, et non pas des droits naturels comme ceux qui
« appartiennent aux hommes par cela seul qu'ils vivent.

Par conséquent, il faut décider que les personnes morales
n'ont en principe que la jouissance des droits strictement
indispensables pour atteindre le but de leur institution, et
qui leur ont été formellement ou implicitement concédés
ou qui découlent comme un complément nécessaire de la
concession de certains droits.

Les partisans de l'autre opinion font remarquer les conclusions très arbitraires où aboutit le système précédent,
car comment déterminer le *criterium* indiquant si un droit
est indispensable ou non à la personne morale ? On ne
peut voir dans les art. 537, 619, 910, 937, 1712, 2045, l'expres-
« sion mal digérée d'une théorie vague et boiteuse, qui ne

(1) Lyon Caen et Renault, *Traité droit commercial*, II p. 80.
(2) Cassagnade, Thèse de doctorat : *De la personnalité des sociétés
civiles et commerciales*, Paris 1883.

« s'exprimerait qu'en termes négatifs, et ne donnerait
« aux personnes civiles que des lambeaux de droit (1); »
« dans la sphère des droits qui se réfèrent au patrimoine,
« la capacité des personnes morales est, en principe, la
« même que celle des personnes physiques (2). »

113. C'est à propos du droit de recueillir les dons et legs
que la question présente le plus de difficultés. Nous
croyons, en adoptant l'affirmative, suivre l'application
logique des principes : Les Caisses Raiffeisen, étant des
personnes, jouissent de tous leurs droits à l'exception de
ceux de famille. L'argument tiré de l'incapacité des personnes morales du droit administratif ne nous semble pas
probant le moins du monde, car on ne peut agiter ici le
spectre de la main-morte, et, pour cette raison précisément,
le législateur a voulu favoriser peut-être ces sociétés ; en
tous cas, on ne peut retourner contre elles un oubli.

D'ailleurs, le système de la capatité restreinte « entretient
« une équivoque entre le but d'une entreprise et sa capa-
« cité. Une société qui recueille une donation ne contrevient
« pas à son but. Elle emploiera le produit de la libéralité soit
« à étendre l'exploitation, ce qui rendra la société plus
« lucrative pour tous, soit à doter des Caisses ouvrières.....
« Quant à la capacité de recevoir, ce sera au gérant de
« compléter les pouvoirs ordinaires dont il dispose, en
« obtenant de ses coassociés l'autorisation d'accepter (3) ».

M. Cassagnade formule d'autres critiques :

« Supposons un don ou legs adressé à une société com-
« merciale. Qui est-ce qui en bénéficie ? Le profit est exclu-
« sivement pour les associés actuellement existants au

---

(1) *De la condition des personnes civiles en droit français*, Thèse de
doctorat : Piébourg, Paris 1875.
(2) Aubry et Rau, I § 54.
(3) Thaller, *Traité de droit commercial*, p. 147. Paris, Rousseau 1898.

« sein de la société. La part de propriété qu'ils ont dans
« celle-ci et qui est représentée par leur intérêt ou leur
« action reçoit une augmentation de valeur proportion-
« nelle à la libéralité; et si de nouveaux membres entrent
« dans la société en devenant cessionnaires des droits des
« membres actuels, ils ne profiteront en rien de cette
« libéralité, puisqu'ils devront payer un prix de cession
« plus élevé et correspondant d'abord à la valeur intrin-
« sèque de la part cédée et ensuite à la plus value qui est
« résultée de la donation ou du legs. Donc, donner à une
« société personne morale, c'est en réalité donner aux
« individus qui la composent, et puisque c'est à eux exclu-
« sivement et directement que profite la gratification, ils
« ne peuvent être représentés par la société et doivent
« eux-mêmes figurer dans le contrat de donation ou être
« personnellement désignés par le testament (1). »

Que l'objection porte en ce qui concerne les sociétés
civiles, nous n'avons pas à le rechercher, mais nous pouvons
affirmer qu'elle n'atteint pas les Caisses Raiffeisen. Il n'y a
aucun profit en faveur des membres, pour la bonne raison
qu'ils ne touchent aucun dividende et ne se partagent
jamais la réserve, article 14 et 21 des statuts. Leur part ou
action ne reçoit pas une augmentation de valeur, car ils
n'en possèdent pas, art. 14. Le bénéfice n'est pas exclusif
aux seuls membres présents; les nouveaux adhérents ne
paient pas de plus-value, puisqu'ils n'ont aucun droit
d'entrée; enfin on ne peut dire : Donner à la société c'est
donner à ses membres, à cause de l'éventualité d'une
démission ou d'une exclusion.

La Caisse, dans ces conditions, jouit des libéralités sans
que ses membres y prennent part. On les adresse donc à
elle.

(1) Cassagnade, p. 134.

114. Il est enfin un droit que nous lui reconnaissons d'une manière certaine, le droit d'ester en justice. Indépendamment de la personnalité, elle le possède, en vertu de la loi qui régit les Caisses Raiffeisen, la loi de 1867 : l'article 53 est ainsi conçu :

« La société, quelle que soit sa forme, sera valablement « représentée en justice par ses administrateurs. »

Les membres de la Caisse (1) d'autre part, sont solidaires, nous allons essayer de démontrer qu'ils pourraient puiser dans cette construction juridique le droit de se représenter les uns les autres. Nous ne chercherons pas à démêler si les parties auraient mieux fait de recourir au mandat qu'à la solidarité ; le trait saillant de notre hypothèse, c'est précisément qu'aucun contrat n'est intervenu. Nous avions déjà dit plus haut que la garantie des tiers était la seule raison des rapports des membres entre eux. Leurs droits de créanciers solidaires naissent par le jeu seul des principes, de la solidarité passive à laquelle ils sont soumis.

115. C'est avec la caution que l'obligation (2) des membres de la Caisse Raiffeisen présente le plus d'analogie. A l'exemple de cette dernière, elle offre deux faces : débiteurs vis-à-vis de celui qui avança les fonds, ils sont créanciers à l'égard de celui qui en a profité. Le bailleur de fonds de la Caisse ne connaît pas son prêteur, mais il a con-

---

(1) La solidarité active est très peu usitée, à en croire les auteurs, les articles du Code sur cette matière seraient donc lettre morte. Et on les taxerait volontiers d'avoir cédé, en les insérant, à un désir de symétrie que nos anciens jurisconsultes recherchaient fort dans leurs ouvrages destinés à l'enseignement. Et cependant ce sont ces articles qui vont nous aider à expliquer un des fonctionnements les plus ingénieux des Caisses Raiffeisen. Les constructions juridiques qu'on trouve savantes, parce qu'elles ne correspondent pas à un besoin présent, facilitent l'éclosion des contrats nouveaux, ne rentrant pas dans les types classés et tirant des seuls principes leurs raisons de vivre.

(2) V. *infrà* n° 271.

fiance dans la solidarité de ses camarades qui ont répondu pour lui, comme des cautions. L'art. 1251, al. 3, accordant d'une manière générale la subrogation de plein droit au profit de « celui qui, étant tenu avec d'autres ou pour d'autres au paiement de la dette, avait intérêt de l'acquitter », les membres de la Caisse seront investis de tous les droits du créancier. S'ils peuvent tous être poursuivis, l'étendue de leur obligation donne la mesure de leurs droits, chacun pourra poursuivre à son tour, n'est-ce pas la conséquence logique de la responsabilité solidaire des emprunts nécessités par le fonctionnement ? Le paiement du débiteur à l'un des membres est valable, car le Code fait dans les articles 1205, 1206 et 1207 des applications du principe énoncé par Pothier.

Les codébiteurs solidaires sont constitués par la loi, mandataires les uns des autres, *ad conservandam et perpetuendam non ad augendam obligationem ;* nous sommes donc dans les termes de l'article 1197.

L'obligation est solidaire entre plusieurs créanciers lorsque le titre donne expressément à chacun d'eux le droit de demander le paiement du total de la créance, et que le paiement fait à l'un d'eux libère le débiteur.

La solidarité active est le corollaire de la passive, chacun des membres de la Caisse pourra donc agir. Ils ont cependant signé les statuts et abdiqué par là le droit incontestable qu'ils possédaient individuellement, en faveur du directeur, seul libre d'en user, moyennant certaines formalités. Aucun doute ne peut s'élever au sujet de la validité de cette stipulation qui produit tous ses effets, ainsi que le constatent MM. Aubry et Rau d'accord avec la jurisprudence :

« Une association peut être valablement représentée par « un de ses membres agissant en son nom propre, toutes

« les fois que la créance litigieuse est solidaire et indivi-
« sible (1). »

Nous ne nous trouvons pas en présence d'un mandat, ce
qui écarte l'application de la règle : nul ne plaide par
procureur. En se reportant quelques pages plus haut (2),
on pourrait nous accuser d'une contradiction manifeste
et nous remettre sous les yeux les lignes où nous résumions
le contrat des Caisses Raiffeisen, en un mandat collectif
d'emprunter sous la garantie solidaire de tous. Ce reproche
ne serait pas mérité. L'article 1987 du Code civil insiste
sur le caractère de spécialité du mandat ; or, les membres
du Conseil ont pour mission d'emprunter et nullement de
représenter leurs collègues en justice. Les observations
suivantes confirment notre manière de voir. A l'ordinaire,
les mandataires n'ayant pas eux-mêmes aucun pouvoir,
puisent tous leurs droits dans le mandat seul, tandis que,
dans le cas présent, les membres de la Caisse qui renoncent
en faveur du directeur à la faculté d'ester en justice,
n'investissent ce dernier d'aucun droit nouveau ; car,
comme tout créancier solidaire, il peut poursuivre en son
nom les débiteurs de la caisse.

116. Il se produit un fait analogue à celui de l'accroissement. « C'est, disent les auteurs, une conséquence de
« la solidarité de vocation existant entre tous les héritiers
« appelés à une même succession. S'ils viennent tous,
« comme il est impossible de donner la succession tout
« entière à chacun, il faudra bien opérer un partage :
« *concursu partes fiunt.* Mais si tous moins un se retirent,

---

(1) Aubry et Rau, VIII, p. 135.
Aix, 2 juillet 1844. D. P. 1845, II, 61.
Req. 29 juin 1847. D. P. 1847, I, 341.
Grenoble, 2 juillet 1864, D. P. 1864, II, 316.
Seine, 16 avril 1879. D. P. 1880, p. 322.
(2) Voir *supra* n° 67.

« ce dernier prendra le tout, parce que l'obstacle qui
« s'opposait à l'exercice intégral de son droit a désormais
« disparu. Il y a non décroissement (1). » Les membres de
la Caisse renonçant à leurs droits, celui du directeur
reprend son amplitude normale, car il n'est pas entravé par
le droit de ses collègues. La clause qui autorise le directeur
à agir seul est une clause devestitive et non investitive.

117 Nous voilà donc en dehors du champ d'application
de la maxime : nul ne plaide par procureur, dont le but
unique est d'écarter les personnes étrangères au procès.
Des règlements de compte interviendront, sans aucun
doute, pour que le directeur ne profite pas exclusivement
des résultats de l'action. Ce sont des questions d'ordre
intérieur n'intéressant pas les tiers. Il nous reste à indiquer
les limites dans lesquelles les Caisses Raiffeisen pourront
user de leur droit d'ester en justice, en indiquant rapi-
dement à leur sujet les grandes règles de compétence.

Deux questions, auxquelles une terminologie très
ancienne a donné le nom de compétence *ratione materiæ
et ratione personæ,* dominent cette matière.

118. La première, provoquée par l'existence de différents ordres de tribunaux, s'occupant chacun d'affaires
spéciales, consiste précisément à se demander la juridiction
dans le ressort de laquelle se trouvent les Caisses Raiffeisen. Des lignes consacrées plus haut au caractère civil de ce
contrat (2), se dégage nettement comme corollaire que les
tribunaux civils seront les juges de toutes les contestations
qu'entraînera le fonctionnement des Caisses, soit entre
leurs membres, soit à l'égard des tiers. Spécialement, elles
seront soumises à la juridiction du tribunal de première

(1) Baudry-Lacantinerie, *Traité des successions,* II, p. 242. Paris.
Larose, 1895.
(2) Voir *supra,* n° 73.

instance, qui est le tribunal de droit commun, connaissant toutes les affaires qu'un texte de loi ne lui a pas enle-
vées d'une manière formelle, et qui, à ce titre, tranche
toutes les questions incidentes au procès, détermine seul le
sens et la portée des jugements dont on conteste l'exécution,
évalue les demandes en paiement de frais judiciaires.

119. Quant à la seconde, un principe la résout dans la
généralité des cas : le défendeur doit être actionné devant
le tribunal de son domicile, sauf les exceptions prévues
aux différents Codes. (Art. 59, C. Pr. c.)

Les Caisses Raiffeisen devront s'y conformer dans la
rédaction de leurs citations; et comme elles puisent dans
leur qualité de personnes, le droit d'avoir un domicile,
c'est là qu'elles devront être assignées, sous peine de nullité
de l'exploit.

120. Toutefois, de nombreuses dispositions viennent
apporter à ce principe général des dérogations formelles.

C'est ainsi que les administrateurs devront porter les
actions réelles et immobilières, c'est-à-dire ayant pour
objet un droit réel sur un immeuble, devant le Tribunal
où est situé l'immeuble litigieux, art. 59. C. Procédure § 3.

Nous avons reconnu plus haut pour les caisses le droit
de recevoir des dons et legs (1), mais comme tout le monde
ne partage pas notre avis, des contestations pourront
s'élever; quand ce fait se produira ou si les héritiers font
des difficultés pour la délivrance, le tribunal à saisir « jusqu'au jugement définitif » est le tribunal du dernier
domicile du décujus, où la succession s'est ouverte, car
il connaît seul « des demandes relatives à l'exécution des
dispositions à cause de mort. » (Art. 59. C. Pr. c. § 6.)

Par analogie des sociétés, toutes les actions relatives à
l'existence des caisses, à l'ensemble de leurs opérations,

(1) Voir *supra*, n° 113.

seront portées devant le tribunal au siège social. (Art. 59, C. Pr. c. § 5.). Viendront là et non devant celui de leur domicile les actions en responsabilité contre le directeur, le conseil d'administration et de surveillance, les actions contre les membres qui refuseraient d'accomplir leurs obligations, qui se plaindraient d'une exclusion motivée par la violation des statuts, enfin toutes les demandes en justice dérivant du contrat initial.

Si les créanciers ont recours à la solidarité, s'ils s'adressent à un des adhérents pour rentrer en possession de leur argent, c'est ce même tribunal, qui, pour la même raison, la solidarité découlant de la convention, examinera les fins de non-recevoir s'il y a lieu, vérifiera l'admissibilité des recours et procèdera à la répartition définitive de la dette entre les membres.

. Conformément à l'art. 59, § 8, « en matière de garantie « incidente, le demandeur sera assigné devant le juge où « la demande originaire est pendante (1). » On citera les cautions devant le tribunal où est assigné le débiteur principal, sans s'occuper de leur domicile particulier.

Le tribunal qui a rendu un jugement connaît également seul les demandes formées pour frais par les officiers ministériels, ainsi que les difficultés relatives à son exécution. (Art. 60, 553, 554, C. Pr.)

Enfin on n'applique pas la règle *actor sequitur forum rei*, non plus que les paragraphes 5, 6 et 7 de l'art. 59 C. Pr., au cas où le défendeur est étranger ; les arrêts (2) reconnaissent comme compétent dans cette hypothèse le tribunal de la

---

(1) Cette disposition est corroborée par l'art. 181 : C. Pr.
« Ceux qui seront assignés en garantie seront tenus de procéder
« devant le tribunal où la demande originale sera pendante, encore
« qu'ils dénient être garants. »
(2) Cass. 8 juillet 1840.

résidence, et si elle n'est pas connue ou n'existe pas, celle du domicile du demandeur.

121. Indépendamment de ces hypothèses, il est un certain nombre de cas où la volonté des parties peut éluder l'application de cette règle. Les administrateurs des Caisses Raiffeisen auront le choix en matière mixte et immobilière, entre le tribunal du défendeur et celui de la situation de l'immeuble litigieux. Si un débiteur fait élection de domicile dans un lieu, avec le consentement du conseil d'administration, on ne pourra lui adresser utilement ailleurs les actes de procédure. Les Caisses Raiffeisen peuvent également, si, pour la même obligation, elles se trouvent en présence de plusieurs défendeurs ayant des domiciles différents, intenter les actions personnelles et réelles mobilières au domicile de chacun d'eux, sans avoir besoin de former autant de demandes que de personnes. (Art. 59, C. Pr., § 2.)

CHAPITRE II

FORME ET PREUVE DU CONTRAT
DES CAISSES RAIFFEISEN

122. Il importait, avant d'entreprendre au point du vue juridique l'étude des Caisses Raiffeisen, sous leurs nombreuses faces, d'en déterminer la nature et d'en donner une définition. Le chapitre qui va suivre se rattache intimément au précédent, car la forme d'un contrat dépend au premier lieu de son caractère. Nous avons compris sous le même titre les règles générales de preuve, afin de ne pas nous exposer à des redites dans lesquelles il eût été bien difficile de ne pas tomber, en séparant ces deux matières dont l'une est le corollaire de l'autre. La clarté de l'exposition exige cependant deux sections que nous nous efforcerons de maintenir distinctes.

SECTION I. — **Forme et publicité du contrat
des Caisses Raiffeisen.**

Ces deux conditions se confondent dans les contrats destinés comme les Caisses Raiffeisen à produire des effets à l'égard des tiers, toutes deux trouveront donc ici leur place naturelle.

§ 1. — *Forme du contrat*

123. La solidarité des membres forme le trait distinctif du contrat des Caisses Raiffeisen, nous lui appliquerons donc les règles de forme des sociétés en nom collectif, dont il présente au fond tous les caractères.

L'acte de constitution des Caisses, les adhésions successives devront être rédigés par écrit, sous peine de nullité, non pas tant en vertu de l'art. 39 du Code de commerce, dont nous contesterons plus loin la portée, que pour se mettre en règle avec l'art. 1341 du Code civil, exigeant un acte écrit dans toute convention au dessus de 150 francs ; car l'apport de chacun des membres représente une somme très considérable. Cette obligation nécessaire pour prévenir les contestations incessantes, adhérentes à un acte verbal, n'entravera en rien le développement des Caisses (1).

124. Il résulte également de l'article 39 du Code de commerce, qu'il suffit, pour l'acte de constitution des sociétés en nom collectif, d'un acte sous seing privé. La loi de 1867, dont les dispositions complètent et réforment le Code, confère aux créateurs des Caisses la faculté de se

---

(1) La rédaction d'un écrit n'est pas exigée pour la validité de la société dans toutes les législations.

En Allemagne les seules coopératives y sont astreintes. (Art. 85 Code de commerce.) Pour la validité du contrat de société, il n'est pas besoin d'un écrit, ni d'autres formalités. (Art. 5 de la loi du 1er mai 1889). Les statuts de l'association (coopérative) doivent être établis par écrit.

En Belgique, pour les sociétés par actions, un acte notarié est nécessaire.

(Art. 4 de la loi de 1873.) « Les sociétés en nom collectif, les sociétés « en commandite simple et les sociétés coopératives sont, à peine de « nullité, formées par des actes spéciaux, publics ou sous signature « privée, en se conformant, dans ce dernier cas, à l'art 1325 du Code « civil. Il suffit de deux originaux pour les sociétés coopératives. »

Les sociétés anonymes et les sociétés en commandite par actions, sont, à peine de nullité, formées par des actes publics.

« Il en est de même en Italie (Code de commerce, art. 86) et en « Portugal (Code de commerce, art. 113). Enfin en Espagne, toute « société commerciale doit nécessairement être constituée par acte « authentique (Code de commerce, art. 119). » Cohendy, *Code de commerce annoté*, art 39.

constituer de même, puisqu'elle exige un acte notarié seulement pour la déclaration du gérant relative à la souscription et au versement du capital social, inapplicable aux établissements Raiffeisen.

125. Nous ferons la même réflexion à propos de la disposition finale de l'article 39 du Code de commerce, d'après laquelle il serait nécessaire de rédiger le contrat, en autant de copies qu'il y a de parties en cause, conformément à l'article 1325 du Code civil.

En premier lieu, cet article 39 n'a pas, à notre avis, une portée très grande, en raison de tous les remaniements dont le titre III du livre Iᵉʳ du Code de commerce a été l'objet. Quelques-unes de ces dispositions primitives subsistent, mais la plupart, et celle-ci en particulier, sont de vraies épaves implicitement abrogées par l'esprit des lois avec lesquelles elles ne concordent plus. A tort ou à raison, la loi de 1867 a eu la prétention de refondre complètement le titre des sociétés, elle contient 67 articles, 71 depuis la loi du Iᵉʳ août 1893, et possède, par conséquent, sur cette matière, l'autorité du Code. Elle règle exclusivement la publicité, la responsabilité, et s'étend à la forme par une suite naturelle des idées. Il s'agit ici, d'ailleurs, d'une société à capital variable, c'est-à-dire d'une forme nouvelle de ce contrat, inconnue lors de la rédaction du Code, et introduite en France, précisément par la loi de 1867. Or, il existe dans cette loi, à notre connaissance, deux dispositions, qui limitent le nombre des exemplaires lors de la constitution de la société à deux seulement : ce sont les articles 1 et 21 que nous reproduisons textuellement.

Art. 1, § 5. — « L'acte sous seing privé, quel que soit le « nombre des associés, sera fait en double original, dont « l'un sera annexé, comme il est dit au paragraphe qui « précède, à la déclaration de souscription du capital et de

« versement du quart, et l'autre restera déposé au siège
« social.

Art. 21. — « Les sociétés anonymes pourront, quel que
« soit le nombre de leurs associés, être formées par un acte
« sous seing privé fait en double original.

126. Devant ces textes écrasants, des auteurs ont imaginé l'explication suivante : l'exception apportée par la loi
de 1867 abrogerait bien en partie l'art. 39, mais elle viserait
uniquement les sociétés anonymes et en commandite par
actions, où la présence de nombreux associés rendrait difficile l'exécution de la formalité des doubles et non les
sociétés de personnes (1). Nous empruntons à M. Pont une
partie de la magistrale réfutation qu'il a consacrée à l'examen de ce système.

« En définitive, la réduction du nombre des originaux
« autorisée par les art. 1 et 21 a sa cause et sa raison d'être
« dans la circonstance que l'acte de société est mis et
« constamment tenu à la disposition de tous, par suite du
« dépôt qui en est fait. Or, le dépôt étant également
« nécessaire pour les actes sous seing privé constitutifs
« de sociétés collectives ou en commandite par intérêt, et
« donnant à tous les associés collectifs ou commanditaires,
« les mêmes facilités pour recourir à l'acte, il est vrai de
« dire que la cause déterminante de la limitation du
« nombre des originaux subsiste tout entière. On ne voit
« pas pourquoi elle ne produirait point son effet. Et qu'on
« n'oppose pas le texte. Si l'art. 1325 exige que l'acte sous
« seing privé contenant des conventions synallagmatiques
« soit fait en autant d'originaux qu'il y a de parties ayant
« un intérêt distinct, c'est pour que, chacune ayant un
« original entre les mains, aucune ne soit à la discrétion
« des autres, pour que toutes soient également armées et

(1) Req. 20 décembre. Dall., 31, I, 26,

« en mesure de se contraindre réciproquement à l'exécution
« de leurs engagements respectifs. Mais cette mesure de
« la multiplicité des originaux reste manifestement sans
« utilité, dès que le but peut être atteint avec la même
« certitude par d'autres mesures également établies par la
« loi. Or, c'est précisément le cas dans notre espèce. Le
« dépôt, qui, par la volonté de la loi, doit être fait, tant au
« greffe de la justice de paix qu'à celui du Tribunal de
« commerce du siège social, met l'acte de société à la dis-
« position de tous les associés, aussi bien que si chacun
« en avait un original entre les mains. Il n'y a donc plus
« de raison de s'en tenir à la lettre de l'art. 1325 et d'exiger
« la rédaction de l'acte en autant d'originaux qu'il y a de
« parties intéressées ; pas plus qu'on ne l'exige lorsque,
« d'un commun accord, les parties font un original unique
« et le déposent chez un notaire qu'elles chargent de le
« conserver pour le compte et dans l'intérêt de tous (1) ».

127. Dans le système dont nous venons d'exposer la
réfutation, on n'a pas pris garde au nombre considérable
d'exemplaires qu'entraînerait, sans nécessité aucune, l'application de l'article 1325. MM. Lyon Caen et Renault (2)
se bornent à dire que ces formalités sont exigées en plus,
à titre de publicité. Une pareille exigence ne cadre nullement avec l'esprit de la loi, et la meilleure preuve en est
que celle-ci impose, d'autre part, en vue de la publicité, la
confection d'un certain nombre d'exemplaires qui feraient
certainement double emploi avec les précédents. Si on
prenait la loi de 1867 au pied de la lettre, son article 1er
serait d'une inexactitude flagrante, car il ressort de l'ensemble des dispositions que la loi n'a jamais entendu
limiter à deux le nombre des originaux à dresser de l'acte

(1) Pont. *Traité des sociétés civiles et commer.*, II, p. 244. Paris, 1880.
(2) Lyon, Caen et Renault, *Manuel*, p. 103.

social. Elle-même prescrit la confection de quatre exemplaires : deux, dans l'article 1er destinés, l'un à être annexé à la déclaration du gérant, l'autre à rester au siège social ; deux également, dans l'article 55, afin de satisfaire à l'obligation du dépôt aux greffes civil et commercial. Si on y ajoute encore les exemplaires nécessités par l'application de l'article 1325, qui resteront aux mains des associés pour servir de preuve de leurs droits et obligations, on en arrive à exiger sans aucune utilité un nombre d'actes énorme. Nous croyons, pour notre part, que les articles 55 et 1 § 3 traitant spécialement la publicité, l'article 1er § 5 de la loi de 1867 a voulu précisément remplacer l'article 1325; en imposant la rédaction de deux exemplaires indépendamment du nombre des associés. Ces deux actes ne font pas double emploi avec ceux imposés au paragraphe précédent, chacun d'entre eux a sa raison d'être ; et l'intérêt des tiers se trouve, à notre avis, suffisamment sauvegardé par l'obligation où sont les membres des caisses de dresser six copies des statuts.

128. On peut rattacher au même ordre d'idées la question de savoir s'il est nécessaire de constater par un acte spécial et distinct les entrées et les sorties de chacun des membres des Caisses Raiffeisen. La plupart des auteurs se prononcent pour la négative, et cela ne laisse pas de nous étonner, car les principes commandent une solution analogue à la prédédente, et si on ne dresse pas autant d'actes qu'il y a de parties en cause, l'article 1325, dont on doit faire ici l'application, est manifestement violé. Mais devant l'intention formelle du législateur, il a bien fallu se rendre à l'évidence.

Le titre III de la loi de 1867 crée au profit des sociétés à capital variable une situation privilégiée ; elle a voulu notamment soustraire leur constitution à l'application de toutes les conditions requises par les articles 1ᵉʳ et suivants. Leur capital s'augmente, de nouveaux membres donnent leur adhésion, sans aucune formalité ; c'est là le fonctionnement normal de leurs statuts. Pourquoi, dès lors, exiger un acte pour constater un des effets réguliers du contrat, son trait caractéristique ? L'esprit de la loi s'affirme d'une manière éclatante dans l'article 62, qui dispense de toute formalité de publicité l'entrée et la sortie des membres. Dans toute société et surtout dans celles à capital variable, où toute formalité inutile est soigneusement élaguée, un lien très étroit unit les conditions de forme et celles de publicité : la dispense générale de l'article 62 s'étendra donc aux deux ; on n'exige pas la publication des entrées et des sorties, parce qu'on n'en dresse pas un acte spécial. Nous aurons, d'ailleurs, à examiner plus loin (1), si le registre des entrées et des sorties ne présente pas des garanties au moins équivalentes à celles dont le législateur, en faveur du débiteur, a imposé l'apport, précisément dans l'article 1325.

En exigeant un nombre d'originaux égal à celui des parties, l'article 1325 se place au moment même de la confection du contrat ; l'emploi du passé défini ne laisse aucun doute à cet égard. L'appliquer aux Caisses Raiffeisen pendant toute la durée de leur existence, c'est fausser son esprit d'une manière évidente, car on transforme une condition exigée au moment de la naissance en une obligation de tous les jours. Si la loi, pour une raison ou pour une autre, a subordonné la validité d'un contrat à l'accomplissement d'un certain nombre de formalités, lors de sa formation, elle n'a pas voulu lui imposer la même obligation au fur et à mesure qu'il produit ses effets normaux. En tous cas, une pareille interprétation se

(1) Voir *infra*, nᵒˢ 153, 154.

montre, sans apporter aucun argument, d'une sévérité injustifiable.

L'erreur provient d'une assimilation des sociétés à capital variable avec les sociétés ordinaires. En cas d'adhésion d'une personne étrangère dans une société en nom collectif, la nécessité de rédiger un nouvel acte s'impose, car l'admission de cette personne étrangère provoque la dissolution du contrat. et l'article 1325 s'applique naturellement à la société nouvelle. Les entrées et les sorties des membres ne produisent pas les mêmes résultats dans les Caisses Raiffeisen, car leur trait caractéristique consiste précisément, à subsister, à demeurer immuables, au milieu de ces changements successifs.

129. Nous laissons donc complètement de côté l'art. 1325, soit pour la constitution des Caisses Raiffeisen, soit pour les adhésions des membres, au cours de leur fonctionnement. Elles ont d'ailleurs adopté un moyen assez ingénieux pour se soustraire d'une manière certaine à son application. Avant de procéder à la fondation de la Caisse, tous les futurs sociétaires se réunissent en assemblée préparatoire et élisent le Conseil d'administration composé de trois membres. Ces trois membres signent seuls l'acte constitutif de la Caisse, qui se compose exclusivement d'eux au moment de la signature de l'acte. De cette manière, trois exemplaires suffiront pour remplir toutes les prescriptions de la loi, et comme l'adhésion des nouveaux membres ne nécessite pas la rédaction d'un acte, aucun doute ne peut s'élever sur l'accomplissement des formalités de constitution. Jamais cette ligne de conduite ne soulève aucune difficulté, nous avons signalé néanmoins, au nom des principes, le droit certain pour les Caisses de ne pas se conformer aux prescriptions de l'article 1325.

§ 2. — *Publicité.*

130. Les règles de forme des Caisses Raiffeisen, cela résulte du paragraphe précédent, se trouvent dans la loi de 1867, et non dans l'art. 39 du Code de commerce, il en va de même de celles de publicité, et le titre IV de cette loi les régit exclusivement, à l'instar de toute société. Elles se résument dans deux principales, le dépôt (1) de l'acte cons-

---

(1) Nous allons donner un aperçu succinct de la publicité des sociétés coopératives imposée dans certain nombre d'États d'Europe :
Allemagne, loi de 1889.

« ART. 10. — Les statuts, ainsi que les membres de la direction, « peuvent être inscrits sur le registre des associations coopératives « auprès du tribunal dans la circonscription duquel la société a son « siège.

« Le registre des associations sera tenu auprès du tribunal chargé « de la tenue du registre du commerce.

« Le règlement du 11 juillet 1889, qui suivit la loi de 1889, contient « la disposition suivante :

« ART. 1er. — Le registre des associations coopératives ne formera « pas désormais une partie du registre du commerce, mais sera tenu « comme registre indépendant par le tribunal compétent pour la « tenue du registre de commerce.

ART. 11 de la loi de 1889.

« La demande d'inscription incombe à la direction.

« A cette demande seront joints :

« 1° Les statuts qui doivent être signés par les sociétaires et une « copie des statuts ;

« 2° Une liste des sociétaires :

« 3° Une copie des actes constatant la nomination de la direction « et du conseil de surveillance. Les membres de la direction doivent « en même temps écrire leur signature devant le tribunal ou pro- « duire ces signatures en forme authentique. (Loi de 1889 déjà citée.)

« Cette mesure de publicité, qui consiste dans une inscription sur « un registre de commerce, a été reproduite dans le Code de com- « merce espagnol, art. 119, le Code de commerce italien, art. 90 et « suivants, dans le Code de commerce portugais, art. 49, § 5, dans « le Code fédéral suisse des obligations, art. 619 et suivants. Dans les « autres pays où il n'existe pas de registre de commerce, par exemple « en Belgique, l'acte constitutif de la société, ou un extrait de cet « acte, s'il s'agit de société en nom ou en commandite simple,

titutif au greffe et la publication de l'extrait. Nous laisserons de côté les questions d'enregistrement pour les traiter à la fin dans un appendice.

131. Les greffiers des tribunaux civils et de commerce ont chacun la charge de recevoir un double de l'acte constitutif, dont ils n'ont en aucune manière le droit de vérifier la régularité (1). Le cas peut se présenter qu'il n'y ait

« doivent être déposés au greffe du Tribunal de commerce dans les « quinze jours de sa date. (Loi de 1873, art. 7 et suivants). Cohendy, *Code de commerce et des lois commerciales*, p. 210. Paris Larose-Fortel 1892.

(1) Contrairement au système français, dans un certain nombre de pays, les greffiers ont le droit de vérifier si les considérations exigées dans la loi se retrouvent dans la société.

« En Angleterre il existe un bureau officiel public, un fonction-« naire appelé Registrar, chargé d'enregistrer toutes les sociétés qui « demandent à naître à la vie légale.

« Le registrar anglais n'est pas chargé seulement d'inscrire passi-« vement les sociétés qui demandent à accomplir la formalité à « laquelle elles sont soumises, il vérifie si les actes qui les consti-« tuent sont en harmonie avec les lois qui les régissent, et si elles « sont en désaccord avec ces lois de leur barrer le chemin. » *Discours du rapporteur de la loi de 1867*. Tripier, II, p. 566.

D'après l'article 90 du Code de commerce italien, l'acte constitutif et les statuts des commandites par actions et des sociétés anonymes doivent être déposés par les soins et sous la responsabilité du notaire qui a reçu l'acte et des administrateurs, dans les quinze jours de leur date, au greffe du Tribual civil dans la juridiction duquel le siège de la société est établi ; le Tribunal vérifie alors en chambre du conseil et après audition du ministère public, l'accomplissement des conditions fixées par la loi pour la constitution de la société et ce n'est qu'autant qu'il a ordonné à la suite de cette vérification la publicité de la société que cette société est régulièrement constituée.

L'article 15 du règlement concernant la tenue du registre des sociétés coopératives qui suit la loi du 1er mai 1889, est ainsi conçu :

« Avant l'inscription des statuts d'une association le Tribunal véri-« fiera si les statuts répondent aux prescriptions légales, notamment « si les buts de l'association, qui y sont désignés, sont en harmonie « avec les dispositions du § 1 de la loi. (Loi de 1889).

On n'a pas accepté cette manière de faire en France, car cela aurait eu pour résultat de reproduire sous une autre forme l'autorisation préalable.

pas de tribunal de commerce dans l'arrondissement ;
comme dans cette hypothèse, il appartient au tribunal
civil de trancher les contestations commerciales, on accomplira au greffe de ce dernier la formalité du dépôt exigé
par la loi.

L'obligation de ce double dépôt régit les sociétés civiles
à forme commerciale. La question de savoir si le dépôt
doit être faite dans deux greffes, en raison de la nature
civile ou commerciale de la société, engendrerait un grand
nombre de difficultés dont la généralité des termes de
l'art. 55 prévient l'éclosion.

132. La seconde formalité consiste dans la publication
par un journal d'annonces légales (1), d'un extrait de l'acte

(1) Lors de la discussion de la loi de 1867, M. Quesné demandait
que tous les extraits de sociétés fussent publiés dans un journal
unique. *Commentaire* de Tripier, II, p. 558. — M. Jules Simon
demandait la création d'un bulletin spécial. *Commentaire* de Tripier. S. II, p. 568.

Ces demandes, dont on a pas tenu compte dans la rédaction de loi
dè 1867, ont été prises en considération dans un certain nombre de
pays.

« Ces insertions qui, en France, sont perdues dans une foule de
« journaux différents sont au contraire centralisés dans un même
« journal à l'étranger : elles doivent être faites en Allemagne dans le
« *Journal officiel de l'empire*. (Code de commerce modifié par la loi
« de 1884, art. 209) ; en Belgique, par le *Moniteur officiel* (L. de 1873,
« art. 1) ; en Italie, dans le *Bulletin des sociétés* (Code de com-
« merce 94) ; en Suisse, dans la *Feuille officielle du commerce* (Code
« fédéral des obligations, art. 621 et suivants). En Belgique et en
« Italie, l'acte constitutif doit être publié en entier lorsqn'il s'agit
« d'une société anonyme ou en commandite par actions. Dans les
« autres pays on se contente, comme en France, de la publication
« d'un extrait. » Cohendy, p, 210. *Code de commerce*.

L'article 5 du règlement allemand qui accompagne la loi de 1889
contient là disposition suivante :

ART. 5. — Il pourra être assigné pour les publications d'extraits
au registre d'associations coopératives, d'autres feuilles que celles
servant aux publications des extraits du registre de commerce.....

Dans les publications à faire au mois de décembre de chaque année
pour la désignation des feuilles destinées à l'insertion des annonces,
la feuille qui, outre le *Journal officiel de l'empire*, doit recevoir les

constitutif. Nous nous bornons à reproduire l'art. 57 de la loi de 1867, pour énumérer toutes les notions qui doivent y figurer.

On aura soin d'indiquer en premier lieu le nom de tous les membres de la Caisse, avec leurs prénoms, leur domicile, afin de ne pas laisser la place au moindre doute, car l'article 57, prescrit de mentionner « les noms des associés autres que les actionnaires et les commanditaires » Le même article exige la désignation du siège social, du commencement et de la fin de la société, de la date du dépôt au greffe du nom des membres chargés de gérer, administrer et signer pour la Caisse. Mais il sera impossible d'indiquer la raison sociale et le montant du capital puisque les Caisses ne possèdent ni l'une ni l'autre. Comme la loi exige cette mention à deux reprises, d'abord dans l'art. 57, puis au titre des sociétés à capital variable, (art. 51) en imposant la publication de la somme au-dessous de laquelle on ne peut réduire le capital, l'extrait des Caisses Raiffeisen devra énoncer leur absence complète de capital. La nature de la société et spécialement son caractère de société à capital variable, fera également l'objet d'une mention spéciale dans « tous les actes, factures, annonces, publications et autres documents imprimés ou autographies émanés de la société. » (Art. 64.)

annonces des sociétés de moindre importance, devra être spécialement désignée. Pour le choix de cette feuille, on devra surtout prendre en considération sa diffusion dans la circonscription du Tribunal.

Pour décider si une association doit être comptée parmi celles de moindre importance dans le sens des dispositions qui précèdent, le Tribunal chargé de la tenue du registre devra prendre en considération tant le nombre des membres et l'importance du patrimoine de l'association, que le mode et l'étendue de l'exploitation commerciale. Loi allemande 1889, déjà citée.

C'est toujours le même principe, seulement au Tribunal incombe dans ce cas le soin de désigner le journal d'annonces.

Dans l'intérêt des tiers, on indiquera les causes déroga-
toires-au droit commun, dont la loi -de 1867 purement
énonciative , ne prescrit pas la mention. Comme les
Caisses Raiffeisen s'écartent des règles de la société en
nom collectif, en ne proclamant la validité d'un engagement qu'au cas où il est contresigné par deux administrateurs, contrairement à l'art. 22 du Code de commerce, où
tout associé a le droit d'engager la société, cette particularité devra être signalée. Les administrateurs embarrassés
consulteront utilement le manuel où se trouve un modèle
d'extrait parfaitement rédigé. Enfin, l'extrait certifié par
l'imprimeur, légalisé, enregistré, devra contenir, en outre
de toutes ces mentions, la signature de tous les membres
de la Caisse (1).

133. Le délai pour accomplir ces deux formalités du
dépôt et de la publication de l'extrait est d'un mois à partir du jour de la constitution, c'est-à-dire de l'acte constatant la formation de la Caisse, la signature des statuts.

---

(1) Il est un élément de la caisse dont la loi de 1867 n'exige pas la
mention dans l'extrait, c'est l'indication du nom de tous les membres. La loi de 1894, 5 novembre , prescrit aux administrateurs de
déposer au greffe de la justice de paix, chaque année, le nom de
tous les membres, dans la première quinzaine de février.

La loi allemande du 1er mars 1889 contient une disposition analogue.

Art 164 :

La direction devra déclarer au Tribunal, dans le mois qui suivra
le jour de l'entrée en vigueur de la loi, quelles personnes, autres que
celles désignées dans la liste judiciaire des membres, sont devenues
membres de l'association jusqu'au dit jour et lesquelles des personnes désignées dans la liste n'appartenaient pas à l'association au
même jour.

En même temps on indiquera les membres qui, après l'entrée en
vigueur de la loi, sortent de l'association par suite de dénonciation
ou d'exclusion antérieures, ainsi que le jour de leur sortie (loi allemande de 1889).

Cette obligation résulte d'un grand nombre de dispositions analogues de la loi.

134. La loi s'étant inspirée de l'intérêt des tiers en édictant la publicité, on doit porter à la connaissance de ceux-ci, à l'aide du même procédé, toutes les modifications dans les statuts, portant sur les points dont l'extrait doit contenir une mention expresse. Conformément à ces principes, les administrateurs devront renouveler les formalités originaires de publicité pour toutes les modifications importantes dans la Caisse, et spécialement pour la prorogation de durée du contrat, sa dissolution, les changements dans la direction.

135. Bien des difficultés se sont élevées au sujet de la publicité de la dissolution de la Caisse. Comme elle peut provenir de causes très nombreuses et très différentes, on s'est demandé, si, dans tous les cas, la loi exige un nouveau dépôt et la publication d'un extrait dans les journaux. Quand la Caisse se dissout par suite de l'arrivée du terme, la question ne saurait faire l'ombre d'un doute, en raison de la loi de 1867, dont l'art. 61 impose la publication de la dissolution seulement au cas où elle arrive avant le terme, et ne s'applique pas à l'hypothèse où la fin du contrat résulte de la volonté des parties. Ne pourrait-on pas étendre cette idée aux autres causes de dissolution et proclamer d'une manière générale la dispense de publicité, dans tous les cas où un évènement de force majeure vient « anéantir « le contrat ? Cette manière de voir est en rapport avec le « texte, car lorsqu'il parle de dissolution, l'art. 61 de la loi « de 1867 exige la publication des actes et délibérations, « ce qui en exclut l'application aux cas où des faits vien- « nent à l'improviste mettre fin à la société, même à l'insu « et contre le gré des associés. Dans l'esprit, car l'article 61 « a eu pour but d'empêcher et de prévenir les fraudes que « des associés pourraient pratiquer à l'égard des tiers par « des changements clandestins aux statuts sociaux ; et cela

« en exclut de même l'application aux cas où la dissolution
« procédant, non du concours volontaire de l'homme,
« mais d'un événement de force majeure, nulle intention
« de fraude ne peut raisonnablement être portée aux asso-
« ciés (1) ».

136. La fin du mandat des administrateurs et, d'une
manière générale, tout changement dans la direction
devront être portés à la connaissance des tiers. La loi s'exprime formellement à ce sujet et ne dispense pas leur
entrée en fonctions et leur sortie des formalités de publicité, à l'exemple des autres membres des sociétés à capital
variable.

137. A l'endroit de l'application des formalités de publi-
ceté, la jurisprudence (2) se montre très rigoureuse, et en
exige l'accomplissement dans tous leurs détails. M. Pont
cite bien un certain nombre de décisions où les Cours se
sont relâchées de cette sévérité. mais les exemples cités
donneraient plutôt une idée contraire, en présence du peu
d'importance des concessions accordées jusque là (3). On

(1) Pont. *Commentaire traité des sociétés civiles et commerciales.*
p. 289.

(2) En ce sens. Tribunal commerce de la Seine. 4 mars 1882. Gaz.
Palais, 1882, 1, 512. Dijon, 22 octobre 1886. Gaz. Palais, 1 886, 2, supp. 95.

(3) Voici quelques-unes des concessions généreuses de la jurisprudence empruntées à l'ouvrage de M. Pont. *Commentaire des
sociétés civiles et commerciales*, p. 306 :

« La présentation du journal peut être remplacée par la production
« d'un extrait du registre du receveur contenant l'enregistrement
« d'un numéro du journal dans lequel l'insertion a été faite. Req.
« 18 mars 1846. D. 46. 1. 241. — L'exemplaire du journal où est l'in-
« sertion est valablement signé par un employé au nom de l'impri-
« meur, il est censé avoir reçu mandat ; Toulouse, 22 avril 1837. Sir.
« 37. II, 441.

« Quand un journal contient l'annonce de plusieurs sociétés, il
« n'est pas nécessaire d'un enregistrement distinct et séparé pour
« chacune des insertions, il suffit que la société attaquée puisse
« représenter l'exemplaire du journal enregistré. quoique dans l'in-
« térêt d'une autre annonce. Toulouse, 14 décembre 1855 ».

ne saurait prêter trop d'attention à ces formalités de publicité dont l'avenir des Caisses Raiffeisen dépend complètement. L'article 56, en effet, nous donne d'un mot la conséquence de leur inaccomplissement, c'est la nullité. Nullité d'ordre public, car la raison de toutes ces prescriptions réside en définitive dans l'intérêt général. Si tout le monde ne peut l'invoquer, si l'intervention d'un jugement pour la proclamer est nécessaire, la sentence une fois rendue, la nullité existe *erga omnes*, en dépit de toute renonciation ou ratification soit expresse, soit tacite.

138. On est allé plus loin : on a proclamé l'imprescriptibilité de l'action en nullité, et comparé le vice de la Caisse, dans ce cas, à celui dont un mariage incestueux est affecté (1). Non seulement la dissolution prononcée n'entraverait pas l'exercice de cette action, mais eût-elle fonctionné cent ans, la Caisse pourrait encourir encore la nullité de ce chef. C'est le sens où il faut entendre du reste l'imprescriptibilité de l'action en nullité, car ce n'est pas à dire que les actions des créanciers contre la Caisse échappent à la prescription.

139. Il en est de l'action en nullité comme de toutes les demandes en justice ; pour avoir le droit de l'intenter, il faut justifier en premier lieu d'un intérêt légitime. Les associés remplissent certainement cette condition, car si on les obligeait à rester dans une société dont on peut à chaque instant faire prononcer la nullité, un grand dommage résulterait pour eux de cette situation équivoque. A leur égard, le jugement en nullité opérera comme un jugement de dissolution ; il réglera seulement l'avenir, permettra de partager l'actif d'après le pacte social, mais laissera le passé intact. Si l'association dissoute ne présentait pas les caractères d'une société, en droit, on la

(1) Pont. Opuscule cité, p. 318.

traitera néanmoins comme une société de fait. L'article 56 défend, d'autre part, aux associés d'opposer aux tiers la nullité résultant du défaut d'une formalité, ceux-ci seront donc en droit de n'en pas tenir compte, et la sentence de dissolution ne pourra en aucune manière porter atteinte aux droits acquis. Supposons, par exemple, une omission dans l'extrait, les tiers peuvent-ils absolument la passer sous silence dans leurs rapports avec la société? Il est difficile de répondre à la question, sans admettre une distinction. Tout d'abord, il est des clauses dont on ne peut avec la meilleure volonté du monde opposer l'omission, par exemple, l'indication du siège social, car on devra bien assigner la Caisse quelque part. S'agit-il au contraire de l'omission d'une clause dérogeant aux règles ordinaires de la société, les tiers en aucune façon n'auront à en tenir compte, puisqu'on ne l'a pas portée à leur connaissance.

140. Le droit de demander la nullité appartient incontestablement aux créanciers sociaux. Ils adopteront, suivant leur intérêt, l'une ou l'autre de ces lignes de conduite. Ou bien ils accepteront comme valable la société irrégulière; ou bien ils en provoqueront ou en feront prononcer la nullité. S'ils veulent la résiliation de leurs engagements à l'égard de la Caisse, ils plaideront les vices de publicité; dans le cas où ils préféreraient une déclaration de faillite, ils proclameront sa validité.

Les créanciers personnels puisent dans l'article 1166 le droit d'intenter l'action en nullité, du chef de leur débiteur. On ne saurait leur refuser non plus une action directe, en raison de leur intérêt à venir sur les biens de la caisse, de concert avec les créanciers sociaux, au cas de son inexistence. Mais pour exciper de la nullité, ils devront faire la preuve de l'antériorité de leur créance à la

dissolution de la société. Dans le cas où elle serait postérieure, comment viendraient-ils invoquer un préjudice à
leur égard, puisque la caisse n'existait plus, au moment
où leur créance prenait naissance ? La jurisprudence est
en ce sens (1).

141. La sentence de nullité aménera la dissolution puis
la liquidation de la caisse. On trouvera dans l'article 21
des statuts (2), dans le pacte social lui-même, la base de
la répartition de l'actif entre les membres, et son application s'impose à cause de cette communauté de fait, sortie
de la volonté des parties, réglée par elle seule, dont on
ne peut, malgré tout, supprimer l'existence. Tous les
autres effets de la société disparaissent ; plus de droits de
préférence au profit des créanciers sociaux, à l'encontre des
personnels, tous viendront au marc le franc concourir sur
les biens de la caisse.

142. La nullité du contrat, l'inexistence de la caisse ne
privent pas cependant les créanciers sociaux de toutes
leurs actions à l'égard des membres. Si la caisse vivait,
ils auraient pu se retourner contre ceux-là, au cas où
celle-ci n'aurait pas fait face à ses engagements, cette
action subsidaire la conservent-ils, et leur appartient-il de
l'opposer aux créanciers personnels ? La cour de Rennes (3)
a admis la négative. Nous ne partageons pas sa manière

---

(1) En ce sens Grenoble 28 décembre 1871. Dalloz, 1872, 2, 206.
Lyon, 28 janvier 1873, Dalloz, 1873, 2, 38. Dans le sens de la seconde
idée émise au texte : Cass. 7 mars 1849. Dalloz 49, 1, 77.

(2) Voici l'art. 21 des statuts modifié par l'arrêt du conseil d'État
de décembre 1897 : « La société est fondée pour un temps illimité.
« En cas de dissolution, sa réserve est employée à rembourser aux
« associés les intérêts payés par chacun d'eux, en commençant par
« les plus récents, et en remontant jusqu'à épuisement complet de
« la réserve ».

(3) Rennes, 6 mars 1869. Voir le commentaire de l'arrêt dans
D. 70. 2. 224.

de voir, et nous préférons beaucoup la distinction adoptée à cet égard par M. Pont (1).

« La solidarité subsiste, mais elle est restreinte ou
« modifiée dans son exercice en raison même du profit
« que les créanciers personnels devront retirer de la nullité
« par eux requise. Or, ils sont admis à concourir avec les
« créanciers sociaux, sur la portion d'actif qui, dans la
« répartition est faite à leur débiteur. Il faut donc admet-
« tre que le créancier personnel, venant en concours avec
« le créancier social, ne peut être exposé à perdre, par
« l'effet de l'action solidaire de ce dernier, ce que la
« contribution lui donne dans la part de l'actif afférente à
« l'associé, leur débiteur commun. Mais reste les autres
« associés et, vis-à-vis d'eux, il est évident que si le
« créancier social ne rencontre pas des tiers intéressés
« aussi à opposer la nullité, il aura son action solidaire
« qu'il pourra exercer dans les mêmes conditions et
« dans les mêmes termes que si la société avait été régu-
« lièrement constituée (2). »

143. L'annulation de la Caisse pour défaut de publicité engage la responsabilité des personnes dont les fonctions consistaient précisément à accomplir ces formalités (3). Nous expliquerons plus loin (4) comment les règles de droit commun, à l'encontre de celles de la loi de 1867, régissent exclusivement la responsabilité des administrateurs des Caisses Raiffeisen. Toute la question revient donc à chercher parmi les membres de la direction, celui dont le

---

(1) Pont. *Commentaire traité des sociétés civiles et commerciales*, p. 343.
(2) Pont. *Commentaire traité des sociétés civiles et commerciales*, p. 344.
(3) En ce sens Poidebard. *Traité des sociétés civiles et commerciales*, n° 359.
(4) Voir *infra*, n° 246.

mandat a pour but de remplir toutes les conditions exigées par la loi, pour la constitution de la société. Les membres de la Caisse, en procédant à l'élection du Conseil d'administration dans l'assemblée préparatoire, se sont déchargés sur lui du soin de se mettre en règle avec les prescriptions de la loi de 1867 ; cette tâche incombe donc aux administrateurs. Eux seuls répondent à l'égard des membres et des tiers.

. **144.** Un arrêt de 21 avril 1890 (1) admet bien la doctrine suivante :

· « En l'absence de publication de l'acte constitutif d'une « société en nom collectif, tous les coïntéressés du gérant « sont tenus solidairement avec lui et « in infinitum » du « passif social ». Mais il importe de distinguer soigneusement ces deux situations. Si la responsabilité plane sur la tête de tous les membres d'une société en nom collectif ordinaire, c'est précisément en raison du droit de chacun des associés de gérer la société, art. 1859 § 1. C. civil, et partant de l'obligation pour chacun en particulier de remplir les formalités constitutives. Dans les Caisses Raiffeisen où on a nommé des administrateurs, un directeur, à eux seuls incombe cette mission, dont ils endossent seuls la responsabilité.

145. Nous ferons la même observation au sujet du premier Conseil de surveillance, soumis par la loi de 1867 à l'obligation de vérifier si toutes les conditions nécessaires pour la validité de la société se trouvent réunies, et par conséquent responsable. Les statuts de la Caisse n'imposent nulle part au Conseil de surveillance une semblable obligation, et comme il répond seulement de l'exécution de son mandat, il n'encourra de ce chef aucune responsabilité. Bien des différences, même dans les sociétés ordinaires,

(1) Loi du 21 mai 1890. Trib. commerce Seine, 21 avril 1890.

séparent ce premier conseil, établi pour un an, dans un but de vérification spécial, des autres conseils de surveillance, chargés de régler l'action des administrateurs; il en est de même pour les Caisses Raiffeisen.

146. Pour la publication des actes modificatifs aux statuts, l'art. 48 de la loi de 1867 semble viser spécialement les administrateurs, en les proclamant responsables pour le cas « où la nullité de la société et des actes et délibéra-« tions a été prononcée aux termes de l'article précédent ».

Comme l'art. 41, auquel renvoie l'art. 42, traite des conditions intrinsèques de constitution de la société et nullement de la publication, la Cour de Cassation a décidé : « que les mots actes et délibérations dans l'art. 42 n'ont « aucun sens et doivent être considérés comme non « écrits ;

« Que par suite, la responsabilité dérivant de la nullité « des actes et délibérations pour défaut de publication est « réglée non par l'art. 42, mais par l'art. 44 de la loi de « 1867, qui se réfère au droit commun (1). »

SECTION II. — **Preuve du Contrat des Caisses Raiffeisen.**

147. Nous avons écarté l'application de l'art. 1325 du contrat des Caisses Raiffeisen, il nous reste maintenant à étudier comment les administrateurs, en l'absence d'un acte spécial pour les entrées et les sorties de chacun des membres, arriveront à prouver juridiquement les muta-

---

(1) Poidebard. *Traité des sociétés civiles et commerciales*, p. 437, n° 359.

Dans le même sens : Toulouse, 26 décembre 1876, D. 78, 1, 441. Cas., 16 janvier 1878. D. 79, 1, 209. Paris, 5 février 1885. *Journal des sociétés*, 1885, p. 383.

tions dans le personnel. Comme le registre des entrées et
des sorties remplit cet office, après avoir étudié la manière
dont il est rédigé, notre attention se portera sur sa valeur
au point de vue de la preuve (1).

§ 1. — *Tenue du registre des entrées et des sorties.*

148. Nous empruntons à M. Durand les détails techni-
ques suivants sur la tenue du registre dans les Caisses
Raiffeisen.

« Le registre des entrées et des sorties est divisé en trois
« colonnes : la première à gauche contient un numéro
« d'ordre. La seconde, les mentions d'entrées, de démissions

---

(1) Dans le cas où les administrateurs, loin de se conformer aux
prescriptions de l'Union, n'auraient tenu aucun registre, la situation
serait toute différente. Les fondateurs de la Caisse, ceux qui ont signé
l'acte de constitution. répondraient seuls à l'égard des tiers de tous
les engagements. Ils seraient mal venus de se plaindre d'une
pareille situation, car il tenait à eux de s'y soustraire en se conformant aux modèles des statuts. D'autre part, les bailleurs de fonds de
la Caisse ne pourraient formuler aucune plainte, car les noms seuls
des fondateurs publiés avec l'acte constitutif se trouvaient à leur
connaissance, et ils n'étaient pas en droit de compter sur l'adjonction de membres nouveaux. Il convient d'ajouter que le conseil de la
Caisse ne serait pas complètement désarmé à l'égard des autres adhérents. Ils pourraient, en premier lieu, déférer le serment. Si, d'autre
part, en théorie le passif est complètement à leur charge, cette obligation serait bien atténuée en pratique, par ce fait que la grande
partie du passif serait représenté par des créances dont ils seraient
en droit d'exiger le recouvrement et dont ils solderaient seulement
la différence. Comme l'article 16 des statuts interdit les prêts aux
étrangers, le billet constatant la qualité d'emprunteur serait un commencement de preuve par écrit, donnant accès à la preuve testimoniale.

Au cas où un incendie viendrait à détruire les livres et archives,
on se trouverait dans l'hypothèse prévue par l'article 1348, § 4, où la
preuve testimoniale est admissible au cas de force majeure. Dans
une petite localité il serait très facile de prouver le sinistre et d'établir à l'aide de témoins la composition antérieure de la Caisse. Bien
entendu, on pourrait se servir des moyens indiqués plus haut, et
rétablir, à l'aide des billets en circulation, au moment de l'échéance,
le registre détruit, d'une manière intégrale.

« ou d'exclusions avec les signatures : c'est la seule qui fasse
« preuve, toutes les mentions doivent être datées et
« signées (1).

(1) Voici le modèle des adhésions du Manuel de M. Durand. Nous
donnons en regard le modèle des adhésions des caisses allemandes :

1. J'adhère à la Caisse rurale de la commune de
le 2 Juillet 1893
   Le Directeur. C. Therme
 J. Martin A. Berthier *membre du Conseil*
       d'administration
	Décédé le
	5 novembre 1893

2. J'adhère à la Caisse rurale de la commune de
le 3 Juillet 1893
   Le Directeur, C. Therme
 A. Benoit A. Berthier *membre du Conseil*
       d'administration	

3. J'adhère à la Caisse rurale de la commune de
le 3 Juillet 1893
   Le Directeur, C. Therme
 P. Henry A. Bertier *membre du Conseil*
       d'administration
	Démissionnaire
	le 15 septembre
	1893, n° 5

4. J'adhère à la Caisse rurale de la commune de
le 5 Juillet 1893
   Le Directeur, C. Therme
 J.-M. Godin A. Berthier *membre du Conseil*
       d'administration
	Exclu le
	20 octobre 1893
	n° 6

5. Je donne ma démission de membre de la Caisse rurale de
le 15 Septembre 1893
   Le Directeur, C. Therme
 P. Henry A. Berthier *membre du Conseil*
       d administration	

6. Le sieur J.-M. Godin est exclu de la Caisse rurale de la commune de   par décision de l'Assemblée générale en date de ce jour.
le 20 octobre 1893
   Le Directeur, C. Therme
   A. Berthier *membre du Conseil*
       d'administration	

« La troisième colonne contient, à titre de renseignements,

Annexe du Règlement du 11 Juillet 1889 complétant la loi au 1er Mai 1889.
Traduction Diéner Heilmann, p. 149.

LISTE DES SOCIÉTAIRES

POUR.....

L'exercice annuel commence au et finit au

La sortie des sociétaires a lieu à la fin de chaque trimestre de calendrier

		SOCIÉTAIRES		PARTS SOCIALES ULTÉRIEURES		SORTIE			
NUMÉROS D'ORDRE	JOUR DE L'INSCRIPTION	NOM ET PROFESSION	DOMICILE	JOUR DE L'INSCRIPTION	NOMBRE DES PARTS SOCIALES ULTÉRIEURES	JOUR DE L'INSCRIPTION	MOTIFS DE LA SORTIE	DATE DE SA SORTIE	OBSERVATIONS
1	2	3	4	5	6	7	8	9	10
1	4 Février 1890	Meyer Guillaume serrurier	Mersebourg			18 Novembre 1892	Dénonciation du 31 décembre 1892	31 décembre 1892	L'inscription de l'entrée a été annulée par jugement du 6 juillet 1891.
2	4 Février 1890	Bottcher Armand ébéniste	»	5 décembre 1890 / 1er Juin 1891	1 / 1/2				
3	15 Mars 1890	Kraus Philippe négociant	»			7 Août 1892	Décédé le 30 juillet 1892	31 décembre 1892	
4	15 Mars 1890	Kannegiesser Adolphe commissionnaire	»			25 Janvier 1893	Exclusion pour le 31 décembre 1893	31 Décembre 1893	
5	15 Mars 1890	Himmelreich Antoine ferblantier	»			5 Juin 1891	Transmission à l'avoir à n°	5 Juin 1891	
6	15 Mars 1890	Muller Jean cultivateur	Bolzhausen	1er Mai 1891	1	20 Décembre 1893 / 4 mars 1891	Dénonciation préalable pour le 31 décembre 1893 Reconnu	31 Décembre 1893	
7	2 Avril 1890	Schulz Édouard aubergiste	Mersebourg						
8	2 Avril 1890	Becker Matthias maçon	»			20 Décembre 1892	Sorti le 31 décembre 1892 pour cause de chang. de domicile dans la circonscription.	31 Décembre 1892	

NOTE sur les points de rapprochement des deux tableaux.

Le tableau de la loi allemande présente de grandes analogies avec le registre des entrées et des sorties des Caisses Raiffeisen. Il ne dispense pas cependant d'un acte d'adhésion distinct de chacun des membres, tandis que le registre des entrées et des sorties remplit lui-même cet office, car il contient la signature des membres. D'autre part, le registre précité ne mentionne pas les pertes sociales car les Caisses Raiffeisen fonctionnent sans capital. A part ces deux différences, ils sont absolument identiques.

« la date du décès de l'associé, ou l'indication de la cause
« de sa sortie (démission, départ, exclusion) avec renvoi
« au numéro d'ordre, où cette mention est indiquée.

« Par exemple au numéro 3 du modèle : dans la première
« colonne se trouve le numéro d'ordre ; dans la seconde
« l'adhésion avec la date, la signature du sociétaire et celle
« du directeur et d'un membre du conseil d'administration,
« dans la troisième colonne, l'indication de sa démission
« et le renvoi au numéro 5, où cette démission est mention-
« née avec les signatures requises.

« L'indication de la démission, dans la troisième colonne,
« en face de l'acte d'adhésion, ne serait pas suffisante, alors
« même qu'elle serait accompagnée des signatures néces-
« saires ; en effet, elle pourrait être faite à toute époque,
« sans que rien n'établit sa date. Elle doit être inscrite à son
« rang dans la deuxième colonne pour que le registre
« prouve qu'elle a bien été faite après la précédente inscrip-
« tion et avant la suivante. La troisième colonne ne sert
« donc qu'à renvoyer au numéro du registre qui indique
« la sortie de l'associé. En cas de décès d'un associé, il
« faut indiquer la date du décès dans la troisième colonne ;
« mais il est inutile de le mentionner à son rang dans la
« deuxième colonne ; le décès est prouvé par les registres
« de la mairie, la société n'a donc pas à en garder la
« preuve (1) ».

149. La condition (2) essentielle pour la régularité de
l'engagement, exigée dans le registre des entrées et sorties,

(1) Manuel pratique à l'usage des fondateurs et des administrateurs des caisses rurales par Louis Durand p. 25. Paris, Maison de
la Bonne presse, rue Bayard, 5.

(2) Voici comment en Allemagne, on procède pour donner une
preuve des membres de la Caisse.

« ART. 15 de la loi de 1889. La demande d'inscription des statuts au
« registre des associations coopératives faite, il faudra pour l'acqui-

celle dont on ne pourrait se-passer dans aucun cas, c'est la signature de chacun des membres. Il serait très imprudent de se contenter d'une croix ou de l'apposition d'un autre signe, car il n'existe pas, dans notre législation française, une disposition accordant une valeur probante à ces caractères. Si le testateur, si les témoins ne savent signer, il en est fait simplement mention, mais ils ne sont pas autorisés à manifester leur consentement d'une autre manière. Article 793 Code civil. 274 Code procédure.

150. Un mandat sous seing privé ne suffirait pas en raison de l'importance de ses conséquences dans le cas présent; il importe, en effet, d'éclairer le cultivateur illettré sur la solidarité où son engagement l'entraîne fatalement. D'autre part, un acte sous seing privé est opposable à une personne (1323, 1324 Code commerce), si elle en reconnaît l'écriture, ou après sa vérification en justice, deux moyens dont on ne peut faire ici l'application. Il ne peut être question pour un illettré de reconnaître une écriture; un tribunal n'a pas à la vérifier.

« sition de la qualité de membre, une déclaration d'adhésion absolue
« signée par le sociétaire entrant.

« Si l'adhérent est admis, la direction présentera la déclaration au
« tribunal, aux fins de l'inscription sur la liste des sociétaires. L'ins-
« cription a lieu sans retard.

« Le tribunal informe la direction de l'inscription faite.

« ART. 26 du règlement du 11 juillet 1889, qui accompagne la loi
« du 1er mai 1889. — Pour l'inscription d'un sociétaire qui adhère
« postérieurement à la déclaration des statuts, le tribunal vérifiera
« si la déclaration d'adhésion porte la signature du sociétaire, si elle
« a eu lieu sans réserve, si la présentation a été faite régulièrement
« par la direction.

« La vérification du tribunal ne s'étendra pas à l'authenticité de la
« signature et à la validité matérielle de la déclaration d'adhésion.»

L'article 28 exige un certain nombre de pièces à présenter au tribunal, en cas de sortie du sociétaire. S'il s'agit d'un décès, une notification ; de l'exclusion, une copie de la décision ; d'une démission, la déclaration par le sociétaire de la démission et l'affirmation de la direction qu'elle a été donnée en temps utile.

151. De toute nécessité, on exigera donc une procuration spéciale et authentique pour constater le mandat; il suffit, du reste, de rédiger l'acte en brevet. Article 2004 Code civil et article 20 de la loi du 25 ventôse, an XI. On s'efforcera d'obtenir la signature du membre sortant, mais au cas d'exclusion, on arrivera difficilement à ce résultat, et il y aurait une impossibilité absolue, s'il était mort. Dans toutes ces hypothèses le directeur et un membre du Conseil d'administration signeront ces mentions, la validité de l'engagement de la Caisse est subordonnée à ces conditions (1). Afin de conférer au registre une autorité à l'égard des tiers, on aura soin de le tenir régulièrement, par ordre de date, d'éviter les intercalations, les blancs, les interlignes. Les règles du droit commercial ne s'appliquent cependant en aucune manière aux livres des Caisses Raiffeisen (2).

§ 2. — *Valeur probante du registre des entrées et sorties.*

152. A première vue, ce registre dont nous venons d'étudier la disposition, constatant les engagements synallagmatiques, au moyen d'un seul acte, paraît en contradiction formelle avec l'article 1325. Une question analogue s'est déjà posée au sujet de la validité des Caisses Raiffeisen;

---

(1) L'article 9 des statuts dit, en effet : Le directeur représente la société vis-à-vis de tous. « Néanmoins sa signature n'oblige la société « qu'autant qu'elle est contresignée par un autre membre du Conseil « d'administration. » Les conventions font la loi des parties. Si le directeur signait seul, il ferait un acte en dehors de ses pouvoirs et la société ne serait pas engagée.

(2) L'article 4 de la loi du 5 novembre 1894 prescrit aux sociétés qui ont adopté cette forme de tenir leurs livres conformément au Code de commerce, il ne s'applique pas aux Caisses Raiffeisen.

..au point de vue de la forme (1), sa solution préjuge celle-ci. Sans entrer dans une discussion déjà épuisée, nous analyserons l'article 1325 dans sa nature intime, et comme sa pensée dernière consiste à apporter des garanties en faveur des tiers, nous les mettrons en parallèle avec celles qu'offre le registre des entrées et sorties, et conclurons à l'inutilité de son application.

153. Le législateur, dit un premier système, en imposant la rédaction de deux actes a voulu maintenir l'égalité entre les parties, de manière à ce qu'il ne soit pas au pouvoir d'une seule de poursuivre l'engagement ou de s'y soustraire (2). Ces considérations très justes pour les actes sous seing privé ordinaires, dont on peut facilement nier l'existence, ne touchent en rien le livre des entrées et sorties. Il existe au vu et su de tout le monde; les statuts le mentionnent expressément (3); comment viendrait-il même à l'idée de le dissimuler? Le registre des délibérations, où sont notées toutes les décisions du Conseil d'administration, et par conséquent la décision au sujet de l'entrée et de l'exclusion des membres; celui des engagements constatant les prêts viendra corroborer cette première preuve.

Nous ne voyons pas, d'ailleurs, comment le fait, pour la Caisse, d'avoir à sa disposition la preuve de la participation de ses membres, sans leur donner de son côté un moyen de la contraindre à son obligation, puisse établir à son profit une supériorité quelconque. Un membre veut-il invoquer sa qualité de sociétaire afin de solliciter un prêt? Jamais la Caisse ne lui déniera cette qualité; elle a, en

(1) Voir *supra*, nᵒˢ 125, 126.
(2) Aubry et Rau. Système cité VIII, p. 223.
(3) Article 9, 12, etc.

effet, le moyen d'opposer une fin de non recevoir péremptoire à sa demande, s'étant réservée d'apprécier, d'une manière souveraine, l'utilité des fonds demandés (1). S'agit-il, au contraire, d'invoquer sa sortie de la Caisse, on demandera la communication des livres, et on fera valoir un argument d'analogie tiré de l'art. 1330, C. civ., en vertu duquel les livres des commerçants font preuve contre eux. Comme on le voit, les deux parties se trouvent sur le pied de la plus stricte égalité.

154. MM. Aubry et Rau donnent de l'art. 1325 une explication différente. La rédaction de l'acte en un seul original comporterait la présomption que la convention est restée à l'état de simple projet entre les parties, et celles-ci seraient admises à administrer la preuve contraire (2). Il n'en saurait être ainsi dans les Caisses Raiffeisen, où le Conseil d'administration prend une décision au sujet de chacun des membres ; où le paysan a dû murement réfléchir avant de formuler sa demande d'adhésion. en raison de la solidarité des engagements de la Caisse, dont il endosse une part. Dans un petit village où tout le monde se connaît, la composition de la Caisse n'est un mystère pour personne, on sait quels sont ses membres, par la force des choses. Celui-ci a acheté une vache, grâce à la somme dont la Caisse a fait l'avance, celui-là agrandit son étable... Il ne s'agit donc en aucune façon d'un vague projet entre les membres, malgré le peu de conformité du registre avec l'art. 1325.

155. Nous ne saurions donc conserver le moindre doute au sujet de la force probante du registre des entrées et des sorties. Corroboré par celui des engagements et des délibérations, il fait par lui-même preuve complète.

(1) Voir *supra*, n° 35.
(2) Aubry et Rau, VIII, p. 224.

Des motifs sur lesquels repose l'art. 1225 aucun ne subsiste ici ; le peu d'étendue du rayon de la Caisse, l'économie
de ses statuts sont absolument incompatibles avec l'idée
d'un vague projet où se résoudrait le contrat, et maintien-
nent intacts les droits des membres.

156. Il nous reste à examiner si, à l'égard de tous, les
mentions du registre des entrées et sorties possèdent la
même force probante.

Le membre de la Caisse ne peut en contester la vérité,
sans désavouer sa signature et ouvrir ainsi la voie à la
vérification d'écritures, dont il affrontera l'aléa seulement
à bon escient.

La Caisse se trouvera liée, si les deux signatures du
directeur et d'un administrateur délégué contresignent la
mention contestée. L'argument d'analogie cité plus
haut (1), tiré de l'art. 1330 du C. civ., s'impose dans toute
sa rigueur.

Vis-à-vis des tiers, la mention d'adhésion fait foi. D'abord,
loin d'avoir un intérêt à la contester, ils désirent très vivement augmenter le nombre des adhérents et des personnes
solidairement responsables. Quant aux créanciers personnels, on ne saurait leur reconnaître plus de droits qu'à
leur auteur, et ils devront s'incliner devant sa signature.
La mention de sortie produit également des effets à l'égard
des tiers, au point de vue de la preuve. Pour la contester,
il faudrait toujours invoquer le registre pour démontrer la
qualité de membre de la Caisse, et on ne peut se servir
d'une de ses mentions pour en combattre une autre. La
communication du registre étant purement facultative de
la part de la société, équivaut à un aveu : l'aveu ne pouvant
être divisé. Art. 1356 C. civ., les tiers doivent accepter ou
rejeter en bloc toutes les mentions du registre.

(1) Voir *supra*, n° 153.

Le registre des entrées et sorties fait preuve complète à l'égard de tous, les Caisses continueront donc, comme par le passé, à se servir de ce moyen unique, pour constater les mutations survenues dans leur composition.

CHAPITRE III

DE LA CAPACITÉ EXIGÉE CHEZ LES MEMBRES DES CAISSES RAIFFEISEN

157. Le recrutement des membres des Caisses Raiffeisen présente une grande importance, en raison des principes économiques auxquels ils sont soumis, aussi avons-nous consacré un chapitre spécial à l'étude de la capacité requise chez ceux qui en feront partie. Nous passerons d'abord en revue les diverses incapacités du Code ; nous verrons si elles subsistent dans le cas particulier des Caisses (1re section), puis, nous étudierons une à une chacune des conditions spéciales réclamées par les statuts (2e section).

Section I. — De l'admission des Incapables dans les Caisses Raiffeisen.

§ 1. — La femme mariée.

158. Dans le groupe des incapables, le cas de la femme mariée mérite une étude particulière ; de nombreuses questions se posent à son sujet et leur solution présente un grand intérêt pratique. Après avoir tranché, dans le sens de l'affirmative, la question de savoir si elle est en droit de faire partie des Caisses, nous examinerons sa capacité au sujet des différents actes juridiques rentrant dans le champ ordinaire de leurs opérations.

159. Un premier point ne saurait présenter beaucoup de

difficultés ; la femme, rangée parmi les incapables par l'art. 1124 C. Civ., ne saurait, sans l'autorisation de son mari, demander son admission dans les Caisses Raïfféisen. Mais cette autorisation obtenue, remplit-elle la condition de spécialité exigée par l'art. 223 C. Civ. ? Toute la question est là ! Si on entend la spécialité dans le sens de M. Demolombe(1) et si on ne reconnaît comme répondant à l'art. 223, que l'autorisation « donnée en vue d'un acte à passer à une époque déterminée et après examen de ses principales conditions.» : bien certainement les femmes mariées ne pourront jamais, malgré le consentement de leur mari, faire partie des Caisses Raiffeisen. Mais une grande partie de la doctrine, notamment MM. Aubry et Rau (2), s'inscrit en faux contre les assertions de M. Demolombe et lui reproche d' « exagérer les exigences de la loi et de dépasser son but. »

160. Nous allons étudier le fondement de l'autorité maritale et rechercher s'il existe une incompatibilité absolue entre elle et le droit d'entrer dans les Caisses. Deux systèmes sont en présence ; d'après l'un, la nécessité de l'autorisation maritale a sa raison dans le devoir d'obéissance imposée à la femme à l'égard du mari ; l'autre pense mieux entrer dans les vues du législateur, en l'imposant au nom de la conservation des intérêts matrimoniaux(3).

161. En premier lieu, l'admission des femmes dans les Caisses Raiffeisen ne modifie en aucune façon leur état de subordination à l'égard de leur mari. Si leur qualité d'adhérents leur confère la faculté de demander des prêts, leur mari, comme nous le verrons plus loin (4), sera le

---

(1) Demolombe. *Traité du mariage,* II, p. 248.
(2) Aubry et Rau, V, 4ᵉ édition.
(3) Système d'Aubry et Rau, V, p. 138. Baudry-Lacantinerie, 1, p. 372.
(4) Voir nº 171.

souverain juge de l'opportunité de leur requête, et le Conseil d'administration devra au préalable s'assurer de son consentement. Leur volonté n'intervient en aucune manière dans la direction, elles en subissent seulement les conséquences. Sans doute, elles pourront engager leur mari, mais c'était à lui à se prémunir contre les conséquences de la solidarité en refusant son autorisation lors de l'adhésion de la femme dans la Caisse.

162. Nous ferons valoir les mêmes arguments, si on voit dans l'autorisation un mode de conservation des intérêts matrimoniaux. Le fait d'entrer dans les Caisses Raiffeisen n'implique pas une abdication (1) de la part du mari. Comme par le passé, il continuera d'administrer les biens de sa femme dans le cas où son contrat lui en donnerait le pouvoir, et aucun de ses droits de chef ne subira la moindre atteinte. Encore une fois, la femme ne jouira des avantages résultant de son entrée dans la Caisse, que grâce à son autorisation spéciale: dans chacun des cas, elle subira toujours son contrôle incessant. Et les Caisses devront prendre garde à cette éventualité, s'assurer toujours du consentement du mari, car, dans le cas où la femme ne serait pas munie d'une autorisation, elle serait responsable du prêt à elle consenti, seulement dans la mesure de son profit *quatenus locupletior facta est*. Art. 1312 du Code civil. Les statuts n'exigent aucun versement, seule l'hypothèse, extrêmement rare, où on aurait recours à la solidarité des membres, pourrait porter atteinte à la communauté, et encore le droit de recours des membres les uns contre les autres, l'atténue considérablement.

163. Si une autorisation ne peut habiliter la femme à faire une série d'actes, comment l'article 4 du Code de commerce lui reconnaît-il le droit d'entreprendre un

(5) Baudry Lacantinerie, I, p. 389.

commerce avec l'autorité de son mari? On nous objectera
le caractère exceptionnel de cet article mais la doctrine (1)
l'étend en reconnaissant au mari le droit de permettre à
sa femme de faire partie d'une société commerciale. Il y a
là un argument d'analogie très fort; d'abord, on ne pourra
plus opposer aux Caisses l'argument tiré des inconvénients
de la solidarité; elle se présume en matière commerciale (2);
en second lieu, les Caisses présentent tous les caractères
des sociétés, et si l'autorisation peut avoir pour résultats
de faire entrer dans celles-ci, pourquoi ne produirait-elle
pas les mêmes effets à l'égard de celles-là? On ne voit pas
les raisons de cette différence, surtout depuis la loi du
1er août 1893 qui range sous les mêmes règles les sociétés
commerciales et les civiles ayant adopté la forme de ces
dernières.

Seule, la société en nom collectif dont la loi nouvelle ne
s'est pas occupée, précisément parce qu'elle est loin d'offrir les dangers et les fraudes des sociétés par actions, serait
l'objet d'une mesure d'exception; on interpréterait ce
silence d'une manière restreinte, comme si la liberté
n'en résultait pas. En permettant à sa femme d'entreprendre un commerce, le mari abdique, dans une certaine
mesure, ses droits de successeur *ab intestat* à la succession
de sa femme, car, en cas de faillite, les créanciers sociaux
absorberont tout son avoir. Jamais un pareil résultat ne se
produira dans les Caisses Raiffeisen, préservées de la faillite par leur caractère civil. Comme elles présentent moins

(1) Lyon, Caen et Renault. *Traité de droit commercial,* I, p. 235.
(2) Lyon, Caen et Renault. *Traité de droit commercial,* II, p. 116.
« Il faut remarquer que d'après un ancien usage, en matière com-
« merciale, par dérogation à l'article 1202 Code civil, la solidarité se
« présume entre les co débiteurs de telle sorte que, si on veut
« l'exclure, une convention expresse est nécessaire. »

de dangers que les sociétés commerciales, l'autorisation du mari peut *à fortiori* habiliter les femmes à en faire partie.

164. De toutes les incapacités édictées par le Code, à part certains actes évidemment dangereux, on peut toujours se faire relever, en remplissant des formalités prévues, ou avec le concours de personnes désignées. Le contrat des Caisses Raiffeisen, dont le but est de venir en aide à ses membres, ne rentre pas dans la catégorie des actes dangereux. La loi n'indique nulle part la voie à suivre pour permettre à la femme de profiter de ses bénéfices. Cette absence de réglementation interprété dans un sens libéral, amène naturellement à conclure à la parfaite validité de l'autorisation du mari, à l'effet de laisser entrer une femme dans les Caisses Raiffeisen (1).

165. D'ailleurs, en examinant la question du droit pour la femme de contracter une société civile avec l'autorisation du mari, la plupart des auteurs (2) et des arrêts, se sont placés au point de vue très particulier d'une société de personnes. Et alors, ils font ressortir dans le sens de la négative, l'inconvenance des rapports fréquents de la femme (3) avec l'associé, la violation des conventions ma-

---

(1) Nous citerons, dans le sens énoncé au texte, un arrêt de Paris du 23 Juillet 1852. D. P. 1854, II, 102.

Considérant que G..... en autorisant sa femme à traiter avec Mademoiselle L..... pour l'institution dons s'agit, l'a suffisamment autorisée à souscrire les obligations y relatives.

Et l'annotateur conclue : La femme est verbalement autorisée par son mari à traiter avec un tiers pour une société en vue d'une maison d'éducation, et l'est par lui-même à souscrire les obligations y relatives.

(2) Poidebard, *Traité des sociétés civiles et commerciales*, n° 12. Rouen, 3 décembre 1858. Sirrey 1859. 2ᵉ partie, p. 551.

(3) Arrêt de Rouen du 3 décembre 1858. Sirrey 1859, 2ᵉ partie, p. 501.

La nature et la fréquence des rapports que crée une pareille société, les liens qu'elle forme, les obligations réciproques qu'elle entraîne, la durée de l'engagement qui en résulte, sont autant de motifs de

trimoniales résultant des clauses de l'acte de société sur la répartition des bénéfices. On ne peut cependant invoquer ces objections contre les Caisses Raiffeisen. Comme nous l'avons vu plus haut (1), si elles présentent tous les caractères de la société et de la société de personnes, c'est uniquement en ce qui concerne les rapports à l'égard des tiers, la garantie ; mais le contrat se résume, vis-à-vis des membres, dans un mandat. C'est donc une erreur de raisonner par analogie d'une société de personne ordinaire. Les membres en sont trop nombreux pour jouer un rôle actif dans la direction ; à peine, dans l'assemblée générale, peuvent-ils énoncer leurs desiderata ; en définitive, ils présentent beaucoup d'analogie avec les porteurs d'actions d'une société anonyme. Et le mari, à tous les points de vue, conserve pleinement ses prérogatives (2).

166. Nous croyons donc satisfaire complètement au principe de la spécialité, en exigeant seulement une autorisation expresse pour la femme à l'effet de devenir membre de la Caisse. D'après quelques auteurs (3) il résulterait pour elle du droit de faire le commerce, celui de pouvoir entrer dans une société. La jurisprudence et la doctrine

placer cet acte, qui affecte d'une manière toute particulière l'autorité maritale, en dehors des actes pour lesquels l'autorisation générale a suffisamment habilité les femmes.

(1) Voir *Supra*, n° 57 et suivants.

(2) En Allemagne « si une femme mariée ne peut être marchande publique sans le consentement de son mari » (art. 7. Code de commerce), il résulte de l'art. 23 de la loi du 1er mai 1889, qu'elles peuvent faire valablement partie d'une société coopérative.

« ART. 23, § 4. — Les femmes ne pourront, en ce qui concerne les « engagements leur incombant en qualité de membres de l'associa-« tion, se prévaloir du bénéfice établi en leur faveur par des lois « particulières des États de la confédération. Loi allemande citée plus « haut, p 19. »

(3) M. Pont, *Commentaire, Traité des sociétés civiles et commerciales*, II. p. 16, cite en ce sens : Cadrès (Modifications du Code civil en matières commerciales, p. 4) Pâris, tome 1, n° 432.

sont depuis longtemps fixés (1) en sens contraire. Un pareil système, non content de violer l'art. 223, interprète arbitrairement l'intention du mari et sacrifie son droit de contrôle.

167. Si nous avons adopté la solution de la jurisprudence dans le cas précédent, nous ne la suivrons pas, lorsqu'elle proclame (2) l'impossibilité pour les époux de faire partie de la même société. On pourrait résumer de la manière suivante la doctrine des arrêts : Toute société entre époux porte nécessairement atteinte aux droits résultant de la puissance maritale sur la personne de la femme ou aux droits du mari comme chef, car la femme deviendrait l'égale du mari, ou tout au moins aurait sur ses actes un droit de contrôle. Il existe d'abord un argument péremptoire en faveur des Caisses Raiffeisen, le contrat intervenu entre leurs membres n'est pas une société, mais un mandat ; par conséquent, toutes les objections contre l'établissement d'une société entre époux ne les atteignent pas. En second lieu, la subordination de la femme concerne seulement les rapports des époux comme tels, elle ne crée pas une incapacité dans le domaine de leurs droits respectifs ; la femme peut demander la séparation de biens, faire le commerce, contracter une société. Nous ne

---

(1) En ce sens : Cassation 9 novembre 1859, Sirrey 1859, 2ᵉ partie, p. 501. Cass. 1886. D. 1886, II, 224. Ce dernier arrêt est ainsi conçu:
« Attendu qu'en thèse générale, l'autorisation de faire le commerce
« donnée par le mari ou par la justice à la femme, n'habilite pas
« cette dernière à contracter une société de commerce ;
« Que ce principe, admis en jurisprudence et en doctrine, résulte
« notamment de ce que l'association crée pour la femme, au point de
« vue pécuniaire, comme au point de vue moral, des obligations et des
« rapports qui ne peuvent être légitimés que par une autorisation
« spéciale.
(2) En ce sens : Cassation 7 mars 1888, Sirrey 88, I, 305 ; 6 février 1888, Sirrey 90, I, 49. — Nîmes, 18 décembre 1886, sous Cassation. 12 juillet 1887, Sirrey 1887, I, 384.

saisissons pas davantage la portée de l'argument tiré de
l'art 1595. Si la loi interdit la vente entre époux, elle proclame implicitement la liberté pour les autres contrats, en
tous cas, il est contraire aux principes de l'interprétation
de transformer une exception en un principe général. Dans
le cas particulier des Caisses Raiffeisen, l'admission des
deux époux ne modifiera pas leur situation respective, et
conservera au mari son rôle prépondérant. Tout le droit
des membres consiste à demander utilement des prêts, il
n'y a rien qui puisse porter atteinte aux règles de la puissance maritale. C'est à peine si la femme jouira en fait, du
droit de prévenir la Caisse, au cas où son mari ferait un
mauvais usage de l'argent prêté, car, en privant celui-ci
de tout crédit, elle en supporterait la première les conséquences. En demandant son admission de concours avec
son mari, elle se propose un but, celui d'obtenir des prêts
à de meilleures conditions, en offrant plus de garanties ;
pourquoi, dès lors, venir empêcher cette combinaison
dont les avantages se font sentir des deux côtés ?

168. Nous avons raisonné jusque là dans l'hypothèse ou,
le mari donnait son consentement, mais si on se trouve en
présence d'un refus systématique de sa part, pourra-t-on,
en s'adressant à la justice, suppléer à son autorisation ?
Quelques auteurs et certains arrêts ont admis l'affirmative (1) ; nous n'entrerons pas dans la discussion générale

(1) En ce sens un arrêt de 1844 cité par M. Dalloz (Jurisprudence
générale. Mot société, n° 177) admet ,dans un cas de séparation de
biens, l'habilitation par justice au cas de refus injuste du mari.
M. Alauzet, *Commentaire du Code de commerce*, II, n° 383. Paris 1879,
justifie ainsi cette jurisprudence : « L'article 1124 dit que la femme
« est incapable de contracter dans les cas exprimés par la loi ; elle est
« donc capable en principe. Et comme il n'y a pas de prohibition
« générale d'autorisation en matière civile, comme en matière com-
« merciale, elle pourra toujours recourir à l'autorisation par justice,
« au cas de refus d'autorisation maritale. M Alauzet fait remarquer

et resterons dans notre cas particulier. En vertu des
mêmes raisons qui nous ont amené à décider que l'autorisation du mari est nécessaire et suffisante à l'effet de
faire entrer la femme dans la Caisse, nous proclamerons
l'impossibilité absolue des tribunaux de suppléer à son
consentement. Loin d'abdiquer ses droits, le mari, en
autorisant sa femme, en proclame l'existence et sa décision
est sans appel. Admettons pour un moment le recours à
la justice, au cas de refus : bien souvent la femme, si elle
prévoit des difficultés, s'adressera directement aux tribunaux, et l'autorité maritale, dépourvue de toute sanction
ne sera plus qu'un mot. Le mari peut, pour une raison ou
pour une autre, redouter la solidarité de la Caisse, et il lui
appartient bien d'en écarter les conséquences. Nous ne
comprenons pas du reste, comment on peut échafauder
cette théorie, en présence de l'art. 4 du Code de commerce,
qui fait de l'autorisation maritale une condition *sine qua
non* du droit pour la femme de faire le commerce. L'analogie avec la Caisse Raiffeisen est frappante. Il s'agit dans
les deux cas d'une série d'actes, par conséquent, nous en
tenant au texte même de la loi, nous exigerons comme
première condition requise pour l'entrée des femmes dans
les Caisses, le consentement du mari (1).

« que toutes les fois que le Code civil refuse l'autorisation par jus-
« tice, c'est qu'on se heurte à un droit de jouissance du mari,
« art. 1555-1558. Quand on ne lèse pas un droit, on pourra donc
« avoir recours à l'autorisation de justice, c'est ce qu'on fera en
« matière de société. »
MM. Lyon, Caen et Renault signalent dans leur *Traité* I, p. 230,
l'avis unanime de la jurisprudence pour l'autorisation de justice
suppléant à celle du mari, en cas de minorité, absence, interdiction
de ce dernier.
(1) En Belgique (Code de commerce, 9) et en Espagne (Code de
commerce, art. 11) l'autorisation de justice peut remplacer celle du
mari, si ce dernier est absent ou interdit ou encore quand les époux
sont séparés de corps. En Italie, la femme n'a pas besoin d'autorisa-

169. Nous allons parcourir un à un les différents régimes matrimoniaux, et voir dans chacun d'eux les conséquences de l'admission de la femme dans les Caisses Raiffeisen.

Sous le régime de la communauté, « les créanciers peu-« vent poursuivre le paiement des dettes que la femme a « contratées avec le consentement du mari, tant sur les « biens de la communauté que sur ceux du mari ou de la « femme, sauf récompense dûe à la communauté ou « l'indemnité dûe au mari ». (Art. 1419, C. civ.) Les créan-ciers de la Caisse pourront donc actionner indifféremment la femme ou le mari.

Aux termes de l'art. 1536, C. civ. dans le régime de la séparation de biens, chacun des époux conserve l'adminis-tration et la jouissance de ses biens. Comme rien n'est commun entre eux, le mari n'est pas obligé par les dettes de sa femme, il ne supportera donc aucunement la solidarité de la Caisse.

On ne peut admettre la même solution dans le régime sans communauté, en vertu d'un argument *a contrario* tiré de l'art. 220 du Code civil, ainsi conçu : « La femme, si elle est « marchande publique, peut, sans l'autorisation de son « mari, s'obliger pour ce qui concerne son négoce ; et audit « cas, elle oblige aussi son mari, s'il y a communauté « entre eux ». S'il n'existe pas de communauté, les obliga-tions de la femme n'atteignent pas le mari, et l'art. 1419, qui suppose une confusion entre les biens du mari et ceux de la femme, ne s'applique pas.

Les solutions précédentes serviront à trancher la même question au sujet du régime dotal. Si une femme, en effet, s'est constitué en dot ses seuls biens présents, elle est, pour

tion dans ces derniers cas ; en cas de refus du mari, la femme peut toujours s'adresser à la justice, Code de commerce, 13.

Cohendy, Code annoté, p.2.

les biens acquis pendant le mariage, dans la situation d'une
femme séparée de biens ; dans le cas, au contraire, où la
dotalité porte sur les biens à venir, nous nous trouvons en
présence d'un régime analogue à celui de non communauté
Dans les deux hypothèses, aucune obligation de la femme
ne rejaillit sur le mari.

170. Le divorce, la séparation de corps, jusqu'au jour
où la reprise de la vie commune a été constatée au moyen
des formalités indiquées dans l'art. 3 *in fine*, de la loi du
6 février 1893, rendant à la femme toute sa liberté. Elle
pourra donc dorénavant faire partie des Caisses Raiffeisen.
Un doute subsiste à l'égard de la femme séparée de biens.
Elle puise dans son droit d'administration (Art. 1449, C. civ.)
celui d'emprunter dans les limites de son étendue ; mais,
en résulte-t-il pour elle le droit d'adhérer aux Caisses Raiffeisen ? En raison de cette responsabilité solidaire dont
elle accepte une partie, nous croyons mieux rester dans
l'esprit de la loi, en exigeant dans ce cas l'autorisation maritale, car cet acte dépasse certainement la portée d'un acte
d'administration.

171. L'entrée de la femme mariée dans les Caisses Raiffeisen ne lui confère pas le droit d'accomplir tous les actes
rentrant dans le champ ordinaire de leurs opérations.
Toujours soumise au contrôle de son mari, il lui faudra de
toute nécessité, pour chacun d'eux, une autorisation spéciale. Si elle demande à contracter un emprunt, si, pour
sûreté des fonds avancés, elle offre une caution, un gage,
une hypothèque, les membres du conseil devraient toujours
rechercher en premier lieu, si elle agit avec le consentement de son mari, afin de ne pas s'exposer à une nullité
certaine, sans aucune compensation, dans le cas où elle
n'aurait pas retiré un profit des fonds. Art. 217, C. civ.

172. Il en sera autrement, croyons-nous, de la femme

séparée de biens, admise par l'autorisation de son mari, à faire partie de la Caisse. Elle a le droit de faire tous les actes d'administration ; d'un autre côté, les prêts de la Caisse concédés dans un but de production rentrent évidemment dans cet ordre d'idées, il en résulte pour elle, une liberté absolue d'emprunter dans la plupart des cas. Il appartiendra à la direction d'analyser avec soin l'emploi du prêt, pour se rendre compte s'il présente les caractères d'un acte d'administration.

173. L'article 217 ne se contente pas, d'ailleurs, de prescrire une autorisation, il en règle la forme. Pour éviter les contestations, la loi la fait résulter uniquement d'un acte écrit ou du concours du mari dans l'acte.

§ 2. — *Les autres Incapables.*

174. Si nous venons d'admettre pour la femme mariée, le droit d'entrer dans la Caisse Raiffeisen moyennant certaines conditions, nous sommes amenés, à l'égard des autres incapables, à adopter une autre solution. En les passant successivement en revue, on s'aperçoit que des raisons graves militent en faveur de leur exclusion.

Pour le mineur, en premier lieu, la question ne saurait présenter de difficultés sérieuses. Les nombreuses conditions exigées par l'art. 2 du Code de commerce, dans le cas où il voudrait entreprendre un commerce, *montrent* bien la plus grande sévérité de la loi lorsqu'il s'agit d'une série d'actes au lieu d'un acte isolé (1). Par définition, il

(1) Il existe, à notre avis, une certaine analogie entre la capacité de faire le commerce et celle d'entrer dans les Caisses Raiffeisen. Dans les deux cas, il s'agit, non d'un acte, mais d'une série d'actes. Les Caisses sont d'ailleurs soumises aux règles des sociétés civiles à

ne remplit pas la première obligation, l'émancipation. Possédera-t-il la maturité d'esprit nécessaire pour se rendre compte de la responsabilité écrasante à laquelle il se soumet ? n'ayant pas la direction de ses biens, comment discernera-t-il l'utilité d'un emprunt ?

Le tuteur dépasserait ses pouvoirs en demandant l'admission de son pupille dans une Caisse. Chargé seulement d'accomplir des actes d'administration, comme le démontre l'intitulé du chapitre II (1), où puiserait-il le droit de rendre le mineur responsable de tous les engagements de la Caisse ?

175. Nous admettrons la même solution à l'égard du mineur émancipé. L'art. 481 C. civ. délimite d'une manière très exacte l'étendue de ses droits. Les actes de pure administration seuls ne donneront pas lieu à une réduction en cas d'excès. Encore une fois, si l'admission dans les Caisses Raiffeisen produit des résultats satisfaisants au point de vue de la bonne régie d'un domaine, trop de risques menacent les membres pour ne voir, dans leurs adhésions qu'un simple acte d'administration. Il importe de prémunir les tout jeunes gens contre les poursuites dont ils pourraient être l'objet de la part des créanciers de la Caisse, surtout en France, où on est en droit de s'adresser directement à eux (2). Dans l'hypothèse où le droit des mineurs émancipés de faire partie de la Caisse résulterait des termes exprès de la loi, l'art. 483 du C. civ. paralyserait

---

forme commerciale, et des conséquences rigoureuses, la solidarité, en résultent. C'est pourquoi nous avons invoqué cet argument à l'égard de l'incapacité du mineur.

(1) L'intitulé de la section 1re du chapitre II au titre X du livre 1er du Code civil est ainsi intitulé : De la tutelle des père et mère, et l'art. 389 commence ainsi : le père est, durant le mariage, administrateur des biens personnels...

(2) Voir n° 268 *infra*.

cette faculté, en raison des nombreuses formalités dont il entoure les emprunts, dans l'intérêt des mineurs. Il faut, de toute nécessité, une délibération du Conseil de famille, l'homologation du Tribunal et l'avis du procureur de la République. Emprunter dans ces conditions serait ruineux, malgré les avantages certains des Caisses, et les mineurs attendront leur majorité.

176. L'interdit frappé d'une incapacité générale de faire un acte juridique, ne saurait valablement demander son admission dans les Caisses.

177. Même solution pour les pourvus de conseil. Il est d'abord dans l'esprit (1) des Caisses de recruter leurs membres uniquement parmi les hommes d'ordre et de probité, car, en acceptant des prodigues, des dissipés, elles ne rempliraient pas leur but moralisateur (2) et se créeraient des difficultés pour l'avenir. Dans un autre ordre d'idées, MM. Lyon, Caen et Renault dénient (3) aux conseils le droit d'autoriser les prodigues à faire le commerce, car cela « détruirait une incapacité créée par la justice et « qu'elle seule peut lever. » Il s'agit également, dans le cas spécial des Caisses Raiffeisen, d'une série d'actes, dont l'autorisation équivaudrait à l'abdication pour le conseil, du droit d'intervenir à chacun d'eux. L'institution du conseil a eu justement pour but de préserver les prodigues d'un acte nuisible par excellence, le prêt, et on ne comprendrait pas sa complaisance à se décharger de ses pouvoirs, justement à l'effet de le laisser entrer dans une société de prêts.

(1) *Manuel à l'usage des fondateurs et administrateurs des caisses rurales* par Louis Durand, p. 2.

« Tout homme paresseux, ivrogne, débauché, prodigue doit être « exclu de la caisse rurale, possédât-il un million. »

(2) Voir *Infra*, n° 191.

(3) Lyon, Caen et Renault, *Traité de droit commercial*, I, p. 199.

A l'exception des femmes mariées, les Caisses Raiffeisen
devront donc fermer leurs portes à tous les incapables.

SECTION II. — Conditions spéciales de capacité exigées par les statuts des Caisses Raiffeisen.

178. L'article 2 des statuts impose aux membres des
Caisses Raiffeisen, un certain nombre de conditions
spéciales en outre de la capacité pleine et entière de contracter. Ce renchérissement de sévérité sur le Code a sa
raison d'être. Il importait de poser des règles sévères pour
l'admission des membres, d'interdire l'accès des Caisses
aux réputations équivoques, de les entourer d'un renom
constant d'honnêteté. Sans doute, ce soin incombe au
Conseil d'administration, dont le pouvoir est discrétionnaire; mais si les statuts ne s'étaient pas exprimés d'une
manière absolue, bien souvent il se serait laissé entraîner
à des concessions motivées par des considérations personnelles. On ne saurait les blâmer d'un excès de prudence.

179. Les incapacités prononcées par les statuts sont au
nombre de trois. En premier lieu, la faillite et la déconfiture
entraînent de plein droit l'exclusion de la Caisse. Les
déchéances encourues lors de la faillite ne portent aucune
atteinte aux droits civils du failli; elles lui enlèvent ses
droits politiques et restreignent ses droits de commerçant
et de citoyen (1), mais il pourra, comme par le passé, ren-

_____

(1) « Le failli n'est ni électeur, ni éligible aux deux Chambres, aux
« Conseils généraux, aux Conseils d'arrondissement, aux Conseils

trer dansles affaires, contracter une nouvelle société... etc...
Nous ne connaissons pas de disposition de loi étendant à
la déconfiture les déchéances de la faillite, ou en créant
de spéciales. Dans une société de crédit, offrant uniquement aux créanciers la garantie des membres, on ne
saurait se montrer trop scrupuleux sur leur choix, et les
défiances des statuts se justifient pleinement en présence
du déshonneur attaché à la faillite. Quant à la déconfiture,
si la loi ne l'a pas organisée, elle existe de fait, en matière
agricole et produit les mêmes résultats. En même temps
qu'elle écarte d'elle les gens tarés, la Caisse ne subit pas le
contre-coup des faillites ou des déconfitures survenues
parmi ses membres, ces deux événements étant par
eux-mêmes des causes d'exclusion.

180. Une condamnation criminelle ou correctionnelle
produit le même résultat.

Une peine criminelle porte toujours atteinte aux droits
civils du condamné ; tantôt cela est la conséquence directe
et exclusive de la condamnation ; tantôt cela suit une autre
peine, à ce titre d'accessoire. Mais il n'en est pas de même
des peines correctionnelles, elles laissent intacts, en général,

---

« municipaux, il ne peut être juré, ni un témoin instrumentaire dans
« un acte notarié, sauf dans un testament.

« Le failli n'est ni éligible, ni électeur aux Tribunaux de commerce,
« aux Conseils de prud'hommes, aux Chambres de commerce, aux
« Chambres consultatives des arts et manufactures. Il ne peut être
« ni agent de change, ni courtier privilégié, ni être porté sur la liste
« des courtiers en marchandises inscrits, il ne peut se présenter à
« la Bourse, art. 613. et sa signature n'est pas admise à l'escompte
« de la Banque de France.

« Enfin, le failli ne peut exercer les droits attachés à la qualité de
« membre de la Légion d'honneur ou décoré de la médaille militaire ;
« il ne peut porter les insignes ni de ces ordres, ni d'un ordre
« étranger.

Voilà toutes ses incapacités. Lyon. Caen et Renault, *Précis* II,
p. 906 et suivantes.

les droits du condamné. Seule, l'interdiction civique prive de certains droits énumérés limitativement par l'art. 42 du Code pénal, et on n'y trouve pas le droit de faire partie d'une société (1). Elle présente du reste beaucoup de particularités (2).

181. Enfin les membres de la Caisse doivent résider dans le lieu où siège la Caisse et s'y faire inscrire au rôle de l'impôt foncier en raison du territoire restreint, où il lui faut, sous peine d'insuccès certain, se cantonner toujours. Nous examinerons la nécessité de cette dernière obligation en étudiant les conditions économiques des opérations (3) des Caisses Raiffeisen.

182. Un certain nombre d'économistes imposent comme dernière condition aux sociétés de crédit agricole, l'obligation de se recruter exclusivement parmi les agriculteurs. De cette manière seulement, disent-ils, on pourra arriver à connaître l'état moral, la situation pécuniaire exacte et la

---

(1) Art. 42. – Les Tribunaux jugeant correctionnellement pourront, dans certains cas, interdire en tout ou en partie, l'exercice des droits civiques, civils et de famille suivants ;

1° De vote et d'élection ;

2° D'éligibilité ;

3o D'être appelé ou nommé aux fonctions de juré ou autres fonctions publiques ou aux emplois de l'administration, ou d'exercer ces fonctions ou emplois ;

4° Du port d'armes :

5° De vote et de suffrage dans les délibérations de famille ;

6° D'être tuteur, curateur, si ce n'est de ses enfants et sur l'avis seulement de la famille ;

7° D'être expert ou être employé comme témoin dans les actes;

8° De témoignage en justice, autrement que pour y faire de simples déclarations.

(2) L'interdiction civique est accessoire, elle ne suit jamais de plein droit une autre condamnation, même dans le cas où le Code l'édicte, si la sentence du juge ne la mentionne pas. Il appartient également au tribunal de condamner seulement à une partie des peines énoncées dans l art. 42, C. pen.

(3) Voir *Infra*, n° 194.

marche des affaires de son voisin (1). M. Durand, d'accord
avec un grand nombre d'organisateurs de sociétés de crédit,
ne partage pas ces préventions (2).

L'admission dans les Caisses Raiffeisen des seuls agriculteurs soulèverait un grand nombre de difficultés. Il
faudrait, en premier lieu, définir cette profession d'une
manière très précise ; et si on entend seulement sous ce
nom les personnes qui se livrent effectivement aux travaux
de la culture, les Caisses se trouveraient privées d'un
grand nombre d'auxiliaires très précieux. Leur existence,
dans la plupart des petites communes, dépend du dévouement d'un seul homme. L'instituteur, le curé, le percepteur
ou le notaire jouent, en fait, un rôle prépondérant dans

---

(1) Godde, *Le crédit personnel de l'agriculteur*, thèse de doctorat,
Paris, Rousseau, 1897, p. 74.

« Le principe de la solidarité illimitée qui s'impose pour les sociétés
« de crédit agricole, exige que ces associations ne soient composées
« que de cultivateurs, car il n'est possible pratiquement qu'entre
« personnes capables de connaître leur solvabilité réciproque. Or,
« cette condition ne se rencontre que chez des gens qui ont une
« même profession. Un agriculteur connaîtra à leur juste valeur les
« qualités morales et l'état exact de la situation pécunière de son
« voisin. Les affaires se font en plein jour à la campagne, chacun
« peut les suivre et les apprécier. Il n'en est plus de même si un
« agriculteur veut connaître l'état des affaires du menuisier ou du
« charron. Aussi le cultivateur doit-il reculer devant une alliance
« aussi étroite avec des inconnus. Il ne voudra pas répondre et garan-
« tir des engagements qu'il ne comprend souvent pas et dont il ne peut
« surveiller l'exécution. L'admission de personnes étrangères dans les
« sociétés de crédit agricole serait donc nuisible à leur constitution
« même. »

(2) Durand, *Manuel à l'usage des fondateurs et administrateurs de
Caisses rurales*, p. 2.

« En second lieu, peuvent entrer dans la caisse rurale les per-
« sonnes qui, sans faire de l'agriculture, peuvent avoir besoin de
« quelque crédit, par exemple : le charron qui achète du fer et du
« charbon, le maçon qui achète de la chaux et des briques, etc.

« La Caisse rurale peut faire du crédit aux habitants de la com-
« mune qui ne sont pas agriculteurs, pourvu qu'il ne s'agisse pas
« d'un crédit commercial. »

le fonctionnement des Caisses. Comme le paysan ne possède pas les connaisances nécessaires pour les diriger, ils
tiennent la comptabilité à jour, indiquent au conseil les
formalités à remplir et se chargent presque toujours des
fonctions de comptable ou de directeur. On ne peut les
considérer cependant comme des agriculteurs, et, à ce titre,
ils ne devraient pas figurer parmi les membres des Caisses
Raiffeisen.

Il est, en second lieu, bien des cas où la ligne de démar-
cation entre les métiers qui se rattachent ou non à la
culture agricole, est bien indécise. L'économie politique
proclame la solidarité des industries (1), et en effet, dans un
petit village, la plupart ont plus ou moins trait à la mise
en valeur de la terre. Le charron fournit au laboureur la
charrue, le tonnelier permet de rentrer la récolte... Pourquoi limiter le bienfait des Caisses Raiffeisen aux seuls
agriculteurs ? Les petits artisans des campagnes souffrent
également du manque de capitaux, car les banquiers de la
ville ne les connaissent pas, les mêmes raisons de crédit
militent en leur faveur. Sans doute, la question de l'agriculture prime toutes les autres, mais on prend également
ses intérêts en aidant ceux dont elle a besoin et avec qui
elle se trouve en contact immédiat. La Chambre des députés
partageait absolument cette manière de voir, lorsqu'elle
étendait les bénéfices de la loi de 1894 sur le crédit agricole à toutes les classes de la nation (2). Et, en effet, aux
yeux de l'économiste comme à ceux du législateur, aucune
ne saurait faire l'objet d'une préférence quelconque, car
les empiètements de l'une nuiraient au libre développement
des autres.

. (1) Joseph Rambaud, *Eléments d'économie politique.* p. 194, IIe édition
Paris. Larose, 1896.
.(2) Voir *Supra*, n° 25.

Mais il y a plus, on sortirait de l'esprit des Caisses Raif-feisen, en exigeant chez leurs membres, comme condition d'admission exclusive, la qualité d'agriculteur. Leur but principal consiste à accorder, sous la garantie solidaire de leurs adhérents, des prêts destinés à la production. Ces conditions essentielles une fois remplies, les principes économiques, la liberté, interdisent aux Caisses d'en imposer d'autres. Bien au contraire, ces petites collectivités écloses dans des milieux peu fortunés ne se proposent pas seulement d'améliorer la classe agricole, elles travaillent à développer la solidarité humaine et viennent en aide à toutes les personnes de bonne volonté présentant les conditions requises pour en faire partie. Il serait donc souverainement arbitraire d'en restreindre le bénéfice aux seuls agriculteurs.

Les raisons invoquées à l'appui de l'opinion adverse ne résistent pas à un examen sérieux. Malgré la diversité des professions, on peut toujours se renseigner sur les qualités morales d'un individu habitant le même village. Il n'est pas impossible, avec un peu d'intelligence, de se rendre compte de la marche des affaires de son voisin, car enfin, ces hommes possèdent quelque bien au soleil, ont telle ou telle manière de procéder. Le paysan français ne craint pas de s'immiscer dans les affaires des autres, et il connaît souvent leur situation matérielle d'une manière parfaite. Pourquoi ne pas mettre au service des Caisses Raiffeisen cette tendance incontestable et invétérée ?

M. Durand, suivant en cela l'exemple de Raiffeisen, n'a pas cru devoir limiter arbitrairement la sphère d'application des Caisses aux seuls besoins agricoles. Il interdit seulement leur accès aux commerçants. Cette exclusion nous paraît à la fois plus libérale et mieux fondée que celle du système précédent Elle n'éloigne pas les petits artisans très intéressants, dont l'industrie, connexe à l'agriculture, présente, avec cette dernière, beaucoup de rapports. D'autre part, la Caisse n'est pas organisée pour le Crédit commercial, qui nécessite une organisation spéciale et des hommes du métier.

Bien entendu, les agriculteurs formeront la grosse majorité des membres des Caisses Raiffeisen. Nous avons voulu cependant n'en pas restreindre arbitrairement l'entrée en faveur d'eux seuls.

CHAPITRE IV

OPÉRATIONS DES CAISSES RAIFFEISEN

183. Les opérations des Caisses Raiffeisen sont soumises à deux sortes de règles, les unes juridiques, les autres économiques. Non seulement elles doivent être conformes aux dispositions législatives qui règlent les contrats dont elles présentent tous les caractères, mais elles n'atteindront le but que se proposent les Caisses, l'amélioration par le crédit du sort des agriculteurs, qu'à la condition de se plier aux besoins de ses derniers, besoins déterminés par l'économie politique.

Nous diviserons ce chapitre en deux sections : la première sera consacrée à l'étude des conditions économiques de ces opérations ; dans la seconde, nous exposerons les principes juridiques qui les gouvernent.

Section I. — Les opérations agricoles des Caisses, au point de vue économique.

Les statuts des Caisses Raiffeisen, en leur assignant comme but principal de consentir des prêts, exigent un certain nombre de conditions pour sauvegarder les intérêts de la Caisse et rendre profitables les emprunts des membres. Nous étudierons successivement les conditions des prêts, les moyens pour la Caisse de se procurer des capitaux, et les diverses garanties que doivent fournir les membres pour avoir droit au crédit.

§ 1. — *Conditions des prêts.*

184. Est-il besoin d'insister sur la nécessité des besoins de l'agriculture en matière de crédit ? Depuis une moitié de siècle, toutes les imaginations se sont donné libre carrière sur ce sujet-là, de nombreux projets de lois sont à l'étude, une loi même a été votée, dont l'intitulé est une réponse à la question : Loi relative à la création de sociétés de *crédit* agricole (1). Bien des causes contribuent à détourner de la campagne l'argent des capitalistes : on regarde l'agriculture comme une profession peu rénumératrice ; il est proverbial que le paysan est inexact dans ses remboursements ; enfin l'incertitude des résultats que donnéraient les voies d'exécution judiciaire nuit également beaucoup au crédit. Des économistes cependant voient là une situation fatale que l'organisation du crédit aggraverait plutôt. M. Claudio Jannet disait à la séance de la Société d'économie politique du 5 mars 1897 : « Le paysan « s'endette, tantôt pour arrondir son domaine, tantôt, « chose assez rare, pour y faire des améliorations. Ce qu'il « y a de plus certain, c'est que presque toujours l'usage « du crédit lui est fatal, parce qu'il ne peut tirer deux « moutures du même sac, l'une pour payer les intérêts, « l'autre pour amortir et pour vivre. Le résultat de ces « opérations est trop souvent la ruine, le désespoir, l'exode, « la dissolution de la famille (2), la démoralisation enfin, « avec toutes ses conséquences ».

M. Méline partageait ces idées quand il s'exprimait ainsi dans l'exposé des motifs de sa proposition de loi :

« D'argent il (le cultivateur) n'en a pas besoin et il ne

---

(1) Voir *supra* n° 22 et suiv.
(2) Durand, *Crédit agricole*, p. 53.

« faut pas lui en donner, d'abord parce que l'emprunt
« augmente les charges de la culture. et ensuite parce
« qu'il fait naître chez celui qui le reçoit, la tentation de
« l'employer (1) à autre chose qu'aux besoins de son exploi-
« tation ».

185. Malgré l'autorité qui s'attache au nom de ces
auteurs, nous ne saurions nous résoudre à voir dans le
paysan un incapable, ne pouvant donner à son argent une
destination sérieuse. On a confondu deux choses bien distinctes : « le contrôle de l'emploi des fonds et le prêt en
nature (2). »

Les Caisses Raiffeisein exigent un emploi spécifié, le sur-
veillent, prononcent l'exclusion des membres qui manquent à leurs engagements en ne l'effectuant pas après
l'avoir indiqué ; en un mot, s'assurent de l'utilité du crédit
dont on ne peut méconnaître les services. dans ces conditions. C'est aux sociétés, aux banques, d'adopter un mécanisme de contrôle arrivant aux mêmes résultats : toute la
question est là.

Quant à M. Claudio Jannet, M. Durand lui a répondu
en ces termes : « On prétend que le paysan ne peut tirer
« du même sac deux moutures, l'une pour payer les inté-
« rêts, l'autre pour amortir et vivre ; mais· si le paysan
« n'avait pas emprunté, il aurait bien fallu qu'il vive
« quand même ; il aurait vécu de son travail et de la rente
« de son petit domaine, s'il en possède un. S'il emprunte,
« il aura toujours son travail et la rente de son domaine
« originaire pour vivre, tout comme s'il n'avait pas em-
« prunté. Sa situation n'est changée qu'en un point :
« d'une part, il a contracté une dette qu'il doit amortir et

(1) Méline, *Journal Officiel*, Chambre, Documents, 1890, I. annexe
547, page 700.
(2) Louis Durand, *Crédit agricole en France et à l'étranger*, p. 667.

« dont il doit payer les intérêts ; d'autre part, il a fait un
« emploi de l'argent emprunté, et cet emploi doit lui
« fournir le moyen de s'acquitter de ses nouvelles charges.
« Toute la question se résume donc à ceci : Le paysan
« a-t-il fait de l'argent emprunté un emploi qui produise
« plus que l'emprunt ne coûte ? Mais, dans aucun cas, il
« n'est nécessaire que l'emprunt lui fournisse le moyen de
« vivre, car, n'eût-il pas emprunté, il eût bien été obligé
« de vivre tout de même. Si l'emprunt lui donne plus de
« bénéfices que de charges, il est une bonne opération,
« qui ne peut nullement amener la ruine, le désespoir, la
« dissolution de la famille (1). »

Il est difficile d'indiquer *a priori* les cas où le paysan
trouvera dans l'emprunt des avantages sérieux, mais on
peut bien dire, d'une manière générale, que le crédit lui
sera toujours très utile pour payer les dépenses indispensables, pour acheter du bétail et éviter de vendre les
récoltes à contre temps. Nous retiendrons seulement de
ces objections que le maniement du crédit est extrêmement délicat, qu'il est soumis à de nombreuses conditions, dont nous formulerons ainsi la première et la plus
importante.

186. Les prêts à l'agriculture doivent être à long terme.

L'agriculteur emprunte afin d'acheter des semences, des
engrais, des animaux de travail, faire des améliorations, etc... Ce sont là des buts très utiles, qui, suivant
toute probalité, donneront des résultats satisfaisants, mais
ne se produisant pas du jour au lendemain. Il faudra
attendre que les grains semés aient levé, mûri, qu'ils aient
été moissonnés, engrangés, et vendus. Un excédent de
production ne suivra pas immédiatement l'acquisition
d'engrais, des bêtes de travail ; les produits de l'exploita-

(1 Louis Durand, *Crédit agricole*. p, 57.

tion seront bien augmentés dans une certaine mesure,
mais si les bénéfices qu'ils amèneront feront à la longue
rentrer amplement le cultivateur dans ses débours, ils
seront répartis sur un certain nombre d'années. Pour ce
qui est des améliorations foncières, l'endiguement d'une
rivière, l'irrigation d'un pré, il faudra attendre bien davantage. Et encore tous ces calculs seront déjoués par les
mille aléas qui menacent tous les jours les récoltes et dont
il est impossible de se préserver.

Les témoignages des économistes sons unanimes à cet
égard. Lors de la discussion à la Chambre, sur le renouvellement du privilège de la Banque de France, M. Jaluzot
avait déposé un amendement proposant d'étendre à six et
à neuf mois, l'échéance maxima de trois mois des effets
escomptés par la Banque, quand il s'agirait de papier
signé par les agriculteurs, et si le rapporteur, M. Burdeau,
le repoussa, ce ne fut pas sans reconnaître le bien fondé
de ses motifs (1). M. Emile Duport, président du Syndicat
agricole de Belleville-sur-Saône, dans une brochure où il
expose le règlement intérieur actionnant le mécanisme
d'une caisse fondée suivant les prescriptions de la loi
de 1894, dit également :

« La durée actuelle des prêts est fixée à six mois.

« Cette durée est-elle bien suffisante pour l'agriculture
« et n'est-il pas préférable, comme on procède dans les

« (1) Il ne faut pas chercher la solution de la question dans des
« innovations dangereuses : elle est plutôt dans la direction indiquée
« par un amendement par M. Méline. Elle consisterait à interposer
« entre l'agriculteur et la Banque un intermédiaire qui revêtirait le
« papier agricole de son endos, et qui, pour assurer à l'emprunteur
« les délais nécessaires, se chargerait, soit de garder ce papier jus-
« qu'au moment où il serait mûr pour l'escompte par la Banque,
« soit d'en obtenir le renouvellement. » Chambre, *Documents 1892*,
p. 275, annexe 1649.

« Caisses Raiffeisen, de modifier la durée suivant le cas où
« on se trouve, sans s'astreindre à un maximum (1) ».

Les longues échéances s'imposent et avec tant de force
qu'on en vient à se demander si les objections de M. Claudio Jannet contre le crédit agricole en général, ne portent pas sur ce qui concerne le crédit à court terme ; s'il
n'est pas, en effet, ruineux pour l'agriculteur d'employer
des capitaux remboursables trois mois après, alors qu'ils
sont encore enfouis dans l'exploitation, et qu'il est matériellement impossible de les transformer en produits rému-
nérateurs dans un intervalle si rapproché.

187. Le principe admis, comment en régler l'application :
en d'autres termes, quel sera le maximum de durée des
prêts consentis par les Caisses Raiffeisen ?

Nous empruntons à M. Durand les renseignements suivants (2) :

« En Allemagne, les établissements les plus hardis, les
« Caisses de prêts de Raiffeisen, ont admis comme maxi-
« mun le terme de dix ans, et ce terme n'est concédé que
« très rarement. La majorité des prêts ne dépasse point
« cinq années, ainsi que l'établit un tableau dressé par
« M. Loell (3). En Italie, les Caisses rurales fondées par
« M. Wollemborg, d'après le système Raiffeisen, ont admis
« en général le terme maximum de cinq ans, et le plus
« souvent limitent la plupart de leurs prêts à deux ou
« trois ans. »

Ce sera donc le laps de cinq années, conformément à
l'art. 18 des statuts des Caisses Raiffeisen, que nous impo-

---

(1) Notes à propos de la création d'une caisse rurale à responsabilité limitée, par Emile Duport. Lyon, 1897.

(2) Durand. *Le Crédit agricole*, p. 98.

(3) Loell. Die Bauerliehen Darleshnkassen-Vereine nach Raiffeisen
und die gewerblichen. Credit vereine nach. Schulz-Delitzsch, p. 48.

serons comme maximum à la durée des prêts agricoles,
sauf, bien entendu, les cas de garantie exceptionnelle,
motivant une prorogation de délai. Sans doute, certaines
améliorations comme la reconstitution d'un vignoble, ne
pourront être réalisées dans un délai si court ; mais quand
leur résultat se produit dans un avenir aussi éloigné, est-il
prudent de pousser les petits agriculteurs dans cette voie ;
en tous cas, ils ne peuvent se plaindre, car on leur prête-
rait sûrement s'ils offraient plus de garanties.

188. Une seconde particularité des prêts des Caisses
Raiffeisen qui présente également, au point de vue économique de grands avantages, c'est la possibilité ou parfois
l'obligation pour l'emprunteur de se libérer par acomptes.
Tous les intéressés profiteront de cette clause : l'emprunteur, en payant moins d'intérêts par suite de l'amortissement de la dette ; la Caisse, qui sera sûrement remboursée,
par suite de la nécessité où est le paysan d'affecter à l'extinction de sa dette toutes ses petites recettes. Elle a, de
plus, une haute portée morale, car s'il est très humain
pour le cultivateur, après un dur travail, de se payer immédiatement de ses peines en s'accordant quelques dis-
tractions, ou en procurant un bien-être plus complet à sa
personne ou à sa maison, la nécessité de payer des
acomptes l'arrêtera sur cette pente, le poussera à l'économie, à l'amortissement de cet argent qui ne lui appartient pas. Les administrateurs ont soin d'espacer intelli-
gemment les diverses échéances et de les faire coïncider
avec les époques où le cultivateur réalise ses produits. Nous
allons reproduire intégralement un plan d'amortissement
que M. Durand cite, à titre d'exemple, dans son manuel,
plan variant naturellement suivant les habitudes et les
récoltes de chaque pays.

« Le 1er octobre 1898 A... emprunte 400 fr. à 5 0/0 pour

« compléter le prix d'une paire de bœufs. Il est convenu
« qu'il paiera sur le capital et en outre des intérêts échus
« à ce moment :

« 60 fr. au 1ᵉʳ mai 1899, époque où il vendra ses petits
« porcs ;

« 120 fr. au 1ᵉʳ octobre 1899, époque où il aura vendu
« son blé ;

« 60 fr. au 1ᵉʳ mai 1900 (petits porcs) ;

« 120 fr. au 1ᵉʳ octobre 1900 (blé) ;

« Et ainsi de suite, jusqu'au complet remboursement de
« la Caisse rurale (1) ».

Grâce à la concordance mathématique de ces recettes
auxquelles on affecte un emploi comme dans le budget le
mieux équilibré, nous n'aurons pas le spectacle fréquent
hélas ! à la campagne, du paysan, forcé de vendre, acculé
par le paiement d'une grosse somme, parce qu'il n'a pas
prévu son échéance et amassé tous ses gains pour éteindre
son obligation.

189. Il n'y a rien de particulier à dire en ce qui concerne le taux de l'intérêt exigé par les Caisses, sinon qu'il
doit être raisonnable. Ce n'est pas que nous éprouvions la
crainte de leur voir encourir les dispositions pénales contre
l'usure, mais il serait bien plus à redouter de les voir servir un intérêt au-dessous du cours du marché de l'argent,
et devenir une œuvre de bienfaisance, au lieu d'une affaire.
Au début, pour couvrir leurs frais d'administration, elles
ont l'habitude d'établir un écart de 1 1/2, 2 0/0, entre le
taux d'intérêt des emprunts qu'elles contractent et celui
des prêts accordés, sans toutefois dépasser 5 0/0 à cause
du caractère civil du contrat qui unit les membres. Mais
une fois la réserve constituée, la nécessité de l'élévation du

(1) *Manuel pratique à l'usage des fondateurs et administrateurs des
Caisses rurales.* Louis Durand, p. 19.

taux de l'intérêt se fait moins sentir, et il vient naturellement à l'idée de faire profiter les adhérents de cette situa-
-tion, en leur distribuant presque gratuitement le crédit.
On doit enrayer à tout prix cette tendance qui repose sur
une erreur économique. « Une banque populaire, a écrit
« Schulze-Delitsch, qui veut s'assurer un avenir durable.
« doit avoir soin de repousser toute apparence d'institu-
« tion de bienfaisance. Sa mission n'est pas de distribuer
« des secours aux indigents, mais de protéger contre l'in-
« digence. Elle n'est pas un hospice d'incurables, mais
« une institution d'hygiène économique (1). »

Le Conseil d'administration, qui fixe le taux des prêts
et des emprunts, saura, sans avoir un modèle à suivre,
s'inspirer de ces idées, condition nécessaire au bon fonctionnement de l'institution.

190. Nous venons d'étudier les principes qui s'imposent
aux Caisses dans les conditions des prêts, afin de profiter
véritablement à l'agriculture, il importe aussi qu'elles ne
se découvrent pas inutilement et qu'elles exigent, dans
l'intérêt de leur sécurité, certaines garanties de la part de
l'emprunteur.

191. Leur premier soin sera de recruter pour membres,
exclusivement des personnes honnêtes, aimant le travail,
d'une conduite régulière. malgré la précarité de leur
situation, quitte à leur faire des avances limitées. A moins
d'une mauvaise chance exceptionnelle, il arrivera un
moment certain où leur bonne volonté triomphera des
difficultés, et comme le premier souci de tout honnête
homme est de se libérer envers ses créanciers, la Caisse
n'éprouvera aucune perte de leur chef. Elle écartera d'une

---

(1) *Manuel des Banques populaires*, par Charles Rayneri, p. 51.
Paris, 1896.

manière impitoyable les débauchés, les prodigues, qui seraient pour elle une source constante de déboires. Ceci nous amène naturellement à justifier une des clauses des Caisses Raiffeisen, condition *sine qua non* à notre avis de la réussite des sociétés de crédit, nous voulons parler de la solidarité des membres. M. Méline, l'auteur de la loi sur les sociétés à responsabilité limitée, disait lui-même : Le prêt agricole, pour être sérieux, suppose un jugement porté sur la personne de l'emprunteur autant que sur sa situation matérielle.

« Il faut que l'impartialité de ceux qui portent ce jugement, soit garantie par leur responsabilité personnelle. C'est la seule manière de prévenir les complaisances trop faciles (1). »

192. Il est bien évident que la perspective de la responsabilité des prêts avancés aux membres, empêchera le Conseil d'administration de se livrer à un examen superficiel de la solvabilité des adhérents, et diminuera presque complètement les risques de perte de la Caisse.

193. En exigeant l'indication de l'emploi des fonds dont on demande l'avance, les Caisses s'assurent également contre un grand nombre de risques, car elles sont à même de contrôler l'utilité du prêt. « Si cet emploi doit
« enrichir le cultivateur, le prêt pourra être accordé; par
« exemple, si l'argent emprunté doit être employé en
« achat de bétail de travail, nécessaire à la culture, et que,
« à défaut de prêt, l'emprunteur serait obligé de se pro-
« curer par un achat à crédit, à conditions onéreuses, chez
« un marchand de bétail; si l'argent emprunté doit être
« employé en achat d'engrais, de semences, qui augmen-
« teront ses récoltes futures.

---

(1) Exposé des motifs du projet de loi de M. Méline. Documents parlementaires. Chambre 1890, I, p. 700, annexe 547.

« Si l'emploi indiqué par l'emprunteur doit l'appauvrir,
« le prêt lui sera refusé : par exemple, si l'emprunteur se
« propose d'acheter une terre qui lui rapportera un intérêt
« de 3 o/o, alors que le capital emprunté lui coûtera 5 o/o ;
« s'il se propose de mieux se nourrir, d'habiller sa femme
« et ses enfants avec plus d'élégance, en escomptant ses
« récoltes futures pour éteindre sa dette.

« En un mot, la Caisse rurale prête en vue d'un emploi
« productif, qui améliore la situation de l'emprunteur, et
« qui lui permettra de rembourser à l'échéance. Elle ne
« prête jamais pour un emploi de consommation, alors
« même que l'emprunteur aurait une fortune cent fois
« suffisante pour garantir sa dette.

« Le Conseil de surveillance est rigoureusement tenu de
« surveiller cet emploi, pour empêcher l'emprunteur de
« dépenser la somme empruntée autrement qu'il n'a été
« convenu (1). »

194. Une sanction était indispensable pour assurer
l'exécution de ces préceptes, l'article 16 des statuts la
contient :

Tout emprunteur, qui affecterait les fonds empruntés à
un usage autre que celui en vue duquel le prêt a été consenti, est déchu du bénéfice du terme, obligé à rembourser
immédiatement la somme à la Caisse et exclu de la société.
Mais un corollaire s'impose pour le bon fonctionnement
de cette clause. On ne peut utilement exiger un emploi,
qu'au cas où le champ d'opérations de la Caisse se trouve
être très restreint.

« Les Banques agricoles, pour faire le crédit avec
« sécurité pour ne pas avoir de déceptions, pour bien
« employer leur petit capital, doivent être placées aussi

---

(1) *Manuel pratique* à l'usage des fondateurs et administrateurs des
Caisses rurales par Louis Durand, p. 17 et suivantes.

« près que possible de l'agriculteur. Elles doivent être des
« Banques locales. C'est là le point initial, ce qu'on a
« traduit par cette formule très juste, à mon avis, que le
« crédit agricole doit être organisé par en bas. Il doit être
« local, placé tout prêt de l'agriculteur, pour cette simple
« raison que ceux qui l'administrent, placés ainsi à côté
« des emprunteurs, peuvent se procurer sur eux les ren-
« seignements les plus précis ; ils peuvent déterminer dans
« quelle mesure il est prudent de leur faire crédit. Dans
« ces conditions, pas d'erreur possible ; l'agriculteur
« obtient tout le crédit qu'il mérite (1). »

C'est pour se conformer à cette loi économique incontestable que les Caisses Raiffeisen ont limité dans leurs
statuts, l'étendue de leur circonscription à une seule commune, art. 2.

195. Non seulement la nécessité de l'indication d'un
emploi restreint le champ d'opérations de la Caisse, mais
elle entraîne encore pour elle l'impossibilité en fait, de
l'usage du compte-courant. Puisque, par définition « les
« parties s'engagent réciproquement à laisser perdre aux
« créances qui en résulteront leur individualité, en les
« transformant en articles de crédit et de débit, de façon à
« ce que le solde final, résultant de la compensation de ces
« articles, soit seul exigible (2)» ; comment contrôler l'emploi
des fonds avancés, surtout s'ils ont perdu leur individualité ?
Les remboursements partiels n'étant plus possibles, la
Caisse perd une partie de sa force moralisatrice, car elle
ne contraint plus à l'épargne. D'ailleurs le compte-courant qui réclame comme indice de prospérité une circulation très active, se prêtera peu à l'agriculture où les
recettes et les dépenses correspondent aux récoltes et sont,

(1) Discours de M. Méline. *Journal Officiel* du 17 juin 1897.
(2) Lyon-Caen et Renault, *Traité de droit commercial*, IV, p. 533.

par conséquent, rares et importantes. Déconseillé par Raiffeisen, il est cependant d'un usage fréquent dans un certain nombre de caisses allemandes, puisque les statistiques de l'*Union d'Offenbach* signalent en 1888, 1.720.28 marks avancés en comptes-courants (1).

. **196.** Nous insisterons en dernier lieu sur la modicité des prêts. A quoi sert d'avancer des sommes importantes dont le remboursement sera d'autant plus difficile que les paysans croiront facilement, en raison de leur importance, qu'elles ne coûtent rien aux prêteurs ? Là encore, les statuts des Caisses interviennent très utilement. S'il incombe à l'assemblée générale de déterminer le maximum des prêts que le conseil d'administration pourra allouer à l'un des sociétaires, art. 11 § 3, cette décision n'est pas sans appel, car, dans le cas où ils le jugent à propos, les administrateurs, mais seulement de concert avec le conseil de surveillance peuvent dépasser cette somme. Art. 8 et 10 des statuts, avec toutes ces garanties, il est bien à présumer que les Caisses ne seront pas souvent à découvert.

En résumé, les prêts des Caisses Raiffeisen seront longs, amortissables par acomptes ; on les accordera à des personnes rigoureusement choisies à cause de la solidarité des membres. Un emploi utile dont on surveillera l'affectation leur sera assigné. Toutes ces conditions, basées sur une connaissance profonde des milieux agricoles et l'expérience d'hommes comme Raiffeisen, Wollemborg, Luzzati, réalisent dans leur ensemble le type idéal du prêt agricole utile et bienfaisant.

§ 2. — *Moyens de se procurer des capitaux.*

197. La loi de 1894, prévoyant cette question dans son

(1) Durand, *Le Crédit agricole*, p. 240.

article 1ᵉʳ, indique [trois opérations : Les dépôts, les emprunts et enfin les souscriptions de parts, qui formeront le capital social initial, puisque la société sera constituée seulement après le versement du quart du capital souscrit, art. 1ᵉʳ. Laissant de côté les dépôts et les emprunts sur lesquels nous reviendrons, peut-être ne sera-t-il pas inutile de se demander si un grand nombre de membres seront disposés à souscrire ces parts ? A moins qu'un homme de grande valeur ne soit à la tête de l'œuvre, le paysan, toujours méfiant pour engager ses capitaux, hésitera à faire partie de cette banque. Notez qu'il s'agit de sociétés à responsabilité limitée, offrant comme seule garantie le capital social, dont la souscription présente, par conséquent, une très grande importance. Si elle n'est pas couverte, on ne pourra contracter des emprunts, faire appel aux dépôts, car « la science financière ne connaît « que deux moyens de donner des garanties aux prêteurs : « leur offrir la garantie de personnes solidairement res- « ponsables sur tous leurs biens (société en nom collectif), « ou leur donner la garantie d'un capital social (société « anonyme, à responsabilité limitée) » (1) ; or ces sociétés ne possèdent ni l'une ni l'autre (2).

Il y a un moyen héroïque, celui adopté par le syndicat agricole de Belleville-sur-Saône, qui consiste à faire souscrire par le syndicat annexe la majorité des parts (3). Mais,

(1) *Le crédit agricole.* Durand, p. 676.

(2) M. Antonin Proust. dans son projet de loi déposé à la Chambre le 25 octobre 1890, indique une autre solution. Il voudrait que les syndicats agricoles donnent leurs signatures comme caution pour les emprunts faits par leurs membres. Ce serait les détourner, à notre avis, de leur but primitif, en tout cas, le crédit dont ils jouissent venant uniquement de ce qu'ils ne font pas d'opérations pour eux, mais au nom de leurs adhérents, s'effondrerait, s'ils leurs consentaient des crédits.

(3) Art. 6 des statuts de Belleville :
Le capital social est actuellement fixé à la somme de 6,000 francs,

les membres des syndicats ne seront pas toujours si dociles; ne seront-ils pas effrayés d'entrer dans cette voie nouvelle de la finance, qu'ils ignorent complètement et le Syndicat de Belleville lui-même, aurait-il consenti une pareille affectation sans sa confiance en l'homme éminent qui le dirige, et dont M. Jonnart proclamait bien haut à la Chambre (1) le généreux dévouement?

Ce sont là des exceptions qu'on ne peut donner comme règle générale. On a très bien compris que ces sociétés sans garantie n'attireraient pas de capitaux; la Caisse d'épargne de Lyon mit 12.000 francs à la disposition de la Banque de Belleville, au moment de sa fondation (2), et, c'est également à l'usage des fonds de roulement, par l'intermédiaire de Caisses régionales, qu'ont été destinés les 40 millions dûs par la Banque de France, en vertu de la convention du 31 octobre 1896. Nous lisons dans le projet de loi:

« (Les Caisses régionales) peuvent faire à ces sociétés — « les sociétés locales de crédit agricole — les avances « nécessaires à leur fonds de roulement » (art. 2). L'art. 4 réglemente minutieusement la répartition de ces avances. Heureusement l'art. 3 contient une clause limitant ces crédits : « Le montant des avances faites aux Caisses régio- « nales, ne pourra excéder le montant du capital versé en « espèces »; grâce à elle, les 40 millions ne sont pas encore épuisés (3).

---

divisible en 60 parts de cent francs chacune dont la moitié, soit 30 parts est immédiatement souscrite par le *Syndicat agricole* de Belleville-sur-Saône.

(1) Jonnart, *Discours du 22 juin 1897*.

(2) Emile Duport, *Notes à propos de la création d'une caisse rurale à responsabilité limitée*, p. 30.

(3) Ce projet de loi a été voté par la Chambre des députés le 31 mars 1898.

Une des clauses fondamentales des Caisses Raiffeisen consiste précisément dans l'absence de versements de la part des membres ; nous en avons proclamé la validité, ainsi que celle du contrat dont elle fait partie intégrante (1). Mais au lieu de capital social, elles offrent en garantie, aux tiers, la solidarité indéfinie et illimitée de leurs adhérents dont l'ensemble des patrimoines répond des engagements de la Caisse. Pour donner une idée de cette garantie, nous empruntons à M. Loell la statistique suivante :

« La dette sociale est couverte par l'ensemble des patrimoines des associés : .

A Heddesdorf.	20.7
A Anhausen.	12.4
A Valdbreitbach	20.6

(1) Jusqu'à la loi du 1er mai 1889, on pouvait discuter en Allemagne la question de savoir si, légalement, les Caisses Raiffeisen pouvaient, dans les statuts, interdire aux membres tout versement, geschfätsantheil, mais la loi nouvelle ne laisse planer aucun doute. Parmi les énonciations que doivent contenir les statuts, figurent : 6° montant de chaque part spéciale (geschäftsantheil), le montant et l'époque des versements qui doivent s'élever à au moins 1/10 de la part sociale. Art. 6, 7, 8 de là loi. Annuaire 1890, p. 172.

Les Caisses, comme la loi ne fixe aucun minimum, se sont mises en règle avec elle, en fixant des geschfätsantheile insignifiantes. M. Durand puise dans le numéro 11 de la *Deutsche Landwirthschäflliche genossenschäftspresse* de 1890, les renseignements suivants :

« Une statistique de l'union Hessoise pour l'année 1888 nous
« apprend que, sur 36 associations, 23 avaient réussi à obtenir
« leur inscription sans geschäftsanth'eile, et que, parmi les autres, 12
« avaient des geschäftsantheile inférieures à 50 marks, 35 avaient
« adopté le chiffre de 50 marks et 16 seulement dépassaient ce chiffre :
« sur ces dernières, 5 avaient des geschäftsantheile inférieures à
« 100 marks ; le chiffre le plus élevé était de 200 marks ».

Nous croyons que la tendance du législateur allemand s'accentue pour exiger des geschäftsantheile, c'est ainsi que nous voyons dans la loi du 20 avril 1892, sur les sociétés à responsabilité limitée la disposition suivante :

« Art. 5. Le capital originaire de la société doit être de 20.000 marks,
« au moins, l'apport de chaque associé de 500 marks au moins.
« *Annuaire de législation étrangère 1893*, p. 156.»

A Sant-Katharinen. . . . .　13.7
A Engers. . . . .　39.7
A Hemsbach . . . .　28.4
A Urbach. . . . .　67.1
A Raubach . . . .　19.8
A Puderbach. . . . .　19.7
A Flammersfeld. . . . .　51.0 (1) »

199. Les personnes en relations d'affaires avec la Caisse n'éprouveront donc aucune inquiétude en déposant leurs fonds chez elle, ou en lui faisant des avances. Des trois moyens de se procurer du crédit, signalés par la loi de 1894, le premier, les souscriptions de parts, est inapplicable aux Caisses Raiffeisen, qui s'interdisent tout versement ; restent donc les emprunts et les dépôts, et un arrêt du Conseil d'État, de décembre 1897, vient encore de leur enlever la ressource de ces derniers (2). Y avait-il un inconvénient sérieux à laisser les Caisses encourager l'épargne, en recevant les économies modestes des petits agriculteurs ? Ce n'était pas une concurrence sérieuse pour les Caisses d'épargne, d'autant qu'afin d'éviter une pléthore de capitaux, les établissements Raiffeisen, conformément à un système très ingénieux imaginé par M. Durand, avaient adopté des listes d'offres (3), où les paysans se faisaient inscrire et tenaient à la disposition du Conseil d'administration des sommes qu'ils s'engageaient à prendre par ordre de date, au fur et à mesure de leurs besoins. « En attendant le moment où la Caisse rurale pouvait recevoir et employer ces petits dépôts, les personnes inscrites sur la

(1) Durand. *Le Crédit agricole*. p. 259.

(2) L'arrêt du Conseil d'État soumet à la patente les Caisses Raiffeisen qui reçoivent des dépôts. Or, étant donné que les patentes ont varié dans le département de l'Isère entre 92 et 346 francs, c'est décréter à brève échéance la mort des Caisses Raiffeisen.

(3) *Manuel des Caisses*, p. 23.

liste d'offres les plaçaient en leur nom personnel à la Caisse d'épargne (1) ». Et quand bien même on leur eût ainsi distrait quelques milliers de francs, le mal n'aurait pas été bien grand, si nous en croyons M. Jules Roche :

« Ces sommes, sorties du travail agricole, au lieu d'aller « s'entasser dans les Caisses d'épargne et servir à sup- « pléer aux déficits budgétaires, auraient été consacrées à « l'agriculture, dans l'endroit même où elles avaient été « amassées (2) ».

200. Quoi qu'il en soit, les Caisses, afin d'éviter la patente, ont dû écarter les opérations « rentrant dans la profession d'escompteur », et leurs statuts modifiés (3) interdisent les dépôts et l'escompte des valeurs bancables, de leur portefeuille. Leur fonctionnement ne sera pas arrêté cependant par ce fait que les emprunts seront leur unique ressource, les capitaux viendront d'eux-mêmes alimenter la Caisse, pour peu qu'on veuille élever légèrement le taux de l'intérêt, à cause de ses garanties de premier ordre. Les guichets de bien des banques se sont déjà ouverts pour elles, notamment ceux de l'admirable banque de Poligny, dirigée par M. Milcent, qui rend à toutes les Caisses Raiffeisen de la région les services d'une caisse centrale (4). Ce

(1) *Manuel des Caisses*, p. 23.

(2) Jules Roche. *Officiel*. Discours 21 juin 1897.

(3) Voir *infra* n° 289 et suivants.

(4) Ce n'est pas là un fait isolé. Nous relevons également dans le *Manuel des Banques populaires*, de M. Charles Rayneri, directeur de la Banque populaire de Menton, parmi les opérations de la Société, la suivante :

Elles consistent.....

K. — A participer à la création de banques populaires et caisses agricoles à responsabilité limitée ou illimitée dans le département, « sans toutefois que les sommes affectées à la souscription d'actions « de banques populaires nouvelles ou en encouragement aux Caisses « agricoles, puissent dépasser le quart du fonds de réserve ordi- « naire ».

Manuel des banques populaires, p. 55. Tit. IV des statuts, art. 28.

sera de la part des administrateurs une étude à faire, pour
savoir, avec de faibles ressources, en tenant compte de
l'époque où se produisent ordinairement les demandes,
être toujours en mesure d'accorder des prêts. On pourra
échelonner les échéances qui font rentrer très fréquemment
de petites sommes dans la Caisse, grâce aux acomptes, de
manière à avoir toujours de l'argent disponible. Les Caisses pourront ainsi fonctionner avec un très faible capital
de roulement.

§ 3. — *Créances de la Caisse et leurs garanties.*

201. Nous venons d'étudier les conditions excessivement
favorables dont les Caisses Raiffeisen entourent leurs prêts,
les moyens ingénieux auxquels elles recourent pour se
procurer des capitaux ; mais, tout en se mettant complètement à la disposition de leurs clients, elles ne négligent
pas leurs intérêts propres et exigent certaines garanties.
Tout d'abord « elles se font souscrire en échange du prêt,
soit une obligation civile, soit une obligation hypothécaire ». (Art. 16 des statuts.) Pour éviter une nouvelle condamnation du Conseil d'État, à cause de leur prétendue
qualité d'escompteurs, elles se sont interdit l'usage du
billet à ordre (1), qu'elles n'avaient jamais, du reste, employé d'une manière suivie.

Voici, en effet, ce qu'écrivait M. Durand, dans son manuel (2), à une époque antérieure à l'introduction en France
des Caisses Raiffeisen : « Le billet à ordre est autorisé par
« les statuts, en vue d'opérations toutes spéciales, excep-
« tionnelles ; son usage doit être déconseillé en général ».

---

(1) L'art. 16 ancien contenait après les mots : soit une obligation
hypothécaire, soit un billet à ordre. Ces derniers mots ont été sup-
primés dans l'art. 16 nouveau.

(2) *Manuel*, p. 42.

Le billet à ordre, admirable instrument de crédit entre les mains des banquiers, se plie difficilement aux nombreuses conditions qu'exige pour être utile le prêt agricole. On le conçoit toujours créé pour une somme importante, payable en une seule fois, à une date rapprochée, fixe, sans aucun délai. Comment y introduire la clause du paiement par acomptes, si bien appropriée aux besoins du paysan et ces longues échéances, dont nous avons démontré l'inéluctable nécessité en agriculture ? Sans compter, qu'en admettant le principe de ne jamais accorder de délai pour le paiement, les Caisses Raiffeisen sont quelquefois amenées à en octroyer, par suite des évènements malheureux auxquels l'agriculture est souvent soumise : la grêle, la sécheresse, la gelée ; et le billet à ordre, si rigide, avec le protêt au lendemain de l'échéance, ne convient pas à ces petites caisses de famille (1).

202. Ce seront les obligations civiles que les administrateurs feront souscrire de préférence aux hypothécaires. Si le projet de loi de M. Martinon était voté, projet qui assimile aux actes dont le notaire n'est pas tenu de garder la minute (Art. 20 de la loi du 25 ventôse, an XI) les obligations hypothécaires au dessous de 5.000 francs ; qui permet de les faire dresser en formes de brevets, et les munit de la formule exécutoire (2) ; qui diminue les honoraires des notaires et

(1) Les Caisses fondées sur le type préconisé par la loi de 1894, étant des sociétés commerciales emploient fréquemment le billet à ordre. Voici une disposition extraite de la Caisse de Belleville-sur-Saône :

« Les prêts sont consentis contre simple signature avec ou sans
« caution, ou contre remise de garanties. Dans un cas comme dans
« dans l'autre, l'emprunteur doit signer sur un registre à souche
« un billet à ordre de la somme correspondante payable à l'échéance
« dans les bureaux de la société »,
Notes de M. Emile Duport, p. 25.

(2) Voici les raisons données par M. Martinon, à l'appui de cette disposition. « Bien que l'art. 20 de la loi du 25 ventôse an XI per-

les droits d'enregistrement, on pourrait recourir à l'emploi de ces obligations, car les prêts des Caisses sont toujours modestes. Mais il suffit de jeter les yeux sur l'exposé de l'état actuel des frais, indiqué dans le préliminaire du projet de loi, pour se convaincre qu'ils ne sont pas des titres de créance à la portée des petites bourses.

203. Cette question présente d'ailleurs peu d'importance en raison du libellé de l'article 19 des statuts des Caisses :

« Quelle que soit la solvabilité de l'emprunteur, aucun « prêt ne peut être consenti sans de bonnes garanties ' « caution, gage ou hypothèque. »

On ne tient compte ni de la fortune des membres, ni de leurs qualités personnelles; la règle est générale. Mesure excellente, dont l'application ne gênera en rien les personnes aisées, qui écartera tout risque de perte et évitera en même temps les appréciations arbitraires, d'un caractère blessant, nécessitées précisément par la réponse à la question que les Caisses se poseront au sujet de chacun de leurs membres, pour savoir si leur fortune est assez considérable pour ne pas exiger d'eux une garantie. Tous ces inconvénients se rencontreront dans les sociétés de crédit agricole, où les garanties ne sont pas obligatoires (1).

204. Parmi les garanties des Caisses Raiffeisen, vient en premier lieu le gage.

« mette aux notaires de délivrer en brevets certains actes simples, « tels que les obligations peu importantes, ils n'en usent que très « rarement, par la raison qu'ils tiennent à conserver minute de tous « leurs actes et qu'ensuite, s'il y a d'abord économie pour l'emprun- « teur, il peut y avoir plus tard une dépense plus forte. car. à défaut « de payement, il faut rapporter les brevets aux notaires, lesquels « dressent des actes de dépôt et délivrent ensuite des grosses qui « doivent contenir également copie ou extrait de ces actes en dépôt ». « Chambre, Documents parlementaires. 1890, annexe 793, p. 1510.

(1) « Les prêts sont consentis contre simple signature avec ou sans caution. »... *Manuel* de M. Duport, p. 25.

1° Disons tout d'abord, qu'il est rarement pratique à cause de l'article 2076 qui subordonne sa validité à la possession par le créancier de l'objet donné en gage. L'agriculteur ne peut se dessaisir de ses instruments de travail et de son bétail. S'il a des récoltes en grange, il ne peut les mettre à la disposition de la Caisse sans lui créer de nombreux embarras ; il faudra les transporter dans un local acquis à cette intention, les surveiller contre les détériorations ; et n'est-il pas aussi simple de les vendre ? Quant aux valeurs, actions, obligations, les paysans n'en sont généralement pas bien pourvus, et pourquoi ne pas les réaliser, d'autant que l'article 411 du Code pénal, dont nous déterminerons plus loin (1) le champ d'application, gênerait beaucoup les Caisses Raiffeisen pour ces avances sur titres ?

205. Devant toutes ces difficultés, on a proposé à diverses reprises l'abrogation de l'article 2076 du Code civil et l'institution du gage sans déplacement. Les Commissions de 1856 et de 1866 la réclamèrent. C'était le vœu de la Société des agriculteurs de France, dans sa séance du 23 décembre 1868 ; et en 1880, MM. De Mahy et Antonin Proust l'avaient insérée au nombre des réformes proposées pour la réorganisation du crédit agricole. Une seule fois, elle est venue en discussion, et M. Oudet, par la violence de ses attaques, a provoqué son échec complet.

Il reprochait principalement à la nouvelle réforme de diminuer le crédit des agriculteurs au lieu de l'augmenter, car la possibilité d'engager des objets sans s'en dessaisir, enlèverait toute valeur à la possession apparente (2). Mais le même résultat se rencontre encore aujourd'hui, répon-

(1) Voir *infra*, n° 237.

(2) *Journal officiel* du 30 novembre 1883. Débats parlementaires, Sénat, p. 1394.

dait M. Méline (1), on ne peut « savoir d'avance si un mo-
« bilier est loué ou payé. Il n'y a qu'un résultat en moins,
« c'est qu'on ne peut donner ce mobilier comme garantie
« spéciale d'une dette et qu'il n'est pas ainsi un élément de
« crédit ».

206. Mais il n'en est pas moins vrai que le titre de la
réforme projetée ne nous semble pas très heureux, car,
comme le dit M. Durand, le gage est par définition le nantissement d'une chose mobilière ; gage sans dessaisissement, c'est comme si on disait : nantissement sans nantissement (2).

---

(1) *Journal officiel*, 30 novembre 1883. Sénat, p. 1394.

(2) Durand, *Le Crédit agricole*, p. 685.

BELGIQUE. Loi du 15 avril 1884, *Annuaire législation étrangère*,
1885, p. 475.

« Art. 4. — Les prêts faits à l'agriculture peuvent être garantis par
« un privilège stipulé dans l'acte et portant sur les objets affectés
« au privilège du bailleur.

« Art. 8. — Le bailleur prime le prêteur à moins qu'il ne lui ait
cédé son rang.

« Art. 12. — Le prêteur exerce ses droits sur les objets mobiliers
« réputés immeubles par destination ainsi que sur les récoltes pen-
« dantes par racines et les fruits des arbres non encore recueillis.

« Il est primé par les créanciers hypothécaires inscrits avant lui.

ITALIE. Loi du 23 janvier 1887, *Annuaire législation étrangère*,
1888, p. 493.

« Art. 1er. — En garantie des prêts faits aux propriétaires ou aux
« fermiers, de fonds ruraux par les établissements faisant les opé-
« rations de crédit agricole, un privilège spécial peut être constitué
« sur les fruits recueillis dans l'année, sur les récoltes qui se trouvent
« dans les habitations et bâtiments dépendant du fonds rural et qui
« proviennent de ce fonds lui-même, et sur tout ce qui sert à culti-
« ver le fonds ou à le garnir.

« Art. 2. — Le privilège peut être établi sur les fruits ou sur le
« cheptel vif ou mort existant dans le fonds, ou sur les uns et les
« autres, ou bien en particulier sur quelques-uns des objets énumérés
« à l'art 1er en les déterminant spécialement.

« Art. 5. — Le bailleur a un droit de préférence sur l'établissement
« qui a fait le prêt, à moins qu'il ne lui ait cédé son antériorité.

« Art. 8. — Le privilège dont parlent les articles précédents est
« sans valeur vis-à-vis des créanciers hypothécaires inscrits anté-

De cette définition erronée, découle toute une série de
« conséquences irrationnelles, car le contrat de gage
« emporte certains effets qui supposent nécessairement
« que le créancier est nanti du meuble engagé ». Si le
créancier n'est pas en possession du meuble engagé, ce
meuble peut être l'objet de droits au profit d'autres personnes et ces droits sont une source constante de difficultés dans tous les projets de gage sans dessaisissement ? C'est
ainsi que le privilège du bailleur, du vendeur, de l'auber-
giste, etc., ne peuvent venir en concours, au cas où l'objet
donné en gage est en la possession du créancier ; comment
au contraire, régler les droits de ces différentes personnes,
dans l'hypothèse de gage sans dessaisissement. C'est
une question insoluble. Aussi, préférerions-nous beaucoup
voir introduire la réforme projetée, sous forme d'admission d'un nouveau privilège, à l'exemple de l'Italie et de la
Belgique. Ce privilège conventionnel entraînerait seulement un droit de préférence, mais un droit de préférence
suffisamment garanti par l'art. 408, qui punit de peines correctionnelles le fait de détourner l'objet donné en gage.

Tant qu'on ne la portera pas résolument sur ce terrain,

« rieurement à la date de sa propre inscription, Ceux qui seraient
« inscrits postérieurement ne sont admis qu'après l'établissement
« qui a fait le prêt. »

En résumé, la loi belge de 1884 permet d'établir un droit de préférence au profit du prêteur sur tous les objets sur lesquels porte
le privilège du bailleur. Ce droit de préférence ressemble terrible-
ment au gage : tous deux portent sur des objets contractuellement
déterminés. Il en diffère cependant, car celui qui l'a constitué, conserve la faculté d'aliéner, sauf l'exercice par le prêteur du droit de
suite.

Le privilège de la loi italienne ressemble beaucoup à celui de la loi
belge, mais il est général et donnera par suite, plus de sûreté au
prêteur, tandis que la garantie de la loi de 1884 peut être illusoire,
malgré le droit de suite.

D'autre part, le privilège du bailleur est restreint en Belgique, à
l'égard de tous ; en Italie, vis-à-vis du seul prêteur agricole.

la question tournera indéfiniment dans le même cercle et restera insoluble.

207. L'hypothèque présente sur le gage, des avantages incontestables au point de vue de la sûreté et du caractère pratique, malheureusement, elle exige une condition que tout le monde ne peut remplir et qui éliminerait avec la classe des fermiers et métayers, une fraction très intéressante de la population agricole, c'est la qualité de propriétaire. D'autre part, ce n'est pas une garantie à la portée de toutes les bourses ; elle coûte trop cher. On ne peut se passer pour sa constitution de l'intervention de deux notaires ou d'un notaire et deux témoins, l'art. 2127 Code civil l'exige en termes formels. S'il ne s'agit pas d'un emprunt à longue échéance ou très important, les frais d'acte et de mainlevée absorberont tous les avantages du prêt. Ce n'est donc pas une sûreté courante elle ne rentre pas, du moins, dans l'esprit des Caisses Raiffeisen, dont les prêts modestes viennent en aide aux plus humbles cultivateurs, à ceux chez qui le manque de crédit se fait le plus durement sentir.

208. La garantie normale des Caisses Raiffeisen, c'est la caution parce qu'elle est à la portée de tous, et qu'elle présente des avantages d'ordre moral incontestables.

Tout le monde ne peut concéder une hypothèque, celui qui a pour biens ses seuls outils ne peut les donner en gage, mais les plus humbles peuvent toujours apporter en garantie l'estime de leurs camarades, résultat d'une vie de travail et d'honnêteté, deux choses qu'il suffit de vouloir fermement pour les posséder. Si la fortune n'a pas répondu à leurs efforts, ils auront néanmoins des cautions. Avec de la volonté et de la persévérance, un travailleur trouvera certainement, parmi les témoins de sa vie quotidienne, un camarade uni à lui par la solidarité du même labeur courageusement accompli et prêt à répondre pour lui.

Il n'existe pas de meilleur contrôle pour la moralité de l'emprunteur et sa solvabilité. Le paysan est prudent ; s'il s'engage pour garantir la dette de son voisin, c'est qu'il a très bonne opinion de sa situation pécuniaire et de ses qualités morales. Comme son intérêt se trouve en jeu, il sera pour la Caisse un contrôleur permanent du bon emploi des fonds, il saura bien prévenir le conseil d'administration au cas où ils seraient dissipés sans profit ; son contact de tous les jours avec l'emprunteur est la plus grande sûreté de la bonne exécution de ses engagements.

La caution développe l'esprit de solidarité parmi les habitants d'une commune à cause des rapports qu'elle établit entre eux. Brisant le cercle étroit de l'intérêt où se meut d'ordinaire l'imagination du paysan, elle leur découvrira un monde nouveau, le monde de la fraternité, elle leur fera toucher du doigt l'obligation où ils sont aujourd'hui, par suite de l'intensité de la lutte pour la vie, de s'unir, de s'entr'aider, au nom de l'altruisme ou de la charité, des principes de Kant ou de ceux du christianisme. Le paysan est égoïste, mais il a du cœur, il sera reconnaissant du service que lui rend son voisin, et ne voudra pas, pour tout au monde, lui faire regretter son bon mouvement. Que de malentendus disparaîtraient par l'usage fréquent des cautions, par la constatation de cette sympathie dont on ne pourrait ici suspecter le désintéressement ! Nous y voyons également une haute école de morale, certains que beaucoup s'amenderont sérieusement corrigeront même des habitudes anciennes, afin de ne pas recevoir, à un moment donné, l'affront de voir un vide complet se faire dans leur entourage, s'il s'agit de répondre pour eux.

Sans doute les populations des campagnes se montrent souvent réfractaires à ces idées, ce n'est pas une œuvre d'un jour, mais ses avantages ont décidé les Caisses Raiffeisen à faire du cautionnement la garantie normale de leurs prêts. On leur avait prédit un insuccès complet. Les faits sont venus démentir ces prévisions et au mois de décembre 1897, au moment où l'arrêt du Conseil d'État vint momentanément ralentir leur essor, le bulletin mensuel de l'union des Caisses enregistrait la 663e, alors que la première remontait seulement à deux ans. N'est-ce pas la preuve que le cautionnement n'est pas incompatible avec les idées du paysan français ?

209. L'article 10 des statuts contient enfin une mesure rendue nécessaire par la longue durée des prêts, la vérification des garanties données par les emprunteurs, faite tous les trois mois par le Conseil de surveillance : « Dans le « cas où la solvabilité de l'emprunteur aurait diminué, le « Conseil de surveillance pourra ordonner le remboursé- « ment du prêt, dans le délai d'un mois, malgré toutes « stipulations contraires de l'acte de prêt » (Art. 10). C'était la seule manière de ne pas rendre illusoires ces garanties, dont la valeur peut certainement varier pendant un longs laps de temps.

210. L'examen des opérations des Caisses entraîne une question résolue affirmativement par les statuts d'un certain nombre de sociétés de crédit agricole ou populaire : est-il nécessaire de faire toucher à ceux qui sont à leur tête une rémunération variant suivant le chiffre des affaires (1) ?

L'adjonction de cette clause, cela est certain, entraînerait une augmentation sensible dans les opérations des Caisses Raiffeisen, car les administrateurs, stimulés par le désir très légitime d'un bénéfice, mettraient toute leur

---

(1) Il en est ainsi dans les banques populaires fondées par M. Rayneri. *Manuel.* p. 18.

activité à provoquer les prêts ; mais elle nous semble incompatible avec l'esprit des Caisses. L'important pour
elles n'est pas de réaliser un gros chiffre d'affaires, puisqu'elles ne distribuent pas de dividendes, mais d'en faire
exclusivement de bonnes. L'esprit de spéculation doit en
être absolument banni, et c'était la réponse unique et
péremptoire à ceux qui les assimilaient à des banques. On
a refusé un traitement aux administrateurs, au comptable,
à moins d'une décision spéciale de l'assemblée générale,
art. 11 des statuts, uniquement dans le but de ne pas leur donner l'espoir d'une augmentation ou d'une rétribution quelconque à raison des services rendus à la Caisse. Qu'est-il
arrivé dans un grand nombre de sociétés qui se sont écar-
tées de cette ligne de conduite ? Les administrateurs se
sont préoccupés beaucoup plus des bénéfices à réaliser, et
beaucoup moins des idées de mutualité et de solidarité sur
lesquelles l'œuvre reposait, et les statistiques officielles sur
le projet de loi allemand, de 1889, constataient en douze
ans, sur 1.000 Vorschusvereine de Schulze-Delitsch, 36
faillites et 174 liquidations (1). Voilà pourquoi, les Caisses
Raiffeisen, de concert avec un certain nombre de sociétés
agricoles (2), notamment le Syndicat agricole de Belleville-
sur-Saône, ont refusé à la direction toute rémunération et
tout traitement (3).

211. En terminant cette première section sur les opérations des Caisses Raiffeisen au point de vue économique,
nous ne pouvons nous empêcher de remarquer que, sous
ce nom très général, nous avons, en somme, parlé exclusivement d'une seule, des prêts, autour de laquelle toutes
les autres gravitent. C'est le but des Caisses Raiffeisen, et

(1) Durand, *Le Crédit agricole*, p. 207.
(2) Art. 13 des statuts.
(3) Art. 24 des statuts.

c'est leur unique opération. Nous avons démontré plus
haut qu'elles ne sont pas des Banques, et voici, dans le
même ordre d'idées, au sujet du Syndicat de Belleville,
quelques lignes de M. Duport :

« La Caisse de crédit et d'épargne de Belleville n'a pas
« cru devoir étendre ses opérations en dehors des dépôts
« et des prêts, par prudence d'abord, alors qu'elle débute,
« mais surtout parce que le besoin ne s'en faisait pas sentir
« dans un pays où il existe des agences de nos grandes
« banques. Il en pourrait être autrement dans une région
« moins favorisée, où les recouvrements et paiements sont
« très onéreux, mais il sera prudent de n'aborder ces opé-
« rations qui nécessitent une comptabilité complète,
« qu'après un fonctionnement de plusieurs années, la
« constitution de quelques réserves et surtout, dans le cas
« seulement où l'on disposerait d'un administrateur véri-
« tablement expérimenté (1) ».

A toutes ces raisons qui s'appliquent avec une égale
force aux Caisses Raiffeisen, nous ajouterons que, n'étant
pas dispensées de la patente par une loi spéciale, elles
devront s'abstenir de toute opération de banque. Restent
donc les dépôts et les prêts. Comme l'arrêt du Conseil
d'État de décembre 1897 leur interdit les premiers, elles
se borneront uniquement à consentir des prêts.

SECTION II. — Les opérations des Caisses Raiffeisen
au point de vue juridique.

212. Indépendamment des lois économiques dont les
Caisses Raiffeisen doivent faire l'application, il y a pour
elles une obligation non moins impérieuse de se conformer

(1) Duport, Opuscule cité, p. 27.

aux règles du Code civil. Nous n'avons pas l'intention de traiter complètement au point de vue juridique chacune de leurs opérations ; comme ce travail serait une copie plus ou moins déguisée des ouvrages très complets sur cette matière, nous nous contenterons de donner un aperçu général du prêt, des obligations civiles et des garanties, insistant de préférence sur les articles visant d'une manière spéciale les Caisses Raiffeisen.

§ 1. — Le prêt.

213. « Le prêt de consommation est un contrat, par « lequel l'une des parties livre à l'autre une certaine quan- « tité de choses, que cette dernière est autorisée à con- « sommer, à charge par elle de rendre, à l'époque convenue, « une pareille quantité de choses de même espèce et qua- « lité (1). »

Par nature, il est gratuit, mais la convention, à la condi- tion d'être expresse, peut le rendre productif d'intérêts. La jurisprudence, d'une manière unanime, interprète strictement cette disposition ; aussi croyons-nous utile d'exposer quelques-unes de ses décisions, qui forment un véritable corps de doctrine.

Nous lisons dans Aubry et Rau :

« La clause portant que le remboursement de la somme « prêtée se fera à telle époque sans intérêts jusque là, ne « serait pas suffisante pour faire courir les intérêts de cette « somme, à partir du jour fixé pour son rembourse- « ment (2) ».

Malgré ces autorités imposantes, nous persistons à voir

---

(1) Aubry et Rau, IV, p. 598.
(2) Aubry et Rau, IV, p. 601. Agen 19 juin 1824, Sirrey 25, 2. 70. — Bourges, 28 mai 1827, Sirrey, 29, 2, 193. — Agen 19 mars 1833, Sirrey 33, 2, 553. — Bourges, 11 mai 1825, 1826, 2, 220.

ici une violation de l'article 1156, aux termes duquel on doit s'attacher moins au sens littéral qu'à l'intention des parties. Elle est cependant bien formelle, car le fait de renoncer à un droit pour trois ans, n'en est-il pas la proclamation à l'avenir, et cette interprétation n'est-elle pas de tout point conforme au principe : *Renuntiatio non prœsumitur ?*

Voici un cas encore plus extraordinaire :

Un prêt est fait pour un certain temps, avec stipulation d'intérêts : l'emprunteur au moment de l'échéance ne rembourse pas ; les intérêts continuent-ils à courir ? Un grand nombre d'arrêts (1) ont prétendu que non, alléguant l'inexistence d'une clause après l'échéance, et ont exigé par surcroît une demande en justice, comme s'il s'agissait de faire courir des intérêts moratoires. « Pourtant, « disent MM. Aubry et Rau (2), la stipulation est formelle « et on ne saurait admettre qu'un prêt, fait à l'origine avec « intérêts, se transforme après l'époque fixée par le rem- « boursement en prêt gratuit ». Les tribunaux, en se montrant si rigoristes, font de la stipulation d'intérêts une clause sacramentelle qui ne cadre ni avec l'article 1905, ni avec l'esprit général du droit français.

Les administrateurs des Caisses, en présence de cette tendance générale de la jurisprudence, feront bien de se conformer scrupuleusement aux modèles d'engagements du *Manuel* (3) de M. Durand, qui mentionnent les intérêts,

---

(1) Bordeaux, 2 mai 1826, Sirrey, 26, 2, 286.— Bourges, 25 avril 1826, Sirrey, 27, 2, 39.

(2) Aubry et Rau, IV, 601.

(3) Manuel, modèle p. 5.

« Je soussigné, reconnais avoir reçu de la Caisse rurale de la com- « munc de....., la somme de....., pour être employée à l'achat d'une « paire de bœufs. Cette somme portera intérêt à cinq pour cent. Je « m'engage à payer en outre des intérêts échus. »

par deux fois; ou de les stipuler d'une manière formelle
ne laissant place à aucun doute.

214. Ils devront également, en donnant quittance du
capital, faire une mention spéciale au sujet des intérêts
non payés, car l'absence de cette réserve en fait présumer
le paiement et en opère la libération, article 1908. C'est
une présomption en faveur du prêteur : Il est avantageux
pour lui, en effet, de commencer à imputer la somme
remboursée sur les intérêts. Ils ne peuvent en produire à
leur tour que moyennant certaines conditions énumérées
par l'article 1154 du Code civil. Au contraire, une simple
clause insérée dans le contrat rend le capital productif
d'arrérages. La loi refusant la preuve contraire en proclamant l'emprunteur libéré, aucune démonstration ne peut
venir infirmer cette présomption.

215. Il peut arriver que l'emprunteur, en dépit de ses
engagements, ne serve pas régulièrement à la Caisse les
intérêts de son prêt; quelle est, dans cette hypothèse,
l'étendue exacte des droits de celle-ci? MM. Aubry et Rau
rappellent l'article 1912 ainsi conçu (1) : « Le débiteur
« d'une rente constituée en perpétuel peut être contraint
« au rachat, s'il cesse de remplir ses obligations pendant
« deux années. »

« Et invoquant l'analogie de cette disposition, concé-
« dent au créancier le droit d'exiger le paiement avant
« le temps convenu. » Les deux cas ne nous semblent
pas cependant complètement identiques, nous nous
trouvons en présence d'un droit exorbitant, d'une sorte
de peine dont on ne peut faire l'application, d'autant
plus que le créancier d'une rente perpétuelle ayant abandonné son capital, a tout intérêt à ne pas voir cette
situation s'éterniser; au contraire, le créancier d'une

(1) Aubry et Rau, IV, p. 602.

somme d'argent touchera son capital dans un temps
rapproché et n'éprouvera ainsi aucune gêne momentanée.
C'est d'ailleurs dans le domaine de la théorie pure que
nous discutons, car MM. Aubry et Rau restreignent eux-
mêmes le principe en ajoutant : « Le juge, a du reste, le
droit de donner un délai pour le paiement des intérêts
arriérés (1) », et dans le cas spécial des Caisses Raiffeisen,
le paiement des intérêts, grâce aux acomptes, se confond
avec celui du capital.

216. Une question du même ordre se pose, lorsque
l'emploi indiqué dans l'emprunt n'est pas effectué. Mais
ici, la volonté des parties est leur seule loi, et le membre
de la Caisse, ayant accepté les statuts en donnant son
adhésion, a par ce fait même ratifié l'article 10, qui donne
au Conseil de surveillance le droit d'exiger immédiatement
dans ce cas, le remboursement. Nous nous trouvons
d'ailleurs en présence d'un contrat synallagmatique, car le
prêteur s'est engagé à donner un terme, à la condition
que, de son côté, l'emprunteur affecterait l'argent avancé à
un emploi déterminé. D'après l'article 1184, la condition
résolutoire est toujours sous-entendue dans les contrats
synallagmatiques, pour le cas où l'une des parties ne
satisferait point à son engagement. Le terme de l'emprunteur étant subordonné à la condition de l'emploi ; si celui-ci
n'est pas effectué, le terme s'annule ; et on peut immédiatement exiger le remboursement, en formant une demande
en justice. C'est l'application pure et simple des principes.

217. Nous avons réservé pour la fin l'examen d'une controverse très importante, où il est nécessaire de prendre
parti, au sujet du caractère civil ou commercial des prêts
consentis par les Caisses Raiffeisen. En l'absence d'un
criterium certain, deux opinions absolument différentes

(1) Aubry et Rau, IV, p, 602.

s'étaient fait jour, avant la loi du 12 janvier 1886. Suivant qu'on voyait dans l'intérêt une compensation de la privation de jouissance, ou une prime variant, en raison des risques, on s'attachait, pour trancher la question, soit à la qualité de l'emprunteur, en disant : *Plus valet mercatoris pecunia quam non mercatoris* (1), à cause des bénéfices habituels ; soit à la seule destination des fonds prêtés (2), alléguant les aléas inhérents à la profession commerciale. C'était surtout en vue des intérêts que la question présentait une importance pratique ; leur taux variait, en effet, suivant les cas, étant de 5 o/o en matière civile, de 6 o/o dans le commerce. La loi de 1886, qui rend plus sensible encore la différence entre ces deux hypothèses, en enlevant toute limitation au taux de l'intérêt, aurait dû, semble-t-il, trancher la controverse dans un sens ou dans l'autre. Non seulement les rédacteurs ne firent rien dans ce but, mais ils refusèrent catégoriquement de donner une définition du prêt civil, déclarant s'en référer « à la « jurisprudence qui s'était formée, sous l'empire de la loi « de 1807, pour distinguer les matières commerciales des « matières civiles, au point de vue du taux de l'intérêt »(3).

Les tribunaux, pour concilier les deux opinions, avaient pris le parti de les adopter toutes les deux ; ils admettaient donc la commercialité d'un prêt, en raison de la qualité de l'emprunteur et de la destination des fonds. Bien qu'on ait réuni en faisceau les arguments des deux côtés pour en former une masse compacte, cette théorie était cependant vulnérable. On pouvait raisonner par analogie de l'article 1er du Code de commerce, qui, examinant la même question, à propos d'un autre contrat, le

---

(1) En ce sens Aubry et Rau IV, p. 606 et les arrêts cités en note.
(2) Lyon Caen et Renault, *Traité de droit commercial*, IV, p. 471.
(3) Lyon Caen et Renault, *Traité de droit commercial*, IV, p. 470.

gage, tient compte uniquement de la nature de la dette
garantie et proclame qu'il est commercial seulement au
cas où il accompagne un acte de commerce. Mais les
meilleures raisons ne sauraient prévaloir contre la volonté
formelle du législateur, et nous suivrons pas à pas la jurisprudence en vigueur au moment de la loi de 1886.

Le contrat des Caisses Raiffeisen est un contrat civil ;
leurs prêts ne seront donc pas commerciaux, en raison de
la qualité du prêteur. Ils ne le seront pas davantage, en
raison de la destination des fonds ; car les Caisses rurales
se bornent à avancer de l'argent aux agriculteurs. qui ne
l'emploient pas à des opérations commerciales, puisqu'un
grand nombre de projets réclament vainement la commercialisation de leurs effets. Les Caisses, cependant, ne recru-
tent pas leurs membres exclusivement parmi les agriculteurs ; s'il ne s'agit pas d'un crédit commercial, nécessitant
de nombreuses lettres de change ou billets à ordre, elles
font des avances aux autres personnes du village, au charron, au maçon, au boulanger, etc... (1). Ne peut-il pas se
se rencontrer, dans ces conditions, que le prêt soit commercial, notamment si on avance une somme au boulanger
pour acheter de la farine ; ne trouve-t-on pas là un achat
pour revendre, c'est-à-dire tous les caractères d'un acte de
commerce ? Ajoutons bien vite que ce cas se présentera
très rarement à cause du principe adopté par les Caisses
de refuser tout prêt de consommation et de consentir
exclusivement ceux de production. Conformément à cette
règle, on prêtera au boulanger, au boucher, pour étendre
le chiffre de leurs affaires, en construisant un four, en
achetant de meilleurs instruments et non pour payer une
dette en retard, ou acheter des denrées en prévision d'une
hausse. Les prêts des Caisses Raiffeisen seront, dans la

(1) *Manuel des Caisses Raiffeisen*, p. 2.

généralité des cas, des prêts civils. Il pourra bien arriver dans le nombre qu'un prêt ou deux soient revêtus du caractère commercial, dans ce cas-là le Conseil aurait la ressource d'élever le taux de l'intérêt, ressource dont il usera rarement, car il n'entre pas dans l'esprit des Caisses de spéculer sur des opérations commerciales,

§ 2. — *Titres de créance de la Caisse.*

218. Suivant de point en point, l'ordre indiqué dans la première section du chapitre, nous arrivons à l'étude juridique des titres de créance de la Caisse. Ils peuvent affecter deux formes principales : l'obligation civile proprement dite et la lettre de change. Les prescriptions de la loi, en ce qui concerne les obligations civiles, se résument dans la formalité du *bon pour*. Les obligations signées au profit de la Caisse seront donc écrites en entier de la main des emprunteurs, ou seront revêtues de la mention *bon pour* ou *approuvé*, portant en toutes lettres la somme ou la quantité de la chose. (Art. 1326.) Comme les termes de l'article sont très généraux, ils régissent tous les billets contenant l'engagement de payer une somme d'argent et s'étendent à ceux des cautions. Ce contrat se résout en définitive dans le paiement d'une somme d'argent, car la caution s'engage à payer à défaut du débiteur, il rentre donc dans la sphère d'application de l'art. 1326, sans que son caractère accessoire y apporte aucune modification. Devant la rigueur des termes de la loi, les auteurs recommandent aux administrateurs de se conformer de point en point à toutes ses prescriptions, d'énoncer la somme ou la chose promise en toutes lettres, sans se contenter de chiffres, ou d'une approbation sans indication de la somme en jeu. Le manuel de M. Durand contient à ce sujet des modèles très bien com-

pris, dont la reproduction intégrale préservera les Caisses
de toute difficulté ; mais nous sommes persuadés de leur
complète inutilité dans la plupart des cas, à cause de l'alinéa 2 de l'article 1326, qui dispense de la formalité du *bon
pour*, les marchands, artisans, laboureurs, vignerons, gens
de journée et de service.

219. Cette qualité, disent MM. Aubry et Rau, n'appar-
« tient qu'à ceux qui travaillent de leur personne et avec
« leur famille, à la culture des terres et qui tirent de ce
« travail leurs moyens d'existence. Du reste, ceux qui se
« trouvent dans cette condition doivent, quant à l'appli-
« cation de l'art 1326, être rangés dans la classe des labou-
« reurs, peu importe qu'ils cultivent leurs propres terres
« ou celles des autres, et qu'ils ne travaillent qu'avec leur
« famille, ou qu'ils aient à leur service des domestiques ou
« gens de journée (1) ». En raison du caractère exceptionnel de cette disposition, la majorité des arrêts (2) n'étend
pas aux femmes des cultivateurs l'immunité dont jouissent
leurs maris, sous la réserve toutefois, que si elles rentraient
dans la catégorie des cultivateurs ou laboureurs, elles en
seraient également dispensées, cette disposition de faveur
s'étendant à la classe tout entière. La clientèle de la caisse
se recrute presque exclusivement dans le monde des agriculteurs, c'est-à-dire dans un milieu où la formule du *bon
pour* n'est pas de rigueur; pourquoi dès lors les assujettir
à cette clause, alors surtout que l'exception est générale et
s'étend aux engagements commerciaux. On a répondu en
disant : Ce n'est pas un grand défaut d'être inutile, surtout quand on prévient des nullités; souvent les Caisses
ne se bornent pas à faire des avances aux agriculteurs, elles
prêtent également aux ouvriers agricoles, charrons, etc...

(1) Aubry et Rau, VIII, p. 241; note 74.
(2) Civ. Cass., 31 août 1859, Sir., 60, 1, 47.

il fallait une formule générale s'adaptant à tous ces cas, on a choisi, et avec raison, celle qui dans toutes les hypothèses était favorable à la loi.

220. L'omission des termes *bon pour* ou *approuvé*, dans un billet, n'infirme en rien la validité de l'engagement qu'il constate. Une seule conséquence en résulte, l'acte ne fait pas par lui-même preuve complète de l'obligation, mais il pourra servir de commencement de preuve par écrit, et, avec l'autorisation des juges, provoquer l'admission de la preuve testimoniale. Ce n'est pas, comme on l'a prétendu, enlever toute sanction à l'article 1326, puisqu'on dénie au billet une grande partie de sa force probante, c'est, au contraire, respecter scrupuleusement son but de déjouer les fraudes et surprises de la part du créancier. On dépasse ce but, en proclamant la nullité du billet, à cause de l'omission d'une formalité, qui peut être intentionnelle. Les juges trouveront dans leur pouvoir discrétionnaire le moyen de faire respecter la bonne foi des parties.

221. La prescription n'effacerait pas, à notre avis, ce vice originel. Si elle produit des effets en matière de possession, ou pour l'extinction des obligations, elle ne remplace pas une condition essentielle d'un acte, car dix ans ne peuvent rendre valable une preuve, qui, au moment où elle fut donnée, manquait aux yeux de la loi d'un caractère absolu de sincérité. Quant à l'exécution partielle, nous ne lui reconnaissons le pouvoir de faire disparaître la nullité qu'au cas où elle indique le montant intégral de la promesse, par exemple, un paiement d'intérêt représentant toute la somme. Comme l'article 1326 a pour but de s'assurer que le débiteur a connu l'étendue complète de son engagement, elle n'apporte aucune preuve nouvelle, si elle ne réalise pas cette condition (1).

(1) En ce sens. Orléans. 24 décembre 1864 ; Sir. 1865, 2, 213.

222. Les Caisses Raiffeisen peuvent se trouver créancières, sous une autre forme. Lorsque l'emprunteur possède une créance dont l'échéance n'est pas encore arrivée, il est tout naturel pour lui de demander à son débiteur de vouloir bien lui servir de caution. Ce dernier court cependant le risque de se voir contraint à payer deux fois, en premier lieu, à la Caisse, puis à un second créancier qui aurait pratiqué une saisie-arrêt, car l'acte où le débiteur s'est porté caution, n'équivaut pas à une cession de créance et n'est pas opposable aux tiers. Pour écarter cette éventualité, il faudrait recourir à une cession de créance régulière, avec signification au débiteur, aussi, a-t-on imaginé, dans le but d'éviter ces frais, un procédé beaucoup plus pratique, celui de la lettre de change acceptée. L'acceptation est un contrat unilatéral, qui se forme entre le tiré et le porteur ; par elle, le tiré reçoit le mandat du tireur, il devient débiteur et même débiteur principal de la lettre de change. L'emprunteur tire donc, au profit de la Caisse, une lettre de change sur son débiteur, qui accepte. De cette manière, la cession est parfaite vis-à-vis de tous sans aucun frais, et l'emprunteur n'a pas l'embarras de chercher une caution.

§ 3. — *Les Garanties.*

223. Comme les garanties jouent un rôle énorme dans le fonctionnement des Caisses Raiffeisen, étant le complément obligatoire de chacun des prêts, nous étudierons successivement la caution, le gage, l'hypothèque, le privilège du vendeur, exclusivement au point de vue pratique des conditions de leur validité et de leurs conséquences.

A. — LE CAUTIONNEMENT

224. « Le cautionnement est un contrat par lequel l'une
« des parties prend l'engagement personnel d'accomplir,
« au profit de l'autre, une prestation qu'un tiers doit à
« celle-ci, comme débiteur principal ou comme caution,
« dans le cas où ce tiers n'acquitterait pas lui-même sa
« dette (1) ». C'est un contrat accessoire, subordonné par
conséquent à la validité de l'obligation principale, dont il
ne peut en aucune manière excéder l'étendue. Il présente
tous les caractères des contrats à titre gratuit, et de ce fait,
ne rentre jamais dans les prévisions du Code de commerce,
sous la réserve que la stipulation d'un salaire est parfaitement licite, et ne change en rien sa nature, alors même
qu'il serait supérieur au taux d'intérêt de la loi de 1807, la
situation du prêteur et celle de la caution n'offrant pas
d'analogies sérieuses.

Contrairement aux dispositions d'un certain nombre de
lois étrangères (2), le cautionnement n'est soumis à aucune
condition de forme, l'article 2015 se borne à dire qu'il
doit être exprès. La formalité des doubles prescrite par
l'article 1325 ne le régit pas non plus, à cause de son
caractère unilatéral. Sans doute, les obligations naissent à
la charge du débiteur, mais ce n'est pas le contrat qui les
produit, c'est le paiement fait par la caution, et d'autre part,
l'article 1325 s'applique aux seuls contrats synallagmatiques
parfaits, c'est-à-dire produisant dès l'origine des obligations
des deux côtés.

(1) Aubry et Rau, IV, p. 672.
(2) Le Code fédéral des obligations suisse, dans son art. 491, exige
qu'il soit écrit : « Le contrat de cautionnement, pour être valable,
« doit être fait en la forme écrite ». *Code fédéral*, édition Soldan,
p. 413.

Nous allons étudier séparément les rapports de la caution vis-à-vis du créancier et à l'égard du débiteur principal.

225. On désigne sous le nom de bénéfice de discussion et de division les principales exceptions qui peuvent être opposées au débiteur principal par la caution. En vertu du premier de ces droits, elle peut, moyennant certaines conditions, exiger que le créancier discute préalablement le débiteur principal, c'est-à-dire procède à la saisie et à la vente de ses biens. L'art. 2023 indique le mode d'exercice du bénéfice de discussion : la caution, qui requiert la discussion, doit indiquer au créancier les biens du débiteur principal, et avancer les deniers suffisants pour faire la discussion. Elle ne doit indiquer ni des biens du débiteur principal situés hors de l'arrondissement de le Cour d'appel du lieu où le paiement doit être fait, ni des biens litigieux, ni ceux hypothéqués à la dette qui ne sont plus en la possession du débiteur. (Art. 2023.)

En somme trois conditions sont de rigueur pour opposer cette exception : il faut, en premier lieu, la demander formellement, dès les premières poursuites, sinon on en présume la renonciation, comme au cas de solidarité entre les cautions. On est tenu, en second lieu, d'indiquer les biens du débiteur, qui doivent présenter certaines garanties dont la loi fait une énumération limitative, *a contrario*. Enfin la caution doit faire l'avance des frais de la discussion.

Peu importe que ces biens ne soient pas suffisants pour désintéresser le créancier, il ne pourra paralyser de ce chef le bénéfice de discussion, quitte à se retourner après contre la caution. D'autre part, du moment où cette exception est opposée, les risques de moins-value et d'insolvabilité du débiteur principal passent à la charge du créancier, qui devra immédiatement poursuivre, afin de ne pas engager sa responsabilité.

Lorsque plusieurs cautions garantissent la même dette elles jouissent d'un second privilège, qui consiste à exiger du créancier, la division de la poursuite entre toutes celles qui présentent à ce moment des garanties de solvabilité. Le bénéfice de division étant une exception péremptoire, on n'a pas besoin de l'excercer dès les premières poursuites sous peine de déchéance.

226. Ce ne sont pas là les seuls moyens de défense de la caution, car elle a le droit, d'une manière générale, d'invoquer à l'encontre du débiteur principal toutes les exceptions, sous la réserve de celles purement personnelles à ce dernier. Tout le monde s'accorde à reconnaître cette qualité à l'exception tirée de l'incapacité du débiteur, mais, celle-ci écartée, les divergences commencent et la controverse porte principalement sur la solution à adopter au sujet des exceptions fondées sur la nullité de l'obligation principale, pour vice du consentement, erreur, dol ou violence. L'art. 1208 C. civ., de l'avis de tous, comprend ces dernières sous la désignation d'exceptions purement personnelles ; on a donc refusé à la caution le droit de les opposer en vertu des termes de la loi. A cette argumentation basée sur une rencontre plus ou moins heureuse d'expression.s MM. Aubry et Rau ont répondu :

« Ces termes n'ont pas une signification invariable ou
« absolue. Il faut, pour déterminer la portée des dispo-
« sitions dans lesquelles le législateur les a employés, se
« guider d'après les principes de la matière à laquelle se
« rapporte chacune de ces dispositions. C'est ainsi que l'on
« doit dire d'après la nature du cautionnement et par
« argument de l'article 2102 alinéa 1 que la caution même
« solidaire est autorisée à opposer au créancier les
« exceptions que le débiteur principal lui=même pourrait
« tirer des vices de son consentement et que l'on doit

« décider, au contraire, d'après la nature des obligations
« solidaires, que les exceptions fondées sur un vice du
« consentement de l'un des débiteurs personnels, sont
« purement personnelles à ce débiteur et ne peuvent être
« opposées par les autres (1). »

Comme la caution n'invoque pas ces moyens de défense
du chef au débiteur principal, mais en son nom, la renonciation de ce dernier n'atteindra pas son droit, dont elle
fera usage, comme si elle n'était pas intervenue.

227. Quelques auteurs ont voulu étendre la liste des
prérogatives de la caution et ont soutenu qu'elle ne peut
être poursuivie qu'après une mise en demeure du débiteur
principal. « Il est nécessaire, dit Duranton, que le défaut
« de paiement par le débiteur soit justifié à la caution,
« puisque celle-ci n'est obligée qu'à défaut par le premier
« de remplir son engagement... Or, on ne le justifie pas
« par la simple production du titre... Il faut démontrer
« que le débiteur est en demeure (2). » La majorité des
auteurs s'est prononcée en sens contraire. Rien dans la loi
ne peut justifier une théorie semblable; le bénéfice de
discussion est le moyen unique de parer l'attaque du
créancier. C'est, du reste, la signification exacte de
l'article 2021 très formel à cet égard. La caution n'est
obligée qu'à défaut du débiteur, qui doit être préalablement
discuté dans ses biens.

228. Dans le même ordre d'idée, M. Guillouard (3), au
cours de son remarquable traité du cautionnement, refuse
d'étendre à la caution les conséquences de la déchéance du
terme à l'égard du débiteur principal. Cette manière de voir

(1) Aubry et Rau. IV, p. 684, note 15.
(2) Duranton, XVIII. n° 331. *Cours de droit français*, Paris. 1834.
(3) Guillouard. *Traité du cautionnement*, 2ᵐᵉ édition. Paris. Pédone
1895.

nous paraît en contradiction manifeste avec le caractère accessoire du cautionnement. En raison du lien intime qui unit les deux obligations, la caution s'est obligée virtuellement à suivre complètement la condition du débiteur principal, à être traitée de la même manière; dès lors la déchéance du terme de celui-ci l'atteint indirectement, à cause de l'engagement général par elle contracté, de payer en son lieu et place.

229. Supposons maintenant le créancier désintéressé, le paiement effectué par la caution, celle-ci va se retourner contre le débiteur principal et intenter contre lui l'action de mandat, ou de gestion d'affaires, ou subrogatoire. Le choix de ces actions n'est pas indifférent; il dépend des circonstances. Si un contrat est intervenu, l'action de mandat s'impose; on aura recours à celle de gestion d'affaires si la caution a payé à l'insu du débiteur, distinction absolument théorique, puisque toutes les deux ont la même étendue.

L'action subrogatoire est également l'apanage de la caution, car cette dernière rentre dans les prévisions de l'art. 1251, 3°, qui établit la subrogation de plein droit au profit de celui qui, étant tenu pour d'autres.... avait intérêt de l'acquitter. Nous croyons cependant que, dans le cas présent des Caisses Raiffeisen, les cautions de leurs membres ont tout intérêt à fixer leur choix sur l'action de mandat. Elles n'auront pas à redouter ainsi le concours du créancier en vertu du principe : la subrogation ne doit pas nuire au subrogeant, dont l'article 1252 contient une application; au lieu du montant exact de la dette du créancier, qu'elles peuvent seulement demander avec l'action subrogatoire, elles auront le droit de réclamer des intérêts, même au cas où la dette n'en produisait pas : enfin l'action de mandat ou de gestion d'affaires, qui dure trente ans à partir du paiement fait par la caution, présente encore une grande utilité, dans l'hypothèse où la créance principale étant éteinte par prescription, on ne pourrait se prévaloir de la subrogation. Sans doute, en intentant l'action subrogatoire, on jouit de toutes les garanties fournies au créancier, mais il arrivera très rarement que les Caisses Raiffeisent aient exigé d'un membre une caution et en même temps une autre sûreté. Un prêt consenti dans ces conditions dénoterait de la part de la Caisse une grande méfiance, tout à fait contraire à son esprit, qui est de faire des avances aux seules personnes solvables.

230. En tous les cas, le recours de la caution a lieu, tant pour le principal que pour les intérêts et les frais. (2028, al. 2.) On entend sous le nom de capital le montant intégral de la somme payée par la caution en l'acquit du débiteur, c'est-à-dire indépendamment du capital les intérêts. si ces derniers, étant compris dans le cautionnement, on a été contraint de les payer. L'art. 2028 entend par intérêts, ceux du capital tel qu'il vient d'être défini et les déclare dûs de plein droit, par dérogation à l'art. 1153 al. 3. Quant aux frais, le débiteur devra rembourser non seulement ceux que son défaut de paiement occasionna, mais encore toutes les dépenses entraînées par les poursuites contre la caution, à la condition pour cette dernière de lui avoir dénoncé les poursuites, dans le cas où l'obligé principal eût été en mesure d'acquitter sa dette (1).

231. Au point de vue de son extinction, le cautionnement présente certaines particularités dont nous dirons quelques mots, car, s'il suit en réalité toutes les vicissitudes de l'obligation principale et ne lui survit jamais, la réci-

---

(1) Nous examinerons plus loin n° 275 la situation de la caution dans le cas prévu par l'art. 2032.

proque n'est pas exacte, et il possède des modes d'extinction propres à lui seul qui l'anéantissent sans affecter en rien l'engagement qu'il accompagne.

Le créancier peut devenir l'obligé de la caution, et une compensation interviendra entre eux. Ce n'est pas précisément l'hypothèse de l'art. 1289, où le créancier de l'une des obligations doit être débiteur personnel et principal de l'autre obligation : aussi la compensation ne s'opèrera-t-elle pas de plein droit, il faudra la demander.

La confusion privera les Caisses Raiffeisen d'une sûreté, en réunissant deux êtres juridiques distincts, dont l'un répondait à défaut de l'autre. Certains effets du contrat subsistent, entre autres les hypothèques de la caution, mais l'engagement personnel de celle-ci disparaît d'une manière complète. Grâce à l'examen des garanties auquel procède, tous les trois mois, le conseil de surveillance, les inconvénients, provenant de ce mode d'extinction, pourront être évités en partie.

Il existe enfin une dernière hypothèse, où le cautionnement s'éteint indépendamment de l'obligation principale, c'est celle où le créancier a rendu la subrogation impossible par son fait. Il ne s'agit pas d'une simple abstention de poursuites, même en admettant que l'insolvabilité soit survenue après l'exigibilité, il faut, de la part du créancier, un fait volontaire qui lui enlève une garantie accordée par le débiteur au moment du cautionnement. Cette condition est nécessaire et suffisante ; un défaut de renouvellement d'inscription hypothécaire la remplit.

Nous avons systématiquement laissé de côté la question des cautions solidaires, en présence du peu d'intérêt pratique qu'elle présente dans les Caisses Raiffeisen, où on se contente en général de la garantie d'une seule personne. Elle offre en Allemagne un très haut intérêt, puisque l'ar-

ticle 122 du Code de commerce (1) assimile les membres
des Caisses à des cautions solidaires. Nous donnerons de
cette théorie une idée sommaire en étudiant de quelle
manière ces deux législations ont résolu cette question
juridique (2).

B. — LE GAGE

232. « Le gage est un contrat par lequel le débiteur, ou
« un tiers, remet au créancier un objet mobilier, corporel
« ou incorporel, dans le but de lui conférer le droit de se
« faire payer sur cet objet de préférence à d'autres créan-
« ciers (3). »

D'après l'article 91 du Code de commerce qui détermine le caractère commercial du gage, en s'attachant
uniquement à la nature de la dette garantie, nous verrons dans le gage des Caisses Raiffeisen un contrat civil,
puisqu'il accompagne comme sûreté des avances à l'agriculture. En conséquence, sauf en matière n'atteignant pas le
chiffre de 150 francs (art. 2074 du C. Civ., al. 2), ce contrat
sera rédigé par acte public ou sous seing privé dûment enregistré et devra contenir la déclaration de la somme dûe,
ainsi que de l'espèce et de la nature des choses remises en
gage (art. 2074, al. 1), et la vente en sera ordonnée par
autorité de justice, le tout à peine de nullité. Les administrateurs des Caisses suivront de point en point les dispositions de la loi ; leur attention se portera notamment
sur la possession des objets donnés en gage ; s'il s'agit
d'une créance, sur la signification du débiteur (art. 2075),
enfin sur l'enregistrement de l'acte (art. 2074) qu'ils n'es-

---

(1) *Code de commerce allemand*, p. 122 ; Lyon-Caen Flach. Dietz et
Gide.
(2) Voir *infra*, n° 268 et 271.
(3) Aubry et Rau, IV, p. 699.

sayeront pas de remplacer par un des équivalents dont parle l'article 1328. A l'égard de cette dernière formalité, tel n'est pas cependant l'avis d'un grand nombre de tribunaux, dont un arrêt de la cour de Lyon résumait ainsi la doctrine :

« Attendu qu'aux termes des art. 2074 et 2075 C. C.,
« l'acte sous seing privé contenant le contrat de gage doit
« être enregistré, mais que la formalité de l'enregistre-
« ment n'est prescrite que pour donner au contrat de
« gage une date certaine, qui empêche les fraudes que le
« débiteur, de complicité avec un créancier, voudrait pra-
« tiquer au préjudice d'un tiers ;

« Que les autres modes légaux, qui assurent date cer-
« taine à un acte peuvent donc suppléer à la formalité de
« l'enregistrement ;

« Qu'en effet, ces modes n'ont pas été exclus par l'ar-
« ticle 2074 C. C., qui n'a indiqué la formalité de l'enre-
« gistrement que parce qu'elle est le moyen ordinaire de
« conférer la date certaine exigée par la loi, mais que cet
« article ne peut, ni ne doit être isolé de l'art. 1328.
« C. C. (1). »

Il nous semble bien difficile d'éluder par un raisonnement quelconque la portée si nette de l'art. 2074 et MM. Aubry et Rau disent très bien :

« Si dans la pensée du législateur, la formalité de l'en-
« registrement avait dû pouvoir se remplacer par une des
« circonstances indiquées à l'art. 1328, il n'aurait pas eu
« besoin, en présence de la règle générale posée par cet
« article de s'occuper spécialement de ce point dans
« l'art. 2074, ou tout au moins se serait-il borné, comme
« il l'a fait aux articles 1420, 1558, 1743, 1750 et 2102 n° 1,
« à exiger un acte ayant acquis date certaine (2). »

(1) Lyon, 6 juillet 1887 ; D. 90, II, 113.
(2) Aubry et Rau, IV, p. 701, note *in fine*.

233. Les effets à ordre, les actions ou obligations susceptibles de transfert, jouissent de la faveur exceptionnelle d'être l'objet d'une constitution de gage à l'aide d'un simple endossement ou transfert, en vertu des alinéas 2 et 3 de l'art. 91 du Code de commerce, dont les termes très généraux visent à la fois le gage civil et le gage commercial (1). Pour les rentes sur l'État, la jurisprudence demande une condition de plus, motivée par leur insaisissabilité (2). On exige une renonciation formelle à cette prérogative de la part du propriétaire, et à très juste titre, car il n'est pas du tout démontré, comme des auteurs l'ont soutenu, qu'on ait consenti à la vente par le fait de la constitution du gage: au moins un léger doute subsisterait, et, dans ce cas, la renonciation ne se présume pas. La constitution en gage des rentes sur l'État ne produira d'effets qu'à la condition d'être accompagnée d'un transfert d'ordre, c'est-à-dire d'une clause donnant au dépositaire le droit de vendre le titre, et d'en opérer définitivement le transfert à l'acquéreur éventuel (3).

234 Une controverse très vive a été également soulevée au sujet des titres au porteur. Dans un premier système, peu suivi en général, partant de ce principe que la tradition manuelle en transfère la propriété, on a soutenu qu'elle suffirait pour les mêmes raisons, à l'effet de les constituer en gage. Les partisans d'une seconde opinion ont répondu : Il ne s'agit pas de délimiter le domaine de l'art. 2279, mais celui de l'art. 2074; qu'au point de vue de la propriété, les titres au porteur soient régis par le premier, nous l'admet-

---

(1) En ce sens, Aubry et Rau, IV, p. 109.

(2) Cette insaisissabilité résulte d'un grand nombre de lois, loi du 8 nivôse an VI, art. 4 ; loi du 22 floréal an VII, art. 7: loi du 12 janvier 1878, art. 3, al. 2.

(3) En ce sens: Paris, 4 décembre 1886. S. 1888, 1, 165. Conseil d'État, 1878. S., 1879, 2, 25.

tons parfaitement, mais le second, visant tous les objets mobiliers corporels, les comprend nécessairement dans son champ d'application (1). La Cour de Cassation est allée plus loin. Non contente de leur étendre l'art. 2074, elle a prétendu les soumettre à l'art. 2075, à la signification au débiteur, car, dit-elle, les titres au porteur sont des créances (2). Nous nous expliquons difficilement comment ce système hybride a pu réunir les suffrages de la Cour de Cassation. Ou bien les titres au porteur présentent le caractère d'objets corporels et nous sommes dans le domaine de l'art. 2074, ou bien ils sont des créances et nous voilà dans celui de l'art. 2075. A coup sûr, ils ne peuvent posséder à la fois une similitude parfaite avec les deux, être en même temps corporels et incorporels.

235. Les droits des Caisses Raiffeisen sur les objets donnés en gage se résument dans un droit de vente accompagné d'un privilège sur le prix, et dans un droit de rétention jusqu'au remboursement, non seulement de la dette, mais encore de toutes celles contractées dans la suite par le débiteur vis-à-vis du créancier gagiste, et des dépenses occasionnées par la conservation de la chose. Par contre, les Caisses apporteront à l'entretien du gage les soins d'un bon père de famille, le restitueront dès le paiement de la dette, avec tous les fruits, au cas où cette dernière ne produirait pas d'intérêts.

236. Nous ne nous étendrons pas davantage sur le gage, dont nous avons déjà démontré, dans la partie économique, le peu d'intérêt pratique pour les Caisses Raiffeisen. Les objets que le cultivateur pourrait affecter à ce contrat lui sont trop utiles, présentent des dimensions trop en-

---

(1) Lyon, 6 juillet 1889. Sir., 1892, 2, 37.
(2) Cass., 30 novembre 1864, Sir., 1864, 1, 503.

combrantes ou ne peuvent être reçus par les Caisses, à
cause de la prohibition générale pour elles de faire des
actes de commerce, et par conséquent des avances sur
titres. D'ailleurs, comme la Caisse. en recevant un grand
nombre de dépôts se convertirait en un magasin général,
des dispositions pénales très sévères menaçeraient à chaque instant ses administrateurs. Voici, en effet, le texte de
l'art. 411 du Code pénal.

« Ceux qui auront établi ou tenu des maisons de prêts
« sur gage ou nantissement sans autorisation légale, ou
« qui, ayant une autorisation n'auront pas tenu un registre
« conforme aux règlements, contenant de suite, sans
« aucun blanc ni interligne, les sommes ou les objets prê-
« tés ; les noms, domicile et profession des emprunteurs ;
« la nature, la qualité, la valeur des objets mis en nantis-
« sement, seront punis d'un emprisonnement de quinze
« jours au moins, de trois mois au plus, et d'une amende
« de cent à deux mille francs. »

L'autorisation dont parle l'article consiste en un arrêté
préfectoral, après avis de la Chambre de commerce.
(Art. 1er du décret du 9 juin 1896). Les Caisses Raiffeisen
n'ont pas assez d'argent disponible pour remplir la seconde
condition exigée par le décret, le cautionnement de 3.000
francs à 30.000 francs. En admettant qu'elles arrivent à
réunir une somme pareille, elles ne trouveront jamais
parmi leurs administrateurs, braves paysans qui prêtent
leur concours sans aucune rétribution, par pur dévouement, un comptable connaissant assez la tenue des livres,
pour tenir un registre conforme de tout point aux conditions rigoureuses du décret précité, sans aucun blanc, ni
interligne, etc... Et ce serait une belle récompense pour la
bonne volonté de ces cultivateurs que de les envoyer devant
le tribunal correctionnel, s'entendre condamner à quinze

jours ou trois mois de prison, en raison d'une simple négligence dans les écritures.

237. Au cas où les administrateurs de la Caisse seraient
tentés de vendre les objets mis en gage, nous mettons sous
leurs yeux le texte de l'article 408 :

« Quiconque aura détourné ou dissipé, au préjudice du
« propriétaire, possesseur ou détenteur des effets, deniers,
« marchandises, billets, quittances ou tous autres écrits
« contenant ou opérant obligation ou décharge, qui ne lui
« auraient été remis qu'à titre de louage, de dépôt, de
« mandat, de *nantissement*, de prêt à usage, ou pour un
« travail salarié ou non salarié, à la charge de les rendre
« ou représenter, ou d'en faire un usage ou un emploi
« déterminé, sera puni des peines portées en l'art. 406,
« c'est-à-dire d'un emprisonnement de deux mois au moins
« de deux ans au plus, et d'une amende qui ne pourra
« excéder le quart des restitutions ou dommages et inté-
« rêts qui seront dus aux parties lésées, ni être moindre de
« 25 francs. »

S'il est dans l'esprit des Caisses Raiffeisen, d'agir en
petites caisses de famille, le meilleur conseil à leur donner
est de ne jamais recourir au gage; il leur créerait des
difficultés et pourrait même gravement compromettre
leur avenir, en éloignant d'elles tous les esprits sérieux
qu'effrayeraient justement les perspectives redoutables des
articles 408 et 411.

C. — HYPOTHÈQUE.

238. Les raisons pour lesquelles l'hypothèque, malgré
sa sécurité incontestable, n'est pas la garantie normale
des Caisses Raiffeisen, ont été développées plus haut (1).

(1) Voir *supra*, p. 208.

Nous n'y reviendrons pas, d'autant qu'elle nécessite l'intervention d'un notaire pour la rédaction de l'acte, les administrateurs n'auront donc à s'en préoccuper en aucune manière, si leur choix s'est porté sur un officier ministériel à la hauteur de ses fonctions. Douée de la personnalité morale, la Caisse jouira des droits de tout créancier hypothécaire, longuement traités dans les ouvrages de droit civil.

239. Il est une disposition de la loi du 1ᵉʳ août 1893, dont on est tenté à première vue de faire l'application aux Caisses Raiffeisen. C'est l'article 69 ajouté à la loi de 1867, autorisant à consentir une hypothèque, au nom de toute société, en vertu des pouvoirs résultant de l'acte de fondation, ou d'une délibération, même rédigé par acte sous seing privé. Aucun article des statuts, ni parmi les attributions du Conseil d'administration, ni dans les pouvoirs de l'assemblée générale, ne prévoit cette hypothèse; la meilleure garantie des Caisses consiste dans la solidarité de leurs membres, et leurs prêteurs ont le bon esprit de s'en contenter. Les termes de la loi, nous paraissent d'ailleurs très dubitatifs, car ils s'occupent uniquement des sociétés commerciales.

D. — PRIVILÈGE DU VENDEUR

240. La cession du privilège du vendeur compte parmi les garanties les plus ingénieuses dont les Caisses ont su entourer leurs prêts. Il faut supposer qu'un cultivateur veut faire l'acquisition d'une terre, de plusieurs têtes de bétail, à l'aide d'une somme dont il demandera l'avance à la Caisse, et que celle-ci, trouvant l'emprunt justifié, accorde le prêt et paie immédiatement le vendeur en exigeant d'être subrogée dans son privilège. Nous sommes

absolument dans les termes de l'article 1250, al. 1 : « la
« subrogation est conventionnelle, lorsque le créancier,
« recevant son paiement d'une tierce personne, la subroge
« dans ses droits, actions, privilèges ou hypothèques con-
« tre le débiteur. » Cette subrogation doit être expresse et
faite en même temps que le paiement. Tout le monde y
trouve son compte ; le vendeur touche son prix ; l'emprunteur possède la chose, et la Caisse acquiert une excellente
garantie sans aucun frais, puisque la loi n'exigeant aucune
formalité, on pourra, en effet, rédiger l'acte dans la forme
sous seing privé.

241. Le prêteur serait bien en droit, lui aussi, de consentir une subrogation, mais à la condition que l'acte
d'emprunt et la quittance soient passés par devant notaire,
(art. 1250, C. civ. al. 2), frais trop onéreux pour les membres
des Caisses Raiffeisen. On s'en tiendra donc uniquement à
la cession du privilège du vendeur, qu'il s'agisse de meubles
ou d'immeubles. Le privilège du vendeur d'objets mobiliers n'apportera pas une sécurité complète, car son existence est subordonnée à la possession actuelle de la chose
par l'acheteur, et le droit de revendication dure seulement huit jours à partir de la livraison, (art. 2102, Code
civil, 4°). Comme il s'agit de meubles apparents dont il
est difficile de se dessaisir en cachette, dans un village
où tout le monde se connaît, cet inconvénient sera, dans
la pratique, fort atténué.

242. L'administration de la Caisse devra veiller sérieusement à la conservation de son privilège, et procédera à
la transcription de l'acte de vente qui équivaut à une inscription. S'il s'agit seulement de la conservation du droit
de préférence ; c'est-à-dire, si l'acheteur possède encore
l'immeuble, aucun délai n'est imparti, et la Caisse, en
vertu de la subrogation, pourra opposer victorieusement

son droit aux créanciers hypothécaires, même à ceux dont les inscriptions seraient antérieures à la transcription. Il en sera tout autrement, au point de vue du droit de suite. Ici la transcription opérée par un nouvel acquéreur de l'immeuble empêchera la Caisse d'effectuer utilement la sienne, à moins qu'elle ne trouve dans l'hypothèse très spéciale de la loi de 1855, encore dans les quarante-cinq jours de l'acte de vente initial. Les administrateurs des Caisses couperont court à toute difficulté, en remplissant les formalités pour la conservation des privilèges, quarante-cinq jours après la vente.

Quant au conflit des divers privilèges avec celui du vendeur, la loi ne contenant aucune disposition à cet égard, nous nous bornons à renvoyer aux longs développements des auteurs (1), qui adoptent tous sur la question un système différent.

Après l'étude des opérations des Caisses Raiffeisen, des principes économiques et juridiques qui les régissent, l'idée vient naturellement de chercher leurs conséquences et spécialement de déterminer la condition juridique des associés et du conseil d'administration, à l'égard des tiers....

(1) Aubry et Rau, III, p. 478 et suivantes.

CHAPITRE V

CONDITION JURIDIQUE DES MEMBRES DE LA CAISSE
ET DES ADMINISTRATEURS
DANS LEURS RAPPORTS AVEC LES TIERS.

243. Dans l'étude détaillée des opérations des Caisses Raiffeisen, nous avons déterminé les principes juridiques et économiques dont leur succès dépend, mais les administrateurs seront tentés bien souvent, d'écarter ces règles idéales, pour suivre leurs idées personnelles, aussi avons-nous jugé utile de consacrer un chapitre spécial à la délimitation de la mesure de leur responsabilité, vis-à-vis des associés et à l'égard des tiers. Et comme les résultats de leurs fautes se répercuteront sur les membres de la Caisse, en raison de leur responsabilité solidaire, nous indiquons dès maintenant deux sections, ainsi que le faisait supposer l'utilité du chapitre.

SECTION I. — **Condition juridique des administrateurs à l'égard des associés et à l'égard des tiers.**

244. Avant d'étudier les conséquences des actes du Conseil d'administration, du directeur et du Conseil de surveillance, quelques mots préliminaires sur leurs attributions respectives nous paraissent indispensables, afin de mieux fixer les idées sur la nature de leurs fonctions. L'article 8 des statuts contient, au sujet du premier une énumération complète :

« Le Conseil d'administration a pour mission ;

« 1° De recevoir les demandes d'emprunts et d'accorder
« les prêts selon les règles établies par l'Assemblée géné-
« rale, après examen du but de l'emprunt et fixation des
« termes de remboursement : de donner son avis sur les
« demandes d'emprunt et les délais de remboursement dé-
« passant le maximum fixé par l'assemblée générale ; de fixer
« le taux des prêts et des emprunts ; de rédiger les titres
« de créances et toutes pièces qui se rapportent aux
« affaires de la société ; de surveiller l'emploi que l'em-
« prunteur fait des sommes à lui prêtées ;

« 2° De décider sur l'admission ou l'exclusion des membres ;

« 3° De décider toutes dépenses ou recettes ; de veiller à
« la rentrée des fonds empruntés ;

« 4° De surveiller, de concert avec le directeur, la gestion
« du comptable, de vérifier la Caisse tous les mois, et de
« faire inventaire tous les trois mois ;

« 5° D'établir, chaque année, les comptes et le bilan ;

« 6° D'autoriser le directeur à intenter une action en
« justice ou à y défendre : de l'autoriser à transiger sur tou-
« tes les affaires litigieuses ; mais, dans ce cas, avec l'appro-
« bation du Conseil de surveillance ;

« 7° De nommer dans son sein le directeur et de trouver
« un comptable ».

C'est l'article 9 des statuts qui énonce les attributions du
directeur. Représenter la Caisse à l'égard des tiers en justice et dans tous les actes extra-judiciaires, l'obliger, signer
sa correspondance, exécuter les décisions du Conseil
d'administration, se livrer de concert avec lui à la surveillance ; voilà le court résumé de ses droits et de ses obligations.

Enfin, le Conseil de surveillance remplit les fonctions de
tribunal de dernier ressort à l'égard du Conseil d'adminis-

tration, toutes les fois qu'une transaction est proposée, ou qu'un membre fait la demande d'un prêt au-dessus de la somme, ou pour des échéances supérieures à celle fixée par l'Assemblée générale. C'est également un contrôleur en second degré, chargé de l'examen des fonds de la Caisse, de l'inventaire, de la solvabilité des emprunteurs et de l'emploi des fonds, et dont les travaux se résument dans la préparation et la confection d'un rapport écrit sur ce sujet, à l'Assemblée générale. (Art. 10) (1).

Les devoirs de ces différentes personnes étant parfaitement définis, elles n'auront aucune excuse si elles viennent à y contrevenir ; mais enfin le fait peut se présenter, et dans ce cas, leur appliquerons-nous les règles du mandat ou celles de la loi de 1867 ? C'est la première question qui se pose. Nous examinerons aussi l'étendue de leur responsabilité, le montant de la réparation ; nous verrons s'il y a lieu de les proclamer solidaires, et de les soumettre à la prescription de cinq ans du Code de commerce.

§ 1. — *Mandat du Conseil d'administration, du Conseil de surveillance et du directeur.*

245. De l'avis général, de l'aveu même de la loi de 1867, art. 44, les membres du conseil d'administration et le directeur sont des mandataires. Nous les mettons, au point de vue de la responsabilité, absolument sur la même ligne. Choisis tous deux par l'Assemblée générale, tirant d'elle seule leurs pouvoirs, une délégation conventionnelle ne peut décharger complètement les uns et reporter sur une seule personne tout le fardeau des risques, entraînés par une direction unique, parce que tous s'en

(1) Manuel à l'usage des fondateurs des Caisses Raiffeisen, p. 10, 11, 12.

désintéresseraient. Qu'entend-on par directeur, dit M.
Sourdat ? « Est-ce un administrateur particulièrement
« chargé de s'occuper avec suite des affaires sociales avec
« l'unité de vue, et la connaissance des détails qui appar-
« tient plus à un seul qu'à un conseil composé de plusieurs
« membres ; en un mot, le chef du pouvoir exécutif dans
« l'administration de la Société, représentant ses collè-
« gues dans l'intervalle des réunions, ayant cependant sa
« voix dans le conseil, au même titre que les autres ? Un
« directeur dans de pareilles conditions, n'est en réalité
« qu'un administrateur, agissant de concert avec ses col-
« lègues, n'ayant d'autres pouvoirs que ceux du conseil
« lui-même, dont une portion plus ou moins étendue lui
« est déléguée par une mesure d'ordre intérieur. Ses agis-
« sements sont donc censés ceux du conseil lui-même, et
« la situation des administrateurs reste ce qu'elle était
« après comme avant cette désignation. Il n'y a pas ici de
« responsabilité particulière et distincte de celle que les
« administrateurs encourent personnellement comme
« mandataires de leurs coassociés, aux termes de l'ar-
« ticle 44 (1). »

246. Par contre, un grand nombre d'auteurs refusent
aux membres des Conseils de surveillance des Caisses
Raiffeisen la qualité de mandataires. Le titre 1er de la loi
de 1867 parle dans ces termes très généraux de la responsabilité des Conseils de surveillance ; ses dispositions
paraissent la régir d'une manière complète. Nous n'adoptons pas cependant cette opinion. Les Caisses Raiffeisen,
au point de vue des rapports entre les membres, se résume,
avons-nous dit, dans un mandat collectif donné aux administrateurs d'emprunter ; nous ferons donc appel aux
règles du mandat, pour déterminer la condition juridique

(1) Sourdat. *Traité général de la responsabilité*, II, p. 383. Paris 1896.

du conseil de surveillance, à l'égard des associés et des tiers.

En faveur de notre solution, nous invoquerons en premier lieu le caractère exceptionnel, pénal de la loi de 1867. On ne sort pas de ce dilemme : Ou la loi de 1867 présente des dispositions dont la rigueur l'emporte sur celles du Code, *et Pœnalia non sunt extenda;* ou elle n'en augmente en rien la sévérité, et alors la question n'offre plus d'intérêt. Dans la grande controverse sur l'interprétation des articles 42 et 44, un parti soutenait avec assez de vraisemblance que la loi précitée étendait le champ de la responsabilité, et ne la limitait pas au préjudice causé. Jamais d'ailleurs, comme un arrêt le disait très bien, on n'a eu l'intention de substituer la loi de 1867 au droit commun, et d'en faire une règle générale ;

« Attendu que le droit commun continue d'être la règle « de tous les faits constituant l'incurie, la négligence et « la faute auxquels ne s'applique pas la responsabilité spé-« ciale créée par la loi au 17 juillet 1856;

« Que cette loi n'a pas eu la pensée de se substituer au « droit commun pour effacer ou affaiblir dans les cas aux « quels elle ne pourvoit pas expressément, la responsabilité « imposée antérieurement (1). »

247. D'autre part, lorsqu'on assimile les conseils de surveillance des Caisses Raiffeisen à ceux dont parle la loi de 1867, on commet une confusion d'idées manifeste. Ceux-ci sont des garanties données aux tiers par la loi elle-même, mais ceux-là ne leur ressemblent en rien; ils ont comme origine la libre volonté des parties, comme base juridique le mandat; et aucun lien de droit n'existe entre ce conseil de surveillance et les tiers étrangers, dans l'intérêt desquels aucune sûreté n'a été exigée. La lecture

(1) 12 avril 1864 : D. 1864, 1, 337.

seule de la loi suffit à dissiper cette équivoque. Quelles
obligations impose-t-elle au Conseil de surveillance? Il
doit vérifier l'accomplissement des formalités constitutives,
la division régulière des actions ; constater la souscription
intégrale du capital social et le versement du quart ;
s'assurer si l'approbation des apports a été exécutée conformément au vœu de la loi (art. 6) et en même temps,
vérifier les livres, la caisse, le portefeuille, etc... A part ces
dernières attributions, les deux conseils n'offrent aucun
point de commun — cela ressort de la comparaison de la
loi de 1867 avec l'article 8 des statuts — leurs membres ne
peuvent, pour des faits si dissemblables, encourir la même
responsabilité. Si on s'en tenait plus à la réalité des choses
et moins à la similitude de nom, il est bien certain que le
Conseil de surveillance des Caisses Raiffeisen joue absolument le rôle de ces commissaires, dans les sociétés,
nommés par l'assemblée générale et chargés de rédiger un
rapport (article 32 de la loi de 1867) dont la loi de 1867
elle-même soumet la responsabilité aux règles du mandat(1).

(1) La législation allemande, plus sévère que la législation française ne soumet pas la responsabilité du conseil de surveillance, du
directeur, des administrateurs aux règles du mandat. L'art. 225 B
du Code de commerce les soumet à une responsabilité spéciale :
« Les membres du conseil de surveillance sont personnellement
« et solidairement tenus de dommages et intérêts lorsqu'à leur
« connaissance et sans opposition de leur part :
« 1° Des apports ont été remboursés aux actionnaires, ou que des
« actions de la société ont été acquises ou amorties contrairement
« aux dispositions de l'art. 215 ;
« 2° On a payé des intérêts ou dividendes qui, d'après les dispo-
« sitions de l'art. 217, ne devaient point être payés :
« 3° La répartition de l'actif social, un remboursement partiel ou
« une réduction du capital social, a eu lieu sans l'observation des
« prescriptions légales. »
Code de commerce allemand, annoté par MM. Gide, Flach, Dietz.
Lyon Caen, p. 88.
D'autre part, la loi du 28 juin 1884, art. 249, se montre beaucoup

(article 43.) La jurisprudence est en ce sens : Angoulème, 30 juillet 1891. Loi du 18 septembre 1891. Cassation 27 janvier 1880. Voici le texte de ce dernier arrêt :

« Attendu que les articles du titre 1er de la loi de 1867
« ne s'appliquent qu'aux sociétés en commandite par
« actions ; que la constitution par les statuts des sociétés

plus sévère que l'art. 266 du Code pénal allemand qui punit la violation du mandat :

« Art. 249. — Les associés engagés personnellement, les membres
« de la direction ou du conseil de surveillance, ou le liquidateur,
« qui agissent avec intention au détriment de la société, sont pas-
« sibles de l'emprisonnement et d'une amende de 20.000 marks au
« maximum. Ils peuvent être en outre privés de leurs droits civiques.

« Cette disposition très rigoureuse, dit M. Lyon-Caen, dans une
« note sous l'article, se rattache à l'art. 266 du Code pénal allemand
« qui punit d'une manière générale l'abus du mandat et qui était déjà
« considéré par la jurisprudence comme applicable aux adminis-
« trateurs des sociétés par actions. Mais l'amende très considérable
« est une innovation de la loi de 1884. »
Annuaire de législation étrangère, 1885. p. 119.

Nous examinerons plus loin l'étendue de cette responsabilité.

La loi belge de 1873 était ainsi conçu :

« Art. 52. — Les administrateurs sont responsables, conformément
« au droit commun, de l'exécution du mandat qu'ils ont reçu et des
« fautes commises dans leur gestion.

« Art. 53. — La responsabilité des agents (conseil de surveillance)
« en raison de leur gestion se détermine conformément aux règles
« du mandat.
Annuaire, 1874, p. 348.

« Ainsi les administrateurs encouraient une double responsabilité,
« d'abord, celle du droit commun inhérente au mandat qui leur
« était confié, puis une spéciale quant aux actes qu'ils faisaient en
« contravention à la loi ou aux statuts de la société. L'art. 55 de la
« loi de 1873 soumettait simplement aux règles du mandat la res-
« ponsabilité du conseil de surveillance.

La loi de 1886 est venue modifier cet état de choses :

« Leur responsabilité (il s'agit du conseil de surveillance), en tant
« qu'elle dérive de leurs devoirs de surveillance et de contrôle est
« déterminée par les mêmes règles que la responsabilité des admi-
« nistrateurs.

« Le but de la modification a été de rendre les commissaires res-
« ponsables au même degré que les administrateurs. » On n'applique
donc plus les règles du mandat.
Annuaire, 1887, p. 478.

« en commandite simple de conseils de surveillance, dans
« le seul intérêt des commanditaires, n'a pas pour effet
« de soumettre les membres de ces conseils aux obligations
« que les articles précités édictent...

« L'arrêt attaqué a pu à bon droit, décider que le comité
« de surveillance dont il s'agit a été exclusivement créé
« au profit de la commandite contre la gérance...

« Qu'il n'a établi aucun lien de droit entre les com-
« missaires qui ont accepté le mandat de surveillance et
« les tiers étrangers dans l'intérêt desquels rien n'a été
« stipulé, et que, par suite, les syndics de la faillite de la
« société... ne sont (1) nullement fondés à exercer, au nom
« des créanciers de cette société, une action en respon-
« sabilité contre les membres du comité pour prétendue
« négligence, imprévoyance ou incurie dans l'exercice de
« leur contrôle, sans alléguer aucun acte de dol ou de
« mauvaise foi, ni aucun fait constitutif d'un quasi-délit. »

248. Forts de ces autorités, nous assimilerons complètement les membres du Conseil de surveillance, les administrateurs, le directeur, à des mandataires, dans leurs
rapports avec les associés et les tiers. Leur devoir consiste
à remplir, chacun dans leur sphère respective, les obligations imposées par les statuts, à s'y conformer scrupuleusement, car le moindre écart entraîne leur responsabilité,

(1) La note de Dalloz sous l'arrêt est également très nette :
« Quand l'acte constitutif de la société en commandite simple a
« établi un conseil ou un comité de surveillance, il faut, pour déter-
« miner la responsabilité des membres de ce conseil, écarter l'appli-
« cation de la loi de 1867 et se référer au droit commun. Les membres
« d'un conseil de surveillance sont les mandataires des associés-
« gérants et des commanditaires : ils ne peuvent donc pas encourir
« de responsabilité vis-à-vis des tiers, à moins qu'une clause for-
« melle des statuts portée à la connaissance du public ne stipule
« expressément que le conseil de surveillance a été établi, non seu-
« lement dans l'intérêt des associés, mais encore dans l'intérêt de
« tous ceux qui peuvent contracter avec la société. »

à s'acquitter avec zèle et bonne foi de leurs fonctions. C'est l'esprit du mandat, des art. 1991 et 1992, bien que nous n'en ayons pas reproduit les termes. Sans doute, les administrateurs, le directeur, le Conseil de surveillance étant recrutés parmi les adhérents des Raiffeisen, répondent solidairement des conséquences de leur gestion, et il n'est pas exact de dire ici, que les mandataires engagent les autres, sans s'obliger personnellement.

Cela tient uniquement à leur qualité de membre de la Caisse, condition *sine qua non*, de leur éligibilité (art. 8). Là réside la cause de leur obligation , le motif pour lequel ils subissent les conséquences d'un mandat qui ne les engage pas à l'égard des tiers.

§ 2. — *Étendue de la responsabilité du Conseil d'administration, du Directeur et du Conseil de surveillance.*

249. Ce serait s'exposer à des répétitions que de traiter séparément la responsabilité de ces différentes personnes, d'autant qu'elles se trouvent dans une situation juridique identique et offrent le trait commun de ne recevoir aucune rémunération. A l'égard de toutes, la question se dédouble, et nous aurons à préciser leur situation, d'abord à l'égard des associés, puis, vis-à-vis des tiers.

A. — A L'ÉGARD DES ASSOCIÉS

Dans l'assemblée générale originaire où les pouvoirs ont été déférés, les membres de la Caisse ont investi le Conseil d'administration, le Directeur, le Conseil de surveillance, d'un mandat très défini dont ils doivent rendre compte. « Le mandataire est responsable, disent MM. Aubry et « Rau, du dommage qu'il peut avoir causé, soit par l'inexé-

« cution totale ou partielle du mandat, soit par les fautes
« qu'il aurait commises dans sa gestion (1) ».

Les statuts étant la loi des parties, c'est du chef de leur
violation que naîtra en premier lieu la responsabilité des
administrateurs. Ici les intéressés, sans tolérer, ni excuser
de pareils agissements qu'une négligence coupable explique
à peine, feront bien de se montrer impitoyables et de
poursuivre rigoureusement les moindres infractions au
règlement, en raison de leurs conséquences. Supposons
que le Conseil d'administration accorde des prêts sans
examen, ne surveille pas les livres, ne procède pas à l'inventaire trimestriel, que, se désintéressant également de
ses fonctions, le Conseil de surveillance ne rédige pas son
rapport ; dans ces conditions, la Caisse marche à une ruine
fatale. Il importe de prévenir un pareil état de choses en
actionnant les administrateurs dès qu'ils s'écartent des
statuts.

Il ne faudrait pas cependant tomber dans l'excès
contraire ; la direction a besoin d'une certaine liberté qu'on
ne peut impunément paralyser, sous prétexte de la régler.
Nous citerons en ce sens une décision de Douai du 7 août
1889, d'où il résulte :

« Que dans une société en commandite, les gérants ont,
« d'après la loi, toute liberté pour administrer, sauf aux
« actionnaires à les poursuivre pour mauvaise gestion ou
« malversation ;

« Que le Conseil de surveillance ne peut, pas plus que
« l'assemblée des actionnaires, imposer au gérant une
« direction pour l'avenir, et par voie de conséquence ne
« peut être responsable des actes du gérant contraires à
« ses avis ;

« Que les gérants sont en droit de tenir compte des

(1) Aubry et Rau, IV, p. 643.

« prescriptions qu'on voudrait leur imposer, uniquement
« dans la mesure qui leur paraît d'une bonne administra-
« tion (1). »

En définitive, si les administrateurs doivent se conformer
de tout point aux statuts, la même obligation pèse sur
chacun des membres ; ils ne s'immisceront donc pas dans la
gestion, et tout ira pour le mieux, si chacun remplit consciencieusement son devoir. Ajoutons, quoique cela semble
superflu, que l'abstention de la part de membres de la
direction, dans une réunion ou pour l'exercice de leurs
fonctions, « loin d'être une excuse et une cause d'immu-
« nité n'est qu'une faute et des plus caractérisées (2) ».

250. Il est pour les administrateurs des Caisses une
seconde source certaine de responsabilité, ce sont les fautes
par eux commises dans la gestion : toute la difficulté consiste à déterminer les faits qu'on peut comprendre sous ce
nom. « Aucun texte, dit M. Poidebard, ne déroge au prin-
« cipe quant à l'obligation de l'associé de veiller aux
« affaires sociales. L'article 1850 n'est qu'une application
« de l'article 1137. L'associé est responsable, si l'on constate
« qu'il a commis, dans la gestion des affaires sociales, une
« faute que n'aurait pas commise un homme soigneux, et
« cela quelle que soit la négligence qu'il a l'habitude d'ap-
« porter à ses propres affaires (3). A cette manière de voir
nous opposerons les termes formels de l'article 1992, al. 2.
De ce que la loi autorise les juges à admettre des tempéraments dans l'application du droit commun, au cas où le
mandat est gratuit, il résulte bien qu'elle atténue la responsabilité et déroge d'une manière certaine à l'art. 1137.
En tous cas, le pouvoir des tribunaux est souverain en

---

(1) *Revue des Sociétés*, 1890, p. 26.
(2) Sourdat, II, n° 364.
(2) Poidebard, *Traité des sociétés civiles et commerciales*, n° 204.

cette matière, et c'est à leurs décisions que nous allons
nous référer pour en déterminer les principes certains.
Nous allons reproduire le texte de plusieurs arrêts de la
Cour de cassation, d'où il ressort, suivant les expressions
de l'annotateur de Dalloz : « Que la gratuité des fonctions
« des membres du Conseil de surveillance doit faire
« reconnaître qu'ils ne sont responsables que de leur faute
« lourde (3) ».

(3) Arrêt du 5 août 1862, D. 1862, I, 525 :
« Lorque les membres du conseil ont exercé la surveillance dont
« ils étaient chargés autant que paraissait la leur commander la
« nature restreinte de leur mission, le mécanisme des opérations de
« la société, la grande confiance inspirée à tous par un gérant dont
« l'habileté n'était pas à la hauteur de la réputation :
« Lorsqu'ils ont donné à la chose commune, en qualité de simples
« surveillants, les soins d'un bon père de famille :
« En l'absence de faute lourde, la négligence dans la manière de
« faire la vérification des livres est excusable, alors surtout que l'appa-
« rente régularité et la concordance des écritures ne permettait
« guère de découvrir les erreurs artificiellement commises par le
« gérant. »
Deux arrêts de la même époque proclament aussi la non responsabilité du conseil de surveillance pour les motifs suivants :
« Lorque les membres du conseil ont été trompés par des falsifi-
« cations d'écriture commises par les agents de la compagnie, de tels
« faits constituent des crimes et des délits qui surprennent la bonne
« foi des gens honnêtes, et la mission d'un conseil de surveillance
« devenant inacceptable s'il avait à répondre de méfaits commis
« précisément pour le tromper. (Cass. 23 août 1864. D. 1864, I, 367) ;
« S'il y a eu une faute commise par les membres du conseil de
« surveillance, il y a aussi un malheur commun qui doit peser sur
« tous ;
« Il ne serait ni juste, ni conforme à l'esprit de la loi que le man-
« dataire gratuit, auquel on ne peut reprocher que de l'incurie et
« de la négligence, fût traité aussi sévèrement que le mandataire
« salarié ou le mandataire coupable d'intention mauvaise. Caen,
16 août 1864. D. 1865, II. 192.
Enfin, nous tirons un argument a contrario d'un arrêt d'Orléans
du 9 août 1883, D. 84, II, 137 .
« Attendu qu'il est constaté par l'arrêt attaqué notamment que
« Lemonnier, ancien directeur du Comptoir du Finistère, a grave-
« ment méconnu les devoirs qui lui étaient imposés et qu'il a témé-

251. Est-à dire que la doctrine de ces arrêts soit à l'abri de toute critique ? Nous n'osérions l'affirmer. Les mots « faute lourde », « faute grave » sont synonymes, et cependant on ne trouve pas beaucoup d'analogie entre la situation de l'héritier bénéficiaire réglée par l'article 804 du Code civil, et celle des administrateurs dont la responsabilité atténuée ressort toujours du domaine de l'article 1137. Mais, en présence de l'autorité incontestable de la jurisprudence en cette matière, nous devons la suivre pas à pas et conclure avec M. Sourdat (1) : « Quand les membres du « Conseil ont satisfait consciencieusement à leurs obliga- « tions et que, par des manœuvres habilement calculées, « par de fausses mentions portées sur les livres, et dont « ils n'ont pu, malgré un examen attentif, découvrir le « caractère mensonger, ils ont été eux-mêmes induits « en erreur, la responsabilité doit s'effacer (2) ».

252. Bien que les administrateurs et la direction jouissent en la qualité de mandataires, du droit de donner leur

« rairement engagé la société dans des opérations aventureuses qui « ont amené sa chute ;

« Attendu que ces faits, constatés souverainement par les juges du « fonds, constitueraient des fautes lourdes, et qu'en condamnant le « demandeur à la réparation du préjudice, l'arrêt attaqué, loin de « violer aucun des articles visés au pourvoi, a fait une juste appli- « cation des principes de la matière, etc., etc. »

(1) Sourdat, II, p. 366.

(2) L'art. 204 de la loi allemande du 28 juin 1884 détermine ainsi la responsabilité de la direction :

« Les membres du conseil de surveillance doivent apporter à « l'accomplissement des attributions déterminées par l'art. 193. la « diligence d'hommes d'affaires soigneux. »

« D'après le projet prussien admis par le Code fédéral, on obligeait « les membres du conseil de surveillance de la direction, lorsque leur « responsabilité était mise en jeu, à établir qu'ils avaient fait preuve « de la diligence d'hommes d'affaires soigneux. La commission du « Reichstag a jugé qu'il serait peu équitable de mettre ainsi à leur « charge le fardeau de la preuve et d'établir contre eux, en quelque « sorte, une présomption de négligence. Elle a mieux aimé s'en rap-

démission à la seule condition de la notifier, art. 2007,
leur responsabilité peut se trouver engagée, s'ils occasion-
nent un préjudice à la Caisse, à moins « qu'ils ne se trouvent
« dans l'impossibilité de continuer la gestion sans s'exposer
« à des pertes considérables (1) ». Ils doivent observer les
précautions et les tempéraments exigés par les circonstances, ne pas se retirer à contre-temps, en un mot apporter le moins de trouble possible dans le fonctionnement.
La démission ne les empêchera pas de supporter les conséquences de leur gestion antérieure dont ils porteront
encore la responsabilité. Il appartient, du reste, à l'administrateur qui se retire, de supporter tous les frais de
publicité occasionnés par sa démission, à moins qu'il ne se
trouve à la fin de son mandat et n'en accepte pas le renouvellement.

253. Un arrêt de Cassation du 22 janvier 1872 (2) détermine les responsabilités au cas, où par suite de démissions
successives, le Conseil d'administration se trouverait réduit
à néant :

« Le Conseil étant un des éléments essentiels de la société,
« qui n'a plus d'existence légale lorsqu'elle en est dépourvue,
« les membres du Conseil ne peuvent cesser leurs fonctions
« qu'après qu'il a été pourvu à leur remplacement, soit
« sur la demande des gérants, soit sur leur provocation

« porter à l'appréciation du juge. » *Annuaire de législation étrangère*, 1885, p. 111.
Voici également l'art. 32 et 39 de la loi allemande du 1er mai 1889.
« Art. 32. — Les membres de la direction doivent apporter à leur
« gestion la diligence d'un bon homme d'affaires.
« Art. 39. — Les membres du conseil de surveillance doivent
« apporter à l'exercice de leurs fonctions la diligence d'un bon homme
« d'affaires. »
Traduction de M. Diemer-Heilmann, p. 25.
(1) Aubry et Rau, IV, p. 653.
(2) Dalloz, 1872, p. 117.

« personnelle ; en conséquence, ils demeurent jusque là
« responsables dans les termes de la loi ».

Bien entendu ces dispositions ne s'étendront pas au
conseil de surveillance, au moins dans les Caisses Raiffeisen, puisque la loi ne leur a pas imposé ce rouage sous
peine de nullité.

254. Sans préjuger en rien la question de savoir si les
membres de la direction sont solidaires entre eux, nous
pouvons dès maintenant nous demander, si chacun d'eux
possède le moyen d'échapper aux conséquences de la responsabilité commune, en faisant constater son avis, séparément. Ce droit ne saurait leur être dénié. Un administrateur, un membre du conseil de surveillance, a le droit de
refuser d'apposer sa signature au bas d'un rapport, mais
à la condition d'avoir pris part à sa confection, car ses
omissions l'engagent autant que ses actes. Mais comment
manifester utilement son opinion personnelle ?

« S'il s'agit d'inexactitudes dans les inventaires ou de
« faits analogues à signaler dans le rapport annuel qu'ils
« présentent à l'Assemblée générale, ils ont le droit de
« faire consigner leur opinion et pourraient même présenter
« à l'assemblée un contre-rapport où seraient exposés les
« motifs qui les ont empêchés d'adopter l'avis de la majo-
« rité.

« S'il s'agit de faits découverts au cours des opérations
« et qui autoriseraient le conseil à convoquer une assem-
« blée générale extraordinaire, les membres de la mino-
« rité devraient se pourvoir devant les tribunaux. C'est la
« seule voie qu'ils aient à prendre pour faire ordonner des
« mesures qui ne seraient prévues ni par la loi, ni par les
« statuts sociaux (1). »

---

(1) Sourdat, II, n° 365.

B. — A L'ÉGARD DES TIERS

255. Les tiers ne sauraient, comme les associés, invoquer un mandat pour intenter contre la direction une action en responsabilité. L'existence d'un mandat suppose entre les parties l'intervention d'un contrat. Si la direction, en acceptant la délégation des pouvoirs des membres de la Caisse, s'est engagée envers eux, elle n'a pu contracter aucune obligation à l'égard des tiers dont elle ignorait l'existence. Les principes généraux sur la réparation des dommages, les art. 1382 et 1383 régissent seuls ses rapports avec le public.

La responsabilité des administrateurs dérivant d'un quasi-contrat, il en résulte d'abord une grande atténuation pour eux : En effet, la partie lésée n'a pas à s'imputer d'avoir donné lieu « par sa volonté à des relations con-« tractuelles. La justice exige donc que la responsabilité « de l'auteur d'une faute, dans l'exécution du quasi contrat, « soit atténuée, bien loin d'être rendue plus rigoureuse. « Ce n'est plus comme dans les contrats, à cause du choix « volontaire que la partie lésée a fait de l'agent qui s'est « rendu coupable de la faute, mais c'est par suite de con-« sidérations tirées de la position faite à cet agent par les « circonstances ou par la loi. (2) ».

256. Le public peut-il s'ériger en juge de la conduite des administrateurs de la Caisse et leur reprocher d'avoir mal géré les fonds de la réserve; de n'avoir pas contracté des emprunts dans de bonnes conditions, d'avoir choisi des échéances incommodes? Assurément non. Aucun lien de droit n'existe entre les administrateurs et les tiers; n'ayant contracté d'obligations qu'à l'égard des membres

(2) Sourdat, I, nº 648.

de la Caisse, ces derniers exclusivement ont le droit de les
actionner. Seule la violation des statuts engagera la
direction vis-à-vis des tiers. C'est en ce sens, que nous
proclamions plus haut (1) une atténuation dans la responsabilité, dans ce cas spécial. On a publié les statuts ; les
tiers se trouvaient en mesure de croire à leur parfaite
observation ; ils ont contracté avec la Caisse, apportant
leur acceptation à la promesse des garanties que la direction avait annoncées au public, et une convention tacite
est née, dont la violation constitue un dommage et exige
une réparation.

« Ainsi, quand même les actes d'administrateurs
« inhabiles auraient porté un préjudice direct aux tiers,
« s'ils ne constituent pas un délit proprement dit, s'ils ne
« sont pas entachés d'un dol ou d'une faute personnels à
« l'administrateur, et s'ils sont accomplis, d'ailleurs, dans
« la limite des pouvoirs conférés par les statuts, celui-ci
« n'en est pas responsable sur ses propres biens (2).

« Nous ne voyons rien, dans les articles du Code de
« commerce, ni du Code civil, applicable aux sociétés
« anonymes, qui autorise l'action directe des tiers contre
« les administrateurs dans le cas de simple faute, ayant
« diminué l'actif social au préjudice de tous (3).

« Dans ces limites, la responsabilité directe vis-à-vis des
« tiers se comprend parfaitement ; elle est conforme au
« droit et à l'équité. On ne demande aux administrateurs
« que de la bonne foi et de la régularité pour eux-mêmes,
« qu'une surveillance exacte à l'égard de leurs agents.
« Cette tâche n'a rien qui dépasse les forces et la capacité
« ordinaire d'un bon père de famille.

(1) Voir *supra*, n° 255.
(2) Sourdat, II, 361, 362.
(3) Sourdat, II, 394.

« Aller au-delà, autoriser les tiers à se plaindre de ce
« qu'ils n'auraient pas fait prospérer la société, de ce qu'ils
« auraient passé tel marché à de mauvaises conditions,
« accepté telle signature douteuse, vendu ou acheté mal
« à propos, c'eût été rendre intolérables et impossibles les
« fonctions d'administrateur (1). »

§ 3. — *Solidarité entre les membres du Conseil de surveillance
et ceux du Conseil d'administration.*

257. La question de la solidarité dans la responsabilité
des membres de la direction rentrerait naturellement dans
le paragraphe précédent, mais elle mérite une mention
spéciale à cause des controverses nombreuses qu'elle a
soulevées. Un premier point certain, c'est que le cas des
membres du Conseil de surveillance n'offre pas de difficultés.
L'article 9 de la loi de 1867 ainsi conçu : Chaque membre
du Conseil de surveillance est responsable de ses fautes
personnelles, dans l'exécution de son mandat, conformément au droit commun », se réfère à l'article 1995 du
Code civil, qui écarte d'une manière générale toute présomption de solidarité entre comandataires. De nombreux
arrêts ont sanctionné cette manière de voir (2).

258. Pour les administrateurs, un parti nombreux leur
fait l'application de l'article 44 de la loi de 1867, qui laisse
aux tribunaux le soin de prononcer contre eux, conformément au droit commun, une condamnation solidaire
ou individuelle selon le cas. « En premier lieu, la solidarité
« ne se présume pas : il faut qu'elle soit expressément

---

(1) Sourdat, II, p. 400 et 401.
(2) Tribunal de commerce de la Seine, 21 janvier 1889. *Gazette des
Tribunaux*, 6 février 1889. Tribunal de commerce de Lyon, 31 janvier 1888. *Moniteur de Lyon*, 6 mars 1888... etc...

« stipulée. Cette règle ne cesse que dans le cas où la
« solidarité a lieu de plein droit, en vertu d'une disposition
« de la loi. » (Art 1202.) C. civ. Alors même que l'article 44
dérogerait au droit commun, il n'atteindrait les sociétés
en nom collectif qu'en vertu d'une disposition spéciale;
comme il vise seulement les anonymes à cause du caractère
étroit de la solidarité, les administrateurs des Caisses
Raiffeisen ne rentrent pas dans sa sphère d'application.
Mais il y a plus, l'article 44, loin de s'écarter du Code,
prétend s'y référer. Il ne frappera donc les administrateurs
des sociétés anonymes, que s'ils se sont collectivement
rendus coupables d'un crime ou délit prévu par le Code
pénal (article 55). La jurisprudence reconnaît bien, il est
vrai, la solidarité entre plusieurs personnes coupables d'un
même délit ou quasi-délit-civil, mais jamais extension ne
fut moins justifiée. Sans parler des différences nombreuses
qui séparent le délit-civil du délit pénal, le principe
pœnalia non sunt extenda ne s'oppose-t-il pas au transport
dans le domaine du droit civil, surtout en matière de
solidarité, d'une disposition pénale? Les articles 1995 et
1202 condamnent formellement cette théorie, le premier,
en écartant entre comandataires la présomption de
solidarité, le second, en exigeant pour la solidarité légale
une disposition formelle de la loi.

   Si on veut pousser à bout les arguments de la jurisprudence, on en arrive à proclamer la solidarité, non seulement au cas de délit, mais de quasi-délit, même si « aucune
« communauté d'intérêt, ni concert (1) n'existe entre les ad-
« ministrateurs ». MM. Aubry et Rau s'arrêtent devant cette
dernière solution et la mentionnent sans l'adopter. Ce ne
sera pas la dernière évolution de la jurisprudence; elle est

_____

(1) Aubry et Rau, IV, p. 23.

amenée fatalement à proclamer solidaires les parties ayant figuré à un contrat ou à un quasi-contrat, au nom de la logique, car l'argument d'analogie tiré de l'article 55 du Code pénal s'applique également à cette hypothèse. Ces conséquences absurdes aboutissent à la ruine du système. Tout au plus, pourrait-on concevoir dans les cas visés plus haut, l'existence d'une obligation *in solidum* autorisant le créancier à demander le tout à chaque débiteur, sans qu'il y ait lieu d'appliquer les autres effets de la solidarité indiqués par les articles 1205, 1206, 1207 (1).

Les fonctions des administrateurs des Caisses Raiffeisen ne donnent pas lieu aux délits qu'entraîne ordinairement la direction d'une société : la distribution de dividendes fictifs, l'entrée en fonctions sans que le quart du capital soit souscrit... Au cas de violation des statuts, de défaut de publicité, on trouverait le germe d'un quasi-délit ; mais encore une fois, l'article 44 de la loi de 1867 déclare solidaires les administrateurs des sociétés anonymes ; ceux des sociétés en nom collectif sont régis par l'art. 1995 du Code civil, qui les décharge de la solidarité (2).

---

(1) Duranton XI, 194 ; § 298 ; Baudry Lacantinerie, II, n° 989,
(2) BELGIQUE.
La loi de 1873 proclame la solidarité des administrateurs.
« Art. 52, § 2. — Ils sont solidairement responsables, soit envers la
« société, soit envers les tiers de tous dommages et intérêts résul-
« tant d'infractions aux dispositions du présent titre ou des statuts
« sociaux. Ils ne seront déchargés de cette responsabilité, quant aux
« infractions auxquelles ils n'ont pas pris part, que si aucune faute
« ne leur est imputable et s'ils ont dénoncé ces infractions à l'assem-
« blée générale la plus prochaine après qu'ils en auront eu connais-
« sance. »
Annuaire de législation étrangère, 1874, p. 348.
La loi allemande du 28 juin 1884 proclame également la solidarité
des administrateurs :
« Art. 204, § 2. — Ils sont responsables solidairement avec les
« associés engagés personnellement au cas d'irrégularités commises à
« leur su et sans opposition de leur part, dans le paiement des inté-

259. Il faut bien reconnaître toutefois le désaccord complet de la jurisprudence avec cette doctrine. Même à l'égard du Conseil de surveillance, que la loi range formellement dans le droit commun, on pourrait résumer de la manière suivante l'opinion d'un grand nombre d'arrêts.

La solidarité peut être prononcée contre les membres du Conseil de surveillance, dans le cas d'une faute collective, de complicité, de fraudes commises par le gérant ou lorsqu'il est impossible de déterminer la part de responsabilité de chacun (1). D'autres tribunaux, sans aller aussi loin, déclarent la solidarité, lorsque deux conditions se trouvent réunies : concert entre les membres du conseil : impossibilité de déterminer dans la faute la part de chacun. Voici en ce sens un arrêt d'Angers du 10 mars 1875 (2) :

« En ce qui concerne la solidarité : Attendu que la soli-
« darité doit être prononcée contre les auteurs d'un quasi-
« délit, lorsque le fait qui le caractérise a été concerté, ou
« lorsqu'il y a impossibilité de déterminer la part de res-
« ponsabilité de chacun... »

Si de pareilles hésitations se présentent en jurisprudence pour les membres du Conseil de surveillance, à l'égard

---

« rêts et dividendes. dans l'émission des actions et dans la réparti-
« tion de l'actif social. »
Annuaire de législation étrangère, 1885, p. 111.
Les articles 32 et 39 de la loi du 1er mai 1889, sur les coopératives, sont également très explicites :
« Art. 32, § 2. — Les membres qui transgressent leurs devoirs
« répondent personnellement et solidairement du dommage causé à
« l'association.
« Art. 39, § 2. — Les membres du conseil du surveillance qui trans-
« gresseront leurs devoirs seront personnellement et solidairement
« tenus envers l'association du dommage qui en sera résulté. »
Loi allemande. Traduction Diemer-Heilmann, p. 25 et 29.
(1) Rennes, 2 août 1886, *Revue des Sociétés*, 1888, p. 160. Lyon-8 juin 1864. Sir. 1865, II, 38. Cassation 28 mai 1889. Sir. 1890. 1. 9.
(2) D. 1876. II, 14.

duquel les textes sont si formels, l'accord des arrêts est unanime en ce qui concerne les Conseils d'administration, tous régis en apparence par la loi de 1867. Nous croyons avoir développé en sens contraire des raisons péremptoires ; c'est pourquoi nous rendrons les membres de la direction des Caisses Raiffeisen, responsables seulement de leurs fautes individuelles.

§ 4. — *Montant de la réparation.*

260. Bien qu'il soit très difficile de fixer *à priori* une base à l'indemnité entraînée par la négligence ou la violation des statuts, nous allons fixer des règles générales qui serviront à la déterminer. L'article 1382, en même temps qu'il crée un droit en faveur des tiers contre les administrateurs, en donne la mesure, car il oblige seulement celui du chef duquel est survenu un dommage à le réparer. Les tribunaux devront donc veiller à ce que l'indemnité soit la représentation exacte du préjudice causé.

Jusqu'à la loi du 1er août 1893, une grande controverse au sujet des conséquences de l'action en cas de nullité, des associés contre les administrateurs, divisait la doctrine en deux camps à peu près égaux. Les uns imposaient à la direction l'obligation de payer toutes les dettes sociales (1); un second parti limitait seulement les dommages et intérêts au montant du dommage occasionné (2); c'est en ce dernier sens que la question a été tranchée par la loi du 1er août 1893, dont l'art. 8 est ainsi conçu :

Dans le paragraphe 1er de l'art. 42, aux mots : « respon-

---

(1) Cassation. Requête, 27 janvier 1873 et 13 mars 1876. Sir., 73, 1, 163, 76, 1, 361. Griolet en note de Dalloz, 1869, 2, 145.

(2) En ce sens : Vavasseur, *Traité des Sociétés*, n° 703. Paul Pont *Traité des sociétés civiles et commerciales*, II, p. 366 et suivantes.

« sables solidairement envers les tiers, sans préjudice du
« droit des actionnaires », sont substitués les termes suivants : « responsables solidairement envers les tiers et les
« actionnaires du dommage résultant de cette annula-
« tion. »

Nous croyons trouver un argument très fort dans cette
disposition, car la loi de 1867 a une tendance marquée à
étendre la responsabilité hors des limites du droit commun,
une loi postérieure, qui l'atténue sur ce point et limite l'action en indemnité au préjudice causé, édicte une prescription générale et absolue. Le maximum défini, il appartient
aux tribunaux de régler suivant les faits le montant de la
condamnation. « La surveillance (1) la plus active n'aurait
« pas toujours empêché les pertes subies par la Société, et
« comme il est de principe que les dommages et intérêts ne
« doivent comprendre que ce qui est une suite directe et
« immédiate de la faute (Art. 1151 C. civ.), il y aura dans
« tous les cas une appréciation nécessaire à faire par les tri-
« bunaux, qui devront rechercher et constater si les pertes
« sont dues, en tout ou en partie, au défaut de surveillance
« et dans quelle proportion (2) ».

261. Nous venons de passer en revue les cas les plus
ordinaires de responsabilité, mais il en est d'autres dont
nous devons dire quelques mots, notamment l'hypothèse
où le Conseil de surveillance, les Administrateurs violent
le mandat dont on les a investis, en dissipant à leur profit
le fonds de réserve, en accordant ou tolérant des prêts à
des personnes qui ne sont pas en mesure de rembourser.
C'est l'intention coupable de s'approprier l'argent de la

(1) Caen. Arrêt du 16 août 1864.
(2) Nous avons vu. p. 257, sur la législation allemande que les
Administrateurs et le Conseil de surveillance sont seulement responsables du dommage causé.

Caisse, ou d'en faire profiter des complices, qui rend les Administrateurs et le Conseil de surveillance justiciables des peines de l'article 408 du Code pénal, c'est-à-dire de deux mois à deux ans de prison, et d'une amende qui ne peut excéder le quart des restitutions et des dommages et intérêts ni être moindre de 25 francs. Comme ces faits ne rentrent pas dans les prévisions de la loi de 1867 (art. 13), nous leur avons appliqué purement et simplement les règles de la violation du mandat (1).

§ 5. — *Prescription.*

262. Il nous reste maintenant à déterminer la durée de cette responsabilité, dont nous venons d'exposer l'étendue et les caractères principaux. Faut-il se référer au droit commun et appliquer à l'action contre les administrateurs la prescription générale de cinq ans de l'article 64 du Code

---

(1) Nous avons déjà cité l'art. 249 de la loi du 28 juin 1884, qui punit de l'emprisonnement et d'une amende allant jusqu'à 20.000 marks les directeurs, membres du conseil de surveillance ne remplissant pas leur mandat. Ces dispositions renchérissent sur les règles ordinaires applicables à la violation du mandat.

« Les art. 249 *a b c* punissent de peines variant de trois mois à un « an de prison et de 8,000 à 20.000 marks d'amende, les différentes « infractions qui peuvent être commises par les associés engagés « personnellement, les membres de direction, le conseil de sur-« veillance ou les liquidateurs. »

Annuaire, 1885, p. 119.

L'article 134 de loi belge du 22 mai 1886 contient également la disposition suivante :

« Seront punis d'une amende de 50 à 10.000 francs et pourront en « outre être punis d'un emprisonnement de un mois à un an, tous « ceux qui, comme administrateurs, commissaires, gérants ou « membres du conseil de surveillance, auront sciemment racheté des « actions ou parts sociales, en diminuant le capital social ou la « réserve légalement obligatoire, fait des prêts ou avances au moyen « de fonds sociaux sur des actions ou parts d'intérêt de la société, « fait par un moyen quelconque, aux frais de la société, des verse-

de commerce? Tel est l'avis de M. Vavasseur. « Ce qu'il
« s'agit de rechercher dans une loi spéciale, ce serait au
« moins une dérogation à l'article 64; or il n'y en a pas.
« Cet article domine donc la loi nouvelle, car il forme le
« droit commun de la prescription entre associés; et il est
« du reste en parfait accord avec l'esprit général du droit
« commercial sur la durée des prescriptions (1). » On a
invoqué, dans le même ordre d'idées, l'article 52 de la loi de
1867 qui soumet à la prescription quinquennale l'action
contre le membre d'une société à capital variable qui cesse
d'en faire partie. Un examen sérieux aurait démontré le
peu de rapport de cette dernière avec l'action en responsabilité basée sur une faute.

MM. Lyon-Caen et Renault réfutent ces arguments de
la manière suivante :

« La prescription de l'article 64 suppose que la société
« est dissoute, puisqu'il s'agit d'associés non liquidateurs,
« Donc tant que la société dure, les actions qui peuvent
« être intentées contre elle ou contre les associés sont
« soumises aux règles ordinaires de la prescription, elles
« ne s'éteignent donc, en principe, qu'au bout de 30 ans.
« (2262 C. civ.) ».

D'autre part, la prescription quinquennale s'applique
« aux actions des créanciers sociaux, contre les associés, à
« raison des obligations que ceux-ci ont contractées en
« entrant dans la société. Mais elle n'est pas étrangère :
« Aux actions des associés les uns contre les autres. Il

« ments sur les actions, ou admis comme faits de versements qui
« ne sont pas effectués réellement, de la manière et aux époques
« prescrites. »
Annuaire, 1887, p. 503.
La législation française ne possède pas, à l'instar des lois étrangères, des dispositions spéciales pour punir un grand nombre de
délits commis par la direction.
(1) Vavasseur. *Traité des sociétés*, n° 704.

« résulte du texte de l'article 64 que la prescription abrégée
« concerne seulement les personnes à l'égard desquelles la
« dissolution de la société doit être rendue publique, c'est-
« à-dire les tiers.

« Aux actions en responsabilité que peuvent avoir les
« créanciers sociaux contre les administrateurs, notamment
« dans le cas des articles 42 et 44 de la loi du 24 juillet 1867.
« La prescription n'a pas été abrégée en faveur de person-
« nes qui se rendent coupables de fautes à raison desquelles
« elles sont actionnées (1) ».

Pendant trente ans (2) les membres de la Caisse et les
tiers auront le droit d'actionner les administrateurs, le
Conseil de surveillance, pour les fautes commises dans
l'exercice de leurs fonctions. Pourquoi se plaindraient-ils?
Ils se trouvent absolument dans la situation de tout le
monde, surtout les administrateurs des Caisses Raiffeisen,
qui ne peuvent invoquer en leur faveur les dispositionss
du Code de commerce.

263. Nous appliquerions les mêmes règles si l'action en
responsabilité était basée sur des faits délictueux, nous ne
réduirions pas la prescription à trois ans, conformément aux
articles 637 et 638 du Code d'instruction criminelle, qui
règlent la durée de l'action civile sur celle de l'action
publique. Trente ans sont donnés pour poursuivre la
réparation des fautes commises dans les contrats, qui ne
rentrent pas dans la définition d'un délit qualifié par la loi
pénale. Le fait d'encourir les dispositions du Code pénal,

---

(1) Lyon-Caen et Renault. Traité II. n° 806.

(2) Le dernier alinéa *in fine* de l'art. 204 de la loi allemande de
1884 dit que la responsabilité du Conseil de surveillance se prescrit
par cinq ans.

La même disposition se rencontre dans les art. 32 et 39 de la loi
de 1889 au sujet de la responsabilité des membres de la direction et
du Conseil de surveillance.

pour une intention mauvaise, aggravant la faute, ne peut avoir comme résultat d'abréger la prescription en faveur du coupable. Ainsi j'aurai trente ans contre les administrateurs de la Caisse pour demander des dommages et intérêts, s'ils ne se conforment pas scrupuleusement aux statuts, mais à la condition qu'ils ne se soient pas rendus coupables d'un abus de confiance, car ici la loi intervient et accorde seulement trois ans, afin d'agir en réparation du préjudice causé.

« Ce n'est pas l'obligation née du délit d'abus de con-
« fiance qu'on invoque, c'est le contrat. Ce n'est donc pas
« une action soumise à la prescription des délits, mais une
« action soumise à la prescription des actions civiles.
« Il y a deux actions : l'une qui naît du contrat, l'autre qui
« naît du délit. Celle-ci peut être éteinte par la prescription
« sans que celle-là soit le moins du monde modifiée (1) ».

Section II. — Condition juridique des membres de la Caisse à l'égard des tiers.

264. Comme nous le faisions pressentir au début de ce chapitre, les fautes commises par la direction se répercutent sur les membres des Caisses Raiffeisen ; car la moindre atteinte au mécanisme ingénieux de cet organisme produit des résultats préjudiciables, dont les adhérents liés par la solidarité qu'ils ont promise aux tiers, supportent les conséquences. L'étude de la condition juridique des membres vient prendre place, par une symétrie naturelle, à la suite de celle des administrateurs. Nous étudierons sous ce titre chacun des effets de la solidarité, notamment le droit qu'elle confère au créancier de s'adresser en

(1) Sourdat, I, p. 402.

premier ou en second ordre aux membres de la Caisse, les
différents recours dont ces derniers jouissent dans leurs
rapports entre eux ; enfin la durée du temps pendant
lequel cette responsabilité écrasante pèse sur eux.

§ 1. — *Rang dans la poursuite des membres de la Caisse.*

265. La Caisse Raiffeisen ayant adopté la forme de
société en nom collectif, ses adhérents répondent solidairement des engagements sociaux ; on pourra donc les
poursuivre sur tous leurs biens pour l'exécution des obligations contractées. Mais avant de recourir à cette garantie
en somme subsidiaire, les créanciers ne doivent-ils pas
assigner en premier lieu la Caisse ; et ne peut-on pas leur
imposer cet ordre à suivre, au cas où ils refuseraient de s'y
conformer ?

Une grande controverse règne à ce sujet en doctrine ;
elle a donné lieu à trois systèmes différents.

266. Une première opinion assimile complètement le
codébiteur solidaire à la caution, et leur accorde à tous
deux les bénéfices de division et de discussion. Des arrêts
ont posé formellement ce principe à plusieurs reprises :
Cassation 14 août 1858 ; S. 1859 ; I, 332.

« Considérant qu'il faut reconnaître que toutes les fois
« que des gérants ou liquidateurs existent, les associés ne
« peuvent être poursuivis individuellement par suite d'en-
« gagements, même solidaires, contractés par la Société,
« qu'après que l'être moral qui constitue la société a été
« condamné dans la personne de ses représentants légaux
« à exécuter l'obligation (1).

(1) Dans le même sens, *Gaz. Palais 1887 ; 2 supp. 45.*
« Attendu enfin, qu'à défaut par les demandeurs de justifier d'au-

267. Dans un second système, des auteurs (1), s'en tenant au texte du Code, soutiennent une opinion diamétralement opposée, proclament que la caution seule jouit des bénéfices de discussion et de division. Par conséquent, le créancier peut s'adresser indistinctement à la Caisse ou à ses membres.

Un grand nombre d'auteurs (2) ont adopté un système intermédiaire ; ils imposent un ordre de poursuites au créancier, non pas en vertu du droit, qui ne contient aucune disposition à cet égard, mais au nom de l'équité. « Aucune disposition légale, disent MM. Lyon-Caen et « Renault, n'oblige les créanciers sociaux à poursuivre la « Société avant de s'en prendre aux associés ; ils ne sont « astreints à aucun ordre. Mais l'équité exige qu'ils récla- « ment tout au moins le paiement au gérant, comme « représentant la Société, avant de s'en prendre indivi- « duellement à un ou plusieurs associés (3). »

Que cette manière de procéder soit à recommander, nous l'admettons parfaitement, mais, dans l'état actuel de notre législation, rien n'empêche les créanciers de pour- suivre directement les membres de la Caisse, si on se borne à invoquer à leur égard la seule équité. Imposer pour cette raison un ordre à suivre dans la poursuite, c'est renouveler sous une autre forme le bénéfice de discussion

---

« cune garantie, donnée par eux à C... en son nom personnel, il leur « incombe avant d'exercer leurs droits contre lui seul, de discuter « la société dont il fait partie ; qu'ils n'établissent pas qu'une action « soit introduite actuellement contre la société A..... et Cie ; qu'à « tous égards donc, leur demande contre C..... personnellement doit être repoussée. »

« Dans le même sens, *Revue de sociétés* 1885, p. 459. »

(1) En ce sens : Delamarre et Le Poitevin *Traité droit commercial*, III, n° 26 ; Demangeat sur Bravard, p. 66 note ; Alauzet, n° 287.

(2) En ce sens : Pont n° 4, p. 348.

(3) Lyon-Caen et Renault. *Traité*, II, p. 192.

et étendre une faveur dont la loi se montre bien avare, à en juger par les nombreuses conditions dont elle l'entoure, art. 2022 et 2023 du C. civ. En admettant, d'ailleurs, que les membres de la Caisse soient des cautions, ils ne dépouilleraient pas le lien de solidarité qui les lie, et seraient privés du bénéfice de discussion, en tant que cautions solidaires (art. 2021, C. civ.).

268. Toutefois, si les principes nous obligent à reconnaître le droit du créancier dans toute sa rigueur, nous n'allons pas jusqu'à imposer aux membres de la Caisse de faire droit à toutes les réclamations des créanciers. Ils peuvent — et la prudence le leur commande — exiger une preuve certaine, officielle de l'engagement de la Caisse dont on leur demande l'exécution. « Or, ni un protêt, ni tous autres « actes équivalents, ne prouvent par eux-mêmes que la « société est réellement débitrice. Ils constatent unique- « ment que, sur la demande qui lui a été faite, le caissier « de la société ou le gérant a refusé de payer. Comment « donc les associés pourraient-ils, sur la simple constata- « tion du refus, être contraints à payer sans plus attendre ? « Le gérant en refusant de payer, n'a-t-il pas pu être « déterminé par de très justes motifs ? N'avait-il pas de « sérieuses raisons pour contester la dette dont on lui « avait demandé le paiement ? Mais la certitude est com- « plète lorsque le gérant ayant été appelé en justice, à la « suite de son refus, il est intervenu contre lui, mandataire « et représentant de la société, une décision judiciaire qui « le condamne à payer. Il est acquis, alors qu'il y a « un engagement dont la société est tenue, une dette « sociale.... » (1).

269. Nous croyons cependant qu'il faut faire un pas de

---

(1) Pont. *Traité des sociétés civiles et commerciales,* II, p. 439.

plus ; et à la suite d'un arrêt tout récent (1) de la Cour de Paris, reconnaissant aux créanciers le droit de poursuivre directement, à la charge par eux de prouver l'existence absolument certaine d'un engagement social, nous proclamerons le même droit en faveur des créanciers de la Caisse, toutes les fois qu'ils apporteront la preuve certaine de leur droit. Un jugement qui condamne la Caisse, après avoir reconnu le bien fondé des prétentions du demandeur, remplit assurément cette condition (2).

(1) Paris, 4 février 1886. *Gazette du Palais* 1886, I, p. 649.

(2) Voici en Allemagne les effets de la solidarité :

En cas de faillite de la société, ses créanciers sont payés séparément sur l'actif social et ne peuvent exercer leurs droits sur les biens personnels des associés que pour le déficit.

La loi du 1er mai 1889 est venue fortifier les droits des créanciers, tout en ne sacrifiant pas les droits des membres des coopératives et des Caisses Raiffeisen.

« D'après la législation antérieure, les membres n'étaient tenus de « faire des versements supplémentaires qu'après que la procédure « de faillite avait suivi son cours et que la liste définitive de répar- « tition avait été dressée. C'était prolonger d'une manière excessive « l'attente d'une solution définitive. La loi nouvelle a fait commencer « la procédure, qui a pour effet d'obliger à faire des versements, « aussitôt après l'ouverture de la faillite et les fait effectuer entre les « mains de l'administrateur de la faillite. Drioux, *Annuaire*, 1890, « p. 169. » Voici, du reste, les textes de la loi nouvelle :

Loi du 1er mai 1889.:

« Art. 98. — Les sociétaires seront tenus de faire des versements « supplémentaires à la masse de la faillite, lorsque les créanciers « qui ont participé à la répartition finale n'ont pas été désintéressés « de leurs prétentions au moyen de l'actif de l'association existant « au moment de l'ouverture de la faillite.

« Si une autre proposition de répartition n'est pas prévue par les « statuts, les versements supplémentaires doivent être effectués par « les sociétaires par tête.

« Les quotes-parts que des sociétaires sont incapables de payer « sont réparties entre les autres sociétaires.

« Art. 99. — Le syndic devra, immédiatement après que le bilan « aura été déposé au greffe du tribunal, calculer le montant que les « sociétaires auront à avancer par provision, pour couvrir le déficit « indiqué au bilan.

« Dans le tableau de répartition de l'avance provisionnelle, tous

270. Ce système nous paraît très bien répondre à l'esprit

« les sociétaires doivent être désignés par leurs noms et les quotes-
« parts être réparties entre eux. Le montant des quotes-parts devra
« toutefois être fixé de telle sorte qu'il ne se produise pas de man-
« quant dans le montant total à couvrir, par suite de l'incapacité
« probable de certains sociétaires de verser leurs quotes-parts.

« Le tableau devra être présenté au tribunal de la faillite avec
« une requête tendant à le faire déclarer exécutoire. Si le registre
« des associations n'est pas tenu au tribunal de la faillite, il devra
« être joint à la requête une copie légalisée des statuts et de la liste
« des sociétaires.

« Art. 100. — Le tribunal fixera, pour se prononcer sur le tableau,
« un jour qui ne pourra être éloigné de plus de deux semaines. Le
« jour fixé doit être publié ; les sociétaires nommés dans le tableau
« seront convoqués spécialement.

« Le tableau doit être déposé au greffe du tribunal, à la disposi-
« tion des intéressés, au plus tard trois jours avant le jour fixé. Il
« en sera fait mention dans la publication et dans les convo-
« cations. . . . .

« Art. 101. — On entendra aux débats la direction et le conseil de
« surveillance, ainsi que le syndic et le comité des créanciers et en
« tant que des objections sont soulevées, les autres intéressés.

« Le tribunal statuera sur les objections soulevées, rectifiera le
« tableau en tant que cela est nécessaire en ordonnera la rectifica-
« tion et déclarera le tableau exécutoire. La décision sera pronon-
« cée le jour même des débats ou un autre jour qui sera fixé séance
« tenante et qui ne devra pas être éloigné de plus d'une semaine.
« Le tableau sera déposé, avec la décision qui le rend exécutoire,
« au greffe du tribunal, à la disposition des intéressés.

« La décision n'est pas susceptible de pourvoi.

« Art. 102. — Après que le tableau aura été déclaré exécutoire, le
« syndic devra, sans délai, opérer le recouvrement des quotes-parts
« des sociétaires.

« L'exécution forcée contre un sociétaire a lieu en conformité du
« Code de procédure civile, en vertu d'une expédition exécutoire de
« la décision et d'un extrait du tableau.

« Art. 106. — Le syndic devra dresser un tableau de répartition
« supplémentaire, lorsque, par suite de l'incapacité de certains
« sociétaires de payer leur quote-part, le montant total à couvrir
« n'est pas atteint, ou que le tableau doit être modifié, soit en vertu
« du jugement rendu sur une demande en annulation, soit pour
« toute autre cause. Pour le tableau supplémentaire on appliquera
« les dispositions précédentes.

« L'art. 116 examine spécialement le cas des sociétés à responsa-
« bilité illimitée :

« En cas d'ouverture de la procédure de faillite, les sociétaires

de notre législation française (1), qui s'oppose formellement
à l'assimilation de la caution solidaire au co-débiteur
solidaire. Ils ont cependant des traits communs ; cela est
incontestable. La caution solidaire, à l'exemple du co-débiteur solidaire, est privée du bénéfice de la discussion, elle ne
peut donc se prévaloir de l'art. 2024, qui met à la charge
du créancier, après l'indication des biens, l'insolvabilité
future du débiteur. Elle ne jouit pas davantage du
bénéfice de division et supportera par contre-coup l'insol-

« seront, en outre de l'association, tenus solidairement et sur tous
« leurs biens, envers les créanciers de la masse, pour la portion des
« créances à raison de laquelle ceux-ci ne seraient pas couverts
« lors de la répartition finale.

« Après l'expiration de trois mois, depuis le jour où le tableau des
« versements supplémentaires a été déclaré exécutoire, les créanciers
« pourront, s'ils n'ont pas été payés jusque-là, exercer leur recours
« contre chacun des sociétaires, sans que ceux-ci puissent leur oppo-
« ser l'exception de la division.....

« Il ne pourra être prononcé de condamnation contre les socié-
« taires, à raison d'une créance restée en contestation dans la pro-
« cédure de faillite, aussi longtemps que cette créance n'aura pas
« été admise. » Loi de 1889. Traduction Diemer Heilmann, p. 63 et
suivantes.

Cette solidarité ainsi entendue ne présente aucun rapport avec la
solidarité française, qui permet aux créanciers de demander à chacun des débiteurs le montant intégral de sa dette.

L'art. 689 du Code fédéral des obligations (Suisse) est conçu dans
le même ordre d'idées :

« Si les statuts ne contiennent aucune disposition d'où résulte une
« semblable exonération, ou si cette disposition n'a pas été réguliè-
« rement publiée, les sociétaires sont obligés solidairement, et sur
« tous leurs biens. Ils ne sont, du reste, obligés que subsidiairement
« en ce sens qu'ils sont seulement tenus de la perte subie par les
« créanciers dans la faillite de l'association.

(1) Plusieurs pays étrangers, surtout l'Allemagne et la Suisse, ont
apporté aux conséquences de la solidarité des tempéraments très
heureux, qui ont admirablement servi à la diffusion des Caisses
Raiffeisen. La question de savoir si on peut poursuivre les membres avant la société ne se pose même pas. Les membres des Caisses
sont à proprement parler des cautions solidaires, car de nombreuses
dispositions législatives reconnaissent le caractère subsidiaire de
leur obligation. Voir note précédente.

vabilité de ses coobligés. Une mise en demeure, une demande en justice pour faire courir des intérêts moratoires, une interruption de prescription opérées à l'égard d'une caution ordinaire, ne produiraient aucun effet vis-à-vis du débiteur principal, il n'en va pas de même pour la caution solidaire, on lui applique ici les règles de la solidarité (1).

Cette solution ne porte aucune atteinte à la « condition « juridique de la caution, sa qualité subsiste tout entière... « la situation du débiteur principal, seul, se trouve aggra-« vée, car c'est contre lui que réfléchira l'effet de tous ces « actes (2). Ce dernier, en procurant à son créancier le « cautionnement solidaire d'un tiers, a consenti par cela « même à subir toutes les conséquences de la solidarité, « puisqu'il a consenti à prendre un coobligé solidaire qui « répondrait accessoirement de la dette avec lui. Il a « donné mandat à la caution de le représenter en quelque « sorte dans tous les actes de poursuite qu'il plaira au « créancier d'exercer contre la caution, dans l'intérêt de « sa créance. Il est donc exactement. on le voit, dans la « situation d'un co-débiteur solidaire qui est censé avoir « donné mandat à ses coobligés ».

---

(1) Le droit allemand contient sur cette matière une solution absolument contraire :

« Art. 335. L'interruption de la prescription faite par l'un des « créanciers solidaires ou contre l'un des débiteurs solidaires, de « même que la suspension de prescription arrivée en raison de la « situation de l'un des créanciers ou d'un des débiteurs solidaires, « n'ont pas d'effet au profit des autres créanciers ni contre les autres « débiteurs solidaires. »

Projet de Code civil allemand traduit par Raoul de la Grasserie, p. 69 et 70.

(2) Nous avons brièvement résumé dans cette page la monographie de M. Tartari sur la « nature et les effets du cautionnement solidaire ». Grenoble, 1890. *Extrait des Annales de l'Enseignement supérieur de Grenoble,* tome II, n° 3.

Quant à la caution, elle ne souffrira de l'aggravation de l'obligation du débiteur principal, qu'au cas où la prescription serait interrompue vis-à-vis des deux, mais c'est là une conséquence nécessaire de la solidarité. Elle produit les mêmes effets à l'égard des cautions et des co-débiteurs. On ne saurait cependant, sans violer les principes, assimiler la situation des cautions à celle des co-débiteurs solidaires.

271. Le cautionnement reste, malgré toutes les clauses sous lesquelles il est consenti, un engagement accessoire, l'obligation du débiteur solidaire est principale. « La « disposition de l'article 2021 du Code civil qui semble les « confondre, doit être entendue *secundum subjectam mate-* « *riam*, car elle n'a d'autre objet que de placer au point de « vue du droit de poursuite compétant au créancier, la « caution solidaire sur la même ligne que le co-débiteur « solidaire, et de refuser à la première la faculté de se pré- « valoir, à l'instar de la caution simple, du bénéfice de « discussion, dont ne jouit pas le second. C'est ce que « prouvent, d'une part, l'assimilation établie par l'art. 2021 « lui-même entre l'hypothèse où la caution se borne à re- « noncer à ce bénéfice et celle où elle s'engage solidaire- « ment ; d'autre part, la corrélation avec l'article 1203, « auquel elle se réfère visiblement. Celui qui se serait obligé « comme co-débiteur solidaire ne pourrait prétendre vis-à- « vis du créancier qu'il n'est en réalité que caution » (1).

Il est nécessaire, en second lieu, pour déterminer la nature juridique d'une convention d'interpréter fidèlement la volonté des parties. Par hypothèse, dans le cas de l'art. 2021, on a déclaré se porter caution solidaire. Aucun doute ne saurait subsister, l'idée de cautionnement domine le contrat et le rend par conséquent accessoire.

(1) Aubry et Rau, IV, p. 675.

M. Tartari, dans une courte monographie déjà citée, distingue d'une manière très précise la caution solidaire du co-débiteur solidaire non intéressé à la dette :

« Dans le cas des art. 1216 et 1431, le créancier a en face
« de lui des co-débiteurs principaux, tous directement
« tenus à la dette, puisqu'ils se sont présentés à lui avec ce
« titre, et qu'ils se sont engagés en cette qualité. Ils ont
« tous contracté comme débiteurs directs et il importe
« peu qu'ils soient tous intéressés ou non dans l'affaire ;
« le défaut d'intérêt de quelques-uns est une circonstance
« qui n'a pas été officiellement révélée au créancier par le
« contrat, qu'il ignore peut-être, et qui, dans tous les cas,
« ne peut pas lui être opposée, car elle dérive de conven-
« tions particulières, expresses ou tacites, intervenues
« entre les coobligés seulement et auxquelles il est demeuré
« complètement étranger. (Art. 1165.)

« D'un autre côté et dans l'hypothèse de l'art. 2021 au
« contraire, le créancier se trouve en présence d'une cau-
« tion ; il ne peut en douter, car c'est sous ce nom, sous
« ce titre et partant avec cette qualité qu'elle a contracté
« son obligation. Il sait donc ou doit savoir, puisque le
« contrat le dit, que cet obligé n'est qu'un débiteur acces-
« soire, n'ayant personnellement aucun intérêt dans
« l'affaire, et ne devant pas, par conséquent, supporter en
« définitive le poids de la dette. Il est vrai que cette caution
« n'est pas une caution simple, elle a corroboré son enga-
« gement par une clause de solidarité, mais sa qualité de
« caution n'a pas disparu, elle subsiste encore, et si elle
« subsiste, on doit dès lors appliquer aux relations des par-
« ties toutes les règles du cautionnement qui n'ont pas été
« expressément mises de côté par la volonté des contrac-
« tants. Pour mieux faire ressortir cette différence, je dirai
« que dans la première hypothèse, il y a une solidarité

« compliquée de cautionnement, et que dans la seconde,
« il y a un cautionnement doublé de solidarité ».

« La distinction que je viens d'exposer n'est point arbi-
« traire, elle a un fondement juridique, puisqu'elle dérive
« des textes mêmes du Code... L'art. 1216 se borne à dire
« que le coobligé solidaire non intéressé dans la dette
« sera considéré comme caution en raison de sa situation
« particulière, et encore il ne sera pas réputé caution
« d'une manière absolue, *erga omnes* ; il ne sera considéré
« ainsi que dans ses rapports avec le coobligé seul inté-
« ressé dans la dette. Tout autre est la rédaction de l'art.
« 2021 ; ce texte ne dit pas, en effet, que la caution soli-
« dairement obligée devient débiteur solidaire ou qu'elle
« sera considérée comme tel, il ne dit même pas qu'elle
« sera réputée être caution ; elle est et reste caution, l'effet
« seul de son engagement sera modifié. Qu'on remarque
« l'expression qu'emploie ici le Code : « l'effet de son enga-
« gement, dit l'article 2021, se règle par les principes qui
« ont été établis pour les dettes solidaires ». Ce n'est donc
« pas la *nature* de son engagement que la loi entend sou-
« mettre aux principes de la solidarité, c'est uniquement
« et exclusivement *son effet*. Si donc la nature de l'enga-
« gement pris par la caution solidaire reste la même,
« nonobstant la solidarité, et ceci nous semble indiscutable,
« son engagement est toujours comme celui de la caution
« simple, un engagement accessoire, et s'il est accessoire,
« il ne peut pas produire légalement les effets d'un enga-
« gement principal (1) ».

272. Cette distinction n'est pas une question de théorie
pure, de nombreuses conséquences en résultent.

« La caution solidaire peut opposer au créancier toutes
« les exceptions qui appartiennent au débiteur principal

(1) Tartari. Op. cité, p. 15, 16 et 17.

« et qui sont inhérentes à la dette, mais elle ne peut op-
« poser les exceptions qui sont purement personnelles au
« débiteur ». (Art. 2036, C. civ.) Dans ces derniers mots,
un parti important dans la doctrine ne comprend pas les
nullités tenant à la cause, à l'objet même, aux vices du
consentement du débiteur, dont l'obligation principale se
trouve entachée. Et les mêmes auteurs, à propos des co-
débiteurs solidaires, soutiennent que l'admisssion de cette
dernière exception en faveur de l'un d'eux, ne modifie en
rien pour les autres les effets de la solidarité à l'égard du
créancier (1).

La caution solidaire peut également opposer au créancier
tous les modes d'extinction survenus entre ce dernier et
le débiteur principal. Les principes généraux exposés plus
haut sur la nature du cautionnement solidaire commandent cette solution, même au cas de compensation. Le
débiteur principal supporte la dette, mais c'est là précisément son obligation, et « le créancier n'a rien à dire non
« plus, puisqu'il n'éprouve aucun préjudice étant payé

---

(1) Cette distinction qui peut paraître condamnée par la similitude
« des expressions employées par les articles 1208 et 2036, qui sont
« en effet rédigés en termes à peu près équivalents, est cependant
« conforme aux traditions du droit romain et de l'ancien droit : elle
« est, en outre, consacrée par plusieurs textes et en particulier par
« l'art. 2012 du Code civil et par l'art. 520 du Code de commerce.
« L'art. 2012, en disposant que la caution ne pourra pas invoquer
« l'exception tirée de la minorité du débiteur, explique, pour ainsi
« dire, la pensée du législateur et montre qu'en matière de caution-
« nement, les seules exceptions qui doivent être qualifiées de pure-
« ment personnelles, sont celles qui sont fondées sur l'incapacité du
« débiteur. Toutes celles qui se réfèrent au consentement doivent,
« au contraire, être considérées comme inhérentes à la dette. L'art.
« 520 du Code de commerce est plus précis encore, il dispose que
« l'annulation du Concordat, soit pour dol, soit par suite de con-
« damnation pour banqueroute frauduleuse intervenue après son
« homologation, libère de plein droit les cautions. Tartari, Op. cité'
« p. 28 ».

« en monnaie de compensation, et se trouve ainsi désinté-
« ressé ».

L'engagement de la caution solidaire se mesurera exactement sur l'obligation principale (art. 2103, C. C.), il ne
pourra en aucune manière en excéder l'étendue.

M. Troplong refusait également de décharger la caution
solidaire, au cas où le créancier, par sa faute, ne peut plus
opérer en sa faveur la subrogation de ses droits, hypothèques et privilèges, art. 2037, C. C., sous prétexte que
cet article est un corollaire du bénéfice de discussion.
Cette opinion est généralement abandonnée (1).

Loin d'être une exception dilatoire, le bénéfice de l'article 2037 est un moyen de défense péremptoire, qui
appartient à toutes les cautions, même à la caution judiciaire, non admise à discuter les biens du débiteur.
Comme le font très bien remarquer MM. Aubry et Rau, si
l'art. 2037 (2) allait de pair avec le bénéfice de discussion,
il faudrait en restreindre l'application aux seuls cas où ce
dernier est admissible. La caution ne pourrait s'en prévaloir, par conséquent, si le créancier avait abandonné ses
droits sur des immeubles litigieux, ou situés hors du ressort de la Cour d'appel. Personne n'est cependant allé
jusque là. La jurisprudence s'est rangée à cette opinion (3).

La situation des cautions solidaires se sépare bien nettement de celle des débiteurs solidaires. Il nous a semblé
intéressant d'élucider à la suite de M. Tartari cette
question, dont très peu d'auteurs se sont occupés. A
plusieurs reprises, nous avions comparé l'obligation des
membres de la Caisse à celle des cautions, ces expressions

(1) Aubry et Rau, IV, p. 696.
(2) Aubry et Rau, IV, 697.
(3) Cass. 2 fév. 1886, D. 1887, I, 387 ; Cass. 5 janv. 1888, D. 1888,
I, 36.

devaient être entendues *secundum subjectam materiam*, car
s'il existe entre ces deux liens des analogies certaines, de
grandes différences les séparent.

§ 2. — *Obligation et contribution des membres de la Caisse
aux dettes sociales.*

273. Le propre de l'obligation solidaire est de conférer
au créancier le droit de demander le montant intégral de
la dette à l'un quelconque des débiteurs. (Art 1197 Code
civil.) Chacun des membres de la Caisse répondant indéfiniment des engagements de celle-ci, les créanciers pourront
poursuivre l'un d'entre eux à l'exclusion des autres, et
faire vendre tous ses biens, jusqu'à l'épuisement complet
de leurs droits. On comprend que, dans ces conditions,
la solidarité devienne pour les cultivateurs un épouvantail.

En Allemagne (1), au contraire, comme on a pu le voir

---

(1) Voici, en effet, les textes du projet de Code civil allemand.
« Art. 326. — La signification ou la sommation faite par un
« créancier solidaire n'a pas d'effet au profit d'autres créanciers
« solidaires ; l'offre de prestation de la part d'un débiteur à un
« créancier solidaire, de même que la mise en demeure d'un créancier
« solidaire n'ont pas d'effet contre les autres créanciers solidaires.
« La signification ou la sommation faite par le créancier à un des
« débiteurs solidaires de même que la mise en demeure d'un débiteur
« solidaire, n'ont pas d'effet contre les autres débiteurs solidaires ;
« l'offre de prestation de la part d'un débiteur solidaire n'a pas d'effet
« au profit des autres débiteurs solidaires.
« Art. 327. Le jugement, ayant force de chose jugée, intervenu
« entre l'un des créanciers solidaires et le débiteur, ou entre le
« créancier et l'un des débiteurs solidaires, n'a pas d'effet pour ou
« contre les autres créanciers ou les autres débiteurs solidaires.
« Art. 330. — La créance qui compète au débiteur contre l'un des
« créanciers solidaires ne peut pas être opposée en compensation
« aux autres créanciers solidaires ; celle qui compète à l'un des débi-
« teurs solidaires contre le créancier ne peut pas être opposée en
« compensation par les autres débiteurs solidaires.
« Art. 333. — La confusion de la dette et de la créance dans la
« personne de l'un des créanciers ou dans celle de l'un des débiteurs

dans les notes précédentes, la solidarité ne se résume pas dans le droit rigoureux et brutal de demander à une personne le montant intégral d'une dette contractée par plusieurs. Conformément à la terminologie moderne, c'est un groupement d'individus dans un but de secours, d'assistance mutuelle, en vue de parer aux catastrophes juridiques, à la faillite en particulier. Qu'un sinistre survienne, et les biens seulement du plus riche ne serviront pas à désintéresser le créancier, mais tous auront à payer une quote-part. Le syndic, les juges répartiront le déficit, en sorte que chacun supportant une parcelle de la dette commune, son poids se fera moins sentir. Et en même temps qu'elle établit entre les membres des sociétés une sorte de fraternité dans le malheur, la loi allemande conserve d'une manière jalouse le droit de chacun. Ainsi, ni la demeure, ni une condamnation, ni l'interruption de la prescription, la confusion ou la compensation, intervenue à l'égard de l'un des débiteurs, ne produit son effet vis-à-vis des autres (1). Si on veut que, dans notre législation française, la solidarité ne soit plus un titre inutile du Code, mais une clause pratique et féconde en résultats, une réforme urgente s'impose à l'attention du législateur.

274. Quoi qu'il en soit, le Code se contente d'accorder un recours au codébiteur solidaire qui a acquitté le montant intégral de la dette. Cela était de toute justice, l'ar-

---

« solidaires n'a pas d'effet contre les autres créanciers solidaires, ni
« au profit des autres débiteurs solidaires.
    « Art. 335. — L'interruption de la prescription faite par l'un des
« créanciers solidaires ou contre l'un des débiteurs solidaires, de
« même que la suspension de prescription arrivée en raison de la
« situation d'un des créanciers ou d'un des débiteurs solidaires, n'ont
« pas d'effet au profit des autres créanciers ni contre les autres
« débiteurs solidaires. »
Projet de Code civil allemand cité plus haut, p. 69 et 70.
(1) Voir *supra* note précédente.

ticle 1213 du Code civil reconnaissant que « l'obligation contractée solidairement envers le créancier se divise de plein droit entre les débiteurs, qui n'en sont tenus entre eux que chacun pour sa part et portion ». Deux actions lui sont ouvertes, celle de mandat, car *l'animus societatis* forme la base de la solidarité du contrat des Caisses Raiffeisen et le paiement a eu lieu en vertu d'une délégation des membres, permettant de réclamer l'intérêt de la somme avancée, art. 2001, C. civ. ; et l'action du créancier, grâce à la subrogation, conformément à l'article 1251, § 3, en vertu de laquelle il usera des sûretés conférées au créancier. Quelle que soit la voie choisie par le débiteur, l'article 1214 fixe le maximum de sa demande : « Le codébiteur d'une dette solidaire qui l'a payée en entier, ne peut répéter contre les autres que les part et portion de chacun d'eux. Si l'un deux se trouve insolvable, la perte qu'occasionne son insolvabilité, se répartit, par contribution entre les autres codébiteurs solvables et celui qui a fait le paiement ». C'est donc au débiteur que reviendront toutes les chances d'insolvabilité, tout le souci des poursuites. La comparaison du tableau de répartition de la loi allemande fonctionnant d'une manière automatique fait bien ressortir tous les inconvénients de notre législation (1).

275. Il arrivera souvent dans les Caisses Raiffeisen, que la dette, dont chacun supporte la responsabilité solidaire, ait été contractée dans l'intérêt d'un seul ; dans ce cas, conformément aux termes formels de l'article 1216, nous appliquerons les règles du cautionnement. Cela n'infirme en rien, du reste, la distinction fondamentale de notre droit entre les cautions et les codébiteurs solidaires (2), car l'art. 1216 régit exclusivement les rapports des codébi-

(1) Voir *supra*, n° 269.
(2) Voir *supra*. n° 270.

teurs entre eux. De graves conséquences résulteront pour les membres de la Caisse de cette situation:

« La situation du débiteur obligé solidairement avec « d'autres, pour une dette qui ne le concerne pas, est « mixte, il est débiteur solidaire dans ses rapports avec le « créancier ; il est caution à l'égard de ses coobligés (1). »

D'abord, à l'instar de la caution, ils pourront former leur recours contre le codébiteur, même avant d'avoir payé, dans tous les cas énumérés par l'article 2032. Nous nous bornons à les transcrire.

Lorsqu'ils seront poursuivis en justice pour le paiement ; lorsque l'emprunteur, membre de la Caisse sera en faillite ou déconfiture ; lorsque la dette sera devenue exigible par l'échéance du terme sous lequel elle avait été contractée ; lorsque l'emprunteur, membre de la Caisse, s'est obligé de rapporter la décharge des autres membres, dans un certain temps ; au bout de 10 ans, lorsque l'obligation principale n'a point de terme fixe d'échéance.

En second lieu, leur recours sera subordonné à un avertissement du débiteur au moment du paiement, pour prévenir l'éventualité d'un second paiement, que ce dernier serait en mesure d'effectuer, ou dans le cas où il possèderait des moyens de défense de nature à paralyser l'action du créancier, art. 2031, C. civ.

Il est certain également que les membres de la Caisse pourront, indépendamment de la subrogation, exercer contre leurs coobligés le recours organisé par l'art. 2028 du C. civ. et leur demander en conséquence l'intérêt de leurs avances du jour où elles ont été faites, ainsi que des dommages et intérêts s'il y a lieu (2).

(1) Tartari, p. 2.
(2) Tartari, *Nature et effets du cautionnement solidaire*. Op. cité, p. 3.

Enfin lorsque plusieurs membres de la Caisse répon-
dront ensemble pour une même dette, ce qui est l'hypothèse normale des Caisses Raiffeisen, celui qui a acquitté
la dette a recours contre les autres, chacun pour sa part
et portion, art. 2033, C. civ. Avec ces tempéraments, la
charge de la responsabilité sera atténuée dans une certaine mesure.

§ 3. — *Durée de la responsabilité des membres de la Caisse.*

276. Une dernière question se pose au sujet de la condition juridique des membres de la Caisse vis-à-vis des
tiers, c'est celle de la durée de la responsabilité telle que
nous venons de la définir. L'article 52 de la loi de 1867,
reproduit intégralement dans les statuts, art. 5, énonce le
principe suivant :

« L'associé qui cesse de faire partie de la Société, soit par
l'effet de sa volonté, soit par suite d'une décision de l'assemblée générale, restera tenu, pendant cinq ans, envers
les tiers, de toutes les obligations existant au moment de
sa retraite. »

Il appartient, d'abord, à tout membre de la Caisse,
d'échapper à la solidarité dans l'avenir et d'en limiter les
effets dans le passé, en donnant sa démission. Ce droit
résulte de l'article 52 de la loi de 1867 et de l'intitulé
même du titre des sociétés à capital variable. Il ne subit
même pas, dans les Caisses Raiffeisen, la restriction de
l'art. 51, § 2, qui, en limitant les retraites au dixième du
du capital, vise les sociétés de capitaux et non celles de
personnes. Les statuts des Caisses françaises (1) ont même
conféré à leurs membres une prérogative que bien peu de
législations ont reproduite, celle de pouvoir en tout temps
donner leur démission (art. 3).

(1) Les législations étrangères sont beaucoup moins libérales ; on

277. Cinq années (1), dont le point de départ partira de la démission ou de la sentence d'exclusion, dégageront donc les membres sortants à l'égard de la Caisse et des

en jugera par l'exposé des dispositions qui règlent la sortie des associés.

ALLEMAGNE. Loi du 1ᵉʳ mai 1889, art. 63. Traduction Diemer-Heil, mann, p. 43.

« Chaque sociétaire a le droit de déclarer sa sortie de l'association « au moyen d'une dénonciation.

« La dénonciation n'a lieu qu'à la fin de l'exercice annuel. Elle doit « être faite par écrit au moins trois mois à l'avance. Un délai de dé-« nonciation plus long mais qui ne dépassera pas toutefois deux « années pourra être fixé par les statuts. Une convention contraire, « aux dispositions qui précèdent est sans effet légal. »

BELGIQUE. Loi du 18 mai 1873, art. 92. Annuaire, 1874.

« Lorsque les statuts donnent aux associés le droit de se retirer-« ils ne peuvent donner leur démission que dans les six premiers « mois de l'année sociale. »

ITALIE. Code de commerce, section VII. Dispositions concernant les sociétés coopératives. Art 224.

« Si l'acte constitutif autorise les sociétaires à se retirer de la « société, la déclaration de retraite devra être mentionnée par le so-« ciétaire qui se retire, dans le livre des sociétaires, et notifiée à la « société par acte d'huissier. Elle ne produira ses effets qu'à la fin « de l'année sociale en cours, pourvu qu'elle soit faite avant le « commencement du dernier trimestre de cette même année. Si « elle est faite plus tard, le sociétaire restera engagé encore pour « l'année suivante. »

SUISSE. Code fédéral des obligations du 1ᵉʳ janvier 1883, titre XXVII Associations.

« Art. 684. Tout sociétaire a le droit de se retirer de l'association « tant que la dissolution n'en a pas été résolue. Les statuts ne peu-« vent valablement supprimer ce droit et l'on ne peut s'engager « d'avance à n'en pas faire usage. Lorsque les statuts ne contien-« nent pas de règles sur ces points, on ne peut se retirer qu'à la fin « d'un exercice annuel, et moyennant un avertissement préalable « d'au moins quatre semaines. »

(1) Nous allons passer en revue l'étendue de la responsabilité dans les divers pays :

Allemagne. Loi du 1ᵉʳ mai 1889   p. 49.

« Art. 73. — Si l'association est dissoute dans les six mois qui « suivent la sortie d'un sociétaire, cette sortie sera considérée comme « non avenue.

« Art. 117. — L'action des créanciers contre chaque sociétaire en « particulier se prescrit pour deux années à l'expiration du délai de

tiers. Il va sans dire que les opérations entreprises après leur départ ne leur seront jamais opposées. Faudra-t-il appliquer la prescription de cinq ans à l'hypothèse de la

« trois mois depuis le jour où le tableau des versements supplémen-
« taires a été déclaré exécutoire, lorsque, à raison de la nature
« de la créance un délai de prescription moins long n'est pas
« applicable.

« Art. 119. — Les disposition de ces articles sont applicables, en
« ce qui concerne les engagements contractés par l'association,
« jusqu'au moment de leur sortie, aux sociétaires qui ont quitté
« l'association dans les deux dernières années avant l'ouverture de
« la procédure de faillite et qui ne sont pas déjà soumis à la res-
« ponsabilité en vertu de l'art. 73, en ce sens que la réclamation
« des créanciers ne pourra être soulevée que six mois à partir du
« jour où le tableau des versements supplémentaires a été déclaré
« exécutoire.

Belgique, 18 mai 1873. *Annuaire*, 1874.

« Tout sociétaire démissionnaire ou exclu reste personnellement
« tenu, dans les limites où il s'est engagé, et pendant cinq ans à
« partir de sa démission ou de son exclusion, de tous les engage-
« ments de la société contractés à cette époque, sauf le cas où des
« prescriptions plus courtes ont été établies par la loi.

Code de commerce italien, art. 225.

« Quant aux affaires conclues par la société jusqu'au jour dans
« lequel la retraite ou l'exclusion d'un sociétaire sont devenues défi-
« nitives, où auquel l'acte de cession est enregistré dans le livre des
« sociétaires, le sociétaire qui se retire, qui est exclu ou qui cède,
« restera obligé vis-à-vis des tiers pendant deux années, à partir du
« même jour et ce, dans les limites de responsabilité établies dans
« l'acte de constitution.

Code Fédéral Suisse :

« Art. 691. Lorsqu'un sociétaire personnellement obligé, cesse de
« faire partie de l'association par suite de décès ou pour toute autre
« cause, il n'en reste pas moins tenu lui et ses héritiers des enga-
« gements contractés antérieurement. si l'association tombe en faillite
« dans les deux ans qui suivent l'inscription de sa sortie sur le
« registre du commerce.

« Art. 692. L'obligation personnelle cesse de même pour l'ensem-
« ble des sociétaires, lorsque, la dissolution de l'association ayant
« été inscrite sur le registre du commerce, la faillite n'en est pas
« déclarée dans les deux années qui suivent l'inscription.

« Art. 693. Toute action fondée sur l'obligation personnelle des
« sociétaires, si elle n'est pas éteinte, aux termes des articles 691 et
« 692, se prescrit par un an à partir du jour où les opérations de la
« faillite sont terminées.

dissolution d'une caisse ? et celle de trente ans ne reprend-elle pas son empire, en l'absence d'une disposition formelle de la loi à ce sujet ? Sans parler de la bizarrerie d'un système qui établirait ainsi côte à côte deux prescriptions très différentes dans des situations identiques, des administrateurs avisés auraient bien vite tourné la loi, en demandant à chacun des membres sa démission avant la dissolution. D'ailleurs, si on passe en revue les causes de dissolution des Caisses Raiffeisen, on éliminera en premier lieu la faillite, incompatible avec le caractère civil du contrat et on en arrivera à reconnaître que la volonté de l'assemblée générale étant souveraine, à elle seule appartient le droit de dissolution, au cas où elle ne serait plus en mesure de faire face à ses affaires ou pour toute autre raison. Cette décision, qui proclame le contrat résolu, équivaut en réalité à une exclusion de tous les membres, nous rentrons donc exactement dans les termes de l'article 52 de la loi de 1867 et dans le domaine de la prescription quinquennale.

278. L'article 2 de la loi du 5 novembre 1894 restreint aussi la prescription au profit des membres des sociétés de de crédit agricole, en la déclarant accomplie après la liquidation des opérations sociales faite avant leur sortie. La lecture du texte donnerait à croire qu'il s'agit d'une augmentation dans la durée de la prescription, mais le contraire résulte de l'intention formelle du législateur.

279. Nous nous référerons aux règles ordinaires pour l'interruption de la prescription et nous nous contenterons d'en signaler les modes déterminés par la loi ; la citation en justice, le commandement, la saisie ou la reconnaissance de la part du débiteur. Il y aura seulement ceci de particulier que l'interruption de la prescription faite à l'égard de l'un des co-débiteurs, produira, grâce à la soli-

darité, son effet vis-à-vis de tous. Un argument d'analogie
tiré de l'article 189 du Code de commerce confère à la
reconnaissance du débiteur le pouvoir de substituer la
prescription de trente ans à la quinquennale ; toute la
question revient à savoir s'il y a eu ou non novation.

Comme il s'agit d'une courte prescription, il ne saurait
être question de suspension.

En terminant ce chapitre consacré à l'étude de la condition juridique des administrateurs et des membres de la
Caisse à l'égard des tiers, nous ne pouvons nous empêcher,
en ce qui concerne ces derniers, de former le vœu de voir,
dans un avenir prochain, une loi nouvelle modifiant, au
moins pour les sociétés en nom collectif, les effets de la
solidarité.

APPENDICE

Quelques questions de droit fiscal au sujet des Caisses Raiffeisen.

280. Les questions de timbre, de patente, d'enregistrement ont toujours préoccupé vivement les administrateurs des Caisses Raiffeisen. Au moment de l'introduction des Caisses en France, la perspective des démêlés avec l'enregistrement paralysait les meilleures volontés (1) ; lorsqu'elles commençaient à prendre vigoureusement leur essor, une décision du Conseil d'État leur imposant le paiement d'une patente est venue les arrêter brusquement (2). Nous ne saurions cependant aborder l'étude complète (3) des lois fiscales, nous préciserons seulement d'une manière générale les obligations des Caisses en pareille matière. Cette courte étude comprendra trois paragraphes ; le premier sera

(1) Congrès des Banques populaires françaises de 1892. 4 au 7 mai. *Actes du congrès*. Paris, librairie du crédit mutuel et populaire, rue de Valois, 2. 1893, p. 42.

(2) *Bulletin mensuel de l'union des Caisses rurales*. Lyon, avenue de Saxe, 97. janvier et février 1898

(3) L'étude complète de la situation des Caisses Raiffeisen au point de vue de l'enregistrement, du timbre et de la plupart des questions effleurées dans ce très court appendice exigerait de longs développements. Ils dépasseraient de beaucoup le cadre de ce modeste travail. et feraient à eux seuls l'objet d'une monographie considérable. Aussi, nous avons écarté systématiquement tous les détails, et, tout en indiquant les principes généraux, nous nous sommes placés sous un angle assez spécial. Notre attention s'est concentrée uniquement sur le point de savoir, quels sont les impôts dont la constitution des Caisses Raiffeisen entraîne la perception. Mais un nouveau travail consacré exclusivement à la situation des Caisses au point de vue du droit fiscal, comblerait une grande lacune et rendrait d'immenses services.

relatif à l'enregistrement de l'acte de constitution ; nous passerons en revue dans le second les divers impôts dont on a voulu faire l'application aux Caisses Raiffeisen ; quant au troisième, il sera consacré exclusivement aux prescriptions de la loi sur le timbre.

§ I. — *Enregistrement de l'acte de constitution.*

281. Les droits d'enregistrement se divisent en droits fixes et en droits gradués. La loi du 22 frimaire an VII, art. 69 procède, à une énumération limitative des actes entraînant la perception de droits gradués ; quant à ceux soumis aux droits fixes, la loi (art. 68) n'en dresse pas complètement la liste, ce sont tous les actes qui ne peuvent donner lieu au droit proportionnel (1).

Les sociétés rentrent dans la première catégorie, en vertu de l'art. 1er de la loi du 28 février 1872, elles sont soumises à un droit (2) progressant de 20 francs en 20 francs, par chaque valeur de 20.000 francs, apportée et mise en commun par les [associés. Comme nous l'avons démontré plus haut, (3) les Caisses Raiffeisen manquent d'un des caractères essentiels de la société, elles ne partagent pas de bénéfices et rentrent par conséquent dans la catégorie des contrats innomés.

Aucun texte de loi ne vise spécialement l'enregistrement des contrats innomés. La doctrine et la jurisprudence (4)

(1) [Sont soumis au droit fixe d'un franc] tous actes civils, judiciaires ou extrajudiciaires qui ne se trouvent dénommés dans aucun des paragraphes suivants, ni dans aucun autre article de la présente loi, et qui ne peuvent donner lieu au droit proportionnel. (Art. 68 de la du 22 frimaire, an VI. § 1, n° 51.)

(2) Cet article vise en premier lieu : les actes de formation et de prorogation de société.

(3) Voir *supra*, n° 57 et suiv.

(4) *Dictionnaire de l'enregistrement*. Société n° 231.

« Toutes les associations dans lesquelles les associés veulent

s'accordent à leur appliquer la disposition finale de l'article 68 qui soumet à un droit fixe, tous les actes civils, judiciaires ou extra-judiciaires, ne rentrant pas dans les prévisions de la loi. Ce droit fixe, par suite de lois successives se monte aujourd'hui à trois francs (1). A l'instar de tout droit d'enregistrement, des décimes viennent s'y adjoindre. Ils constituent une taxe supplémentaire qui accompagne le principal de tous les droits et produits recouvrés par l'administration, et présentent tous les caractères d'un impôt. Ils atteignent aujourd'hui 25 o/o du principal : 75 centimes (2).

« se préserver d'un danger ne sont des sociétés que s'il y a un « bénéfice, un gain matériel à partager ; sinon le droit à percevoir « est le droit de 3.75 qui frappe les actes innomés. »
La jurisprudence a toujours refusé le caractère de société aux contrats ne se proposant pas directement le partage de bénéfices :
A propos de la convention par laquelle plusieurs propriétaires s'engagent à construire une digue à frais communs pour protéger leurs immeubles :
Req. 27 juillet 1880. D. P., 1881, I, 165 ;

A propos d'une assurance mutuelle :
Paris, 25 mars 1873. D. P. 1875, 2. 17 ;

A propos d'une société philharmonique :
Aix, 20 mars 1873. D. P. 1874, II, 138.
Voir également *supra* n° 57, où il est démontré que le contrat des Caisses Raiffeisen est un contrat innommé.

(1) La loi du 22 frimaire, an VII, frappait du droit d'un franc tous tous les actes civils, judiciaires ou extrajudiciaires qu'elle ne prévoyait pas ; dans ce nombre rentrent les contrats innomés. L'art. 8 de la loi du 18 février 1850 posait : le moindre droit fixe d'enregistrement pour les actes civils et administratifs est porté à deux francs. L'art. 2 de la loi du 18 mai 1874 augmentait de moitié tous les droits fixes d'enregistrement. Il résulte de toutes ces dispositions que le droit d'enregistrement s'élève à trois francs.

(2) « Un premier décime fut établi par la loi du 6 prairial, an VII, « art 1er. Un second décime provisoire fut ajouté par la loi du « 14 juillet 1865, art. 5, mais cessa d'être exigible à compter du « 1er janvier 1858. Rétabli par la loi du 2 juillet 1862, pour l'année « 1862-1863. Il fut maintenu jusqu'au 31 décembre 1864 par la loi du « 13 mai 1863, art. 4, puis réduit de moitié à partir du 1er juillet 1864

282. Dans le cas cependant, où un receveur refuserait de se rendre à l'évidence, il ne pourrait considérer l'apport en crédit des biens de tous les membres comme un apport effectif, et le prendre comme base du droit gradué. « Dans « toute société en nom collectif, les associés sont bien res- « ponsables solidairement sur tous leurs biens; cependant « nul n'a jamais songé à dire qu'ils apportaient tous leurs « biens dans la société et que le droit gradué devait être « perçu sur tous leurs biens (1). » Pour se conformer d'ailleurs au texte de la loi de 1867, comme le capital des sociétés à capital variable ne peut être porté par les statuts au-dessus de 200.000 francs (article 49) dans aucun cas le receveur ne doit supposer que le capital de la Caisse dépasse ce chiffre.

283. En dehors de cette hypothèse invraisemblable, le droit fixe de 3 fr. 75 sera perçu seul. Quelques receveurs ont émis la prétention de soumettre à l'enregistrement l'adhésion de chacun des nouveaux membres, mais nous ne saurions partager cette manière de voir. Comme nous le faisions déjà remarquer au sujet (2) de la force probante et de la validité de l'acte constitutif, les sociétés à capital variable jouissent du droit d'augmenter leur personnel ou leur capital par le fonctionnement seul de leurs statuts, et

« (L 8 juin 1864, art. 3) et maintenu ainsi jusqu'au 31 décembre 1866 « (L. 8 juin 1865, art. 3) et 8 juillet 1866, art. 3.

« Il fut supprimé à compter du 1er juillet 1867 sur certains droits « et conservé pour les autres jusqu'au 31 décembre 1868, puis jus- « qu'au 31 décembre 1871.

« La loi du 23 août 1871, art. 1er, l'a porté à un décime entier. Une « surtaxe de 5 0/0 ou demi-décime a été enfin créé par la loi du « 30 décembre 1873. art. 2.

- *Traité théorique et pratique des droits d'enregistrement* par Naquet, I, p. 106. Paris. Delamotte, 1882.

(1) Actes du Congrès des Banques populaires françaises, p. 37 et 38.

(2) Voir *supra*, n° 128.

cette théorie méconnaît à leur égard cette précieuse faculté. Avec l'acte constitutif, on a enregistré une fois pour toutes les adhésions futures prévues par les statuts. Si les sociétés à capital variable doivent remplir toutes les formalités ordinaires, elles perdent leur caractère distinctif et se confondent avec les autres.

§ 2. — *Les Caisses Raiffeisen sont-elles soumises aux taxes ordinaires qui frappent les associations : l'impôt sur le revenu, la patente et le droit d'accroissement ?*

284. Comme les Caisses Raiffeisen ne rentraient pas dans le cadre des contrats nommés, et qu'il s'agissait d'une situation juridique nouvelle, on a essayé de leur appliquer simultanément les taxes des sociétés et des associations. Nous allons les passer successivement en revue.

La loi du 29 juin 1872 (article 1er) établit dans les termes les plus généraux un impôt de 3 o/o sur le revenu des valeurs mobilières. « Ces derniers mots — la loi elle-« même en précise l'étendue — comprennent les actions, « emprunts, obligations, les parts d'intérêts dans les « sociétés dont le capital n'est pas divisé en actions. » Les Caisses Raiffeisen n'admettent pas la souscription d'actions mais elles contractent des emprunts, et donneraient lieu de ce chef à la perception de la taxe, si une loi postérieure n'était venue restreindre la portée de la loi précitée. Dans le cas où les Caisses eussent existé à cette époque, la loi du 1er décembre 1875 les aurait spécialement visées, car elle exempte de la taxe sur le revenu les parts d'intérêt dans les sociétés en nom collectif et les sociétés coopé-ratives, deux formes adoptées par les Caisses Raiffeisen (1).

« (1) Art. 1 de la loi du 1er décembre 1875. »
« Les dispositions de l'art. 1er, § 3 de la loi du 29 juin 1872 ne sont

A ce double titre, elles échappent donc à la perception de
la taxe.

 Si la loi du 28 décembre 1880 semble viser les Caisses
Raiffeisen en soumettant à la taxe sur le revenu « les parts
« d'intérêt dans les sociétés où les bénéfices ne sont pas
« distribués entre les membres » (art. 3), de nombreuses
raisons en écartent ici l'application. En premier lieu, elle
n'infirme en aucune manière l'autorité de la loi de 1875,
et l'exemption que celle-ci prononce en faveur des sociétés
coopératives et en nom collectif subsiste toujours. Il n'y a
pas d'ailleurs à se méprendre sur le but de la loi nouvelle,
elle vise exclusivement les congrégations religieuses, cela
résulte des travaux préparatoires et des termes dans lesquels elle est conçue. L'art. 3 parle d'associations reconnues, l'art. 4 d'accroissement par suite de réversion au
profit des membres restants (1); ce sont des caractères
propres aux congrégations religieuses. Il ne s'agit nullement
des Caisses Raiffeisen, la loi française ne les reconnaît, ni ne les autorise ; et comment admettre l'éventua-

« pas applicables aux parts d'intérêts dans les sociétés commerciales
« en nom collectif... »
    « Art. 2. — La même exception s'applique aux parts d'intérêts
« dans les sociétés de toute nature, dites de coopération... »
    « (1) Art. 3 de la loi du 28 décembre 1880. »
    « L'impôt établi par la loi du 29 juin 1872 sur les produits et béné-
« fices annuels des actions, parts d'intérêt et commandites sera payé
« par toutes les sociétés dans lesquelles les produits ne doivent pas
« être distribués en tout ou partie entre leurs membres. Les mêmes
« dispositions s'appliquent aux associations reconnues et aux
« sociétés ou associations, même de fait, existant entre tous ou
« quelques-uns des membres des associations reconnues ou non
« reconnues. »
    « Art. 4. — Dans toutes les sociétés ou associations civiles qui
« admettent l'adjonction de nouveaux membres, les accroissements
« opérés par suite de clauses de réversion, au profit des membres
« restants, de la part de ceux qui cessent de faire partie de la société
« ou association, sont assujettis aux droits de mutation par décès. »

lité d'un accroissement en faveur des membres restants, en présence de statuts interdisant le partage de la réserve (art. 21), et tout versement de la part des membres (art. 14.)

La formule de la loi était trop compréhensive. De tous côtés s'élevèrent des protestations : toutes les sociétés « d'assurances mutuelles, de secours mutuels réclamèrent ; « puis les sociétés ayant un but scientifique, littéraire ou « musical, depuis la dernière chorale de village jusqu'à « l'Académie française. Une circulaire du 21 juin 1881 vint « expliquer la loi. Elle dispensa toutes ces sociétés de « l'impôt, sous le prétexte que si elles ne distribuent pas · « en fait des bénéfices, leur organisation ne leur interdit « pas d'une manière absolue de distribuer entre leurs « membres les produits dépassant les besoins de l'associa- « tion (1) ». Les Caisses Raiffeisen rentrent absolument dans les termes de la circulaire ministérielle. Au cas de dissolution, dit l'art. 21, la réserve est employée à rembourser aux associés les intérêts payés par chacun d'eux, en commençant par les plus récents et en remontant jusqu'à son épuisement complet.

285. La question de savoir si les Caisses Raiffeisen se trouvent soumises à l'impôt de la patente a donné lieu à de très vives controverses. En 1894, la Caisse de Sermérieu (Isère), conformément aux statuts, avait affecté l'excédent de ses bonis à une subvention en faveur de l'école des sœurs de la commune, un contrôleur la soumit à la patente, et le Conseil de préfecture de l'Isère repoussant la demande en décharge, maintint la taxe. (12 juillet 1895.) On se

(1) Hostache. Congrès des Banques populaires françaises. Actes du Congrès, p. 40,
Nous avons cité également la circulaire ministérielle d'après ce rapport.

pourvut en Conseil d'État sur l'avis de M. Durand, président de l'Union des Caisses rurales françaises.

La Caisse rurale de Sermérieu, disait-on, rentre strictement dans la définition des sociétés coopératives, son but consiste à fournir du crédit à ses seuls membres, elle ne leur procure jamais de bénéfices, et leur permet seulement de réaliser des bénéfices sur les emprunts contractés par eux. Dans les sociétés coopératives ordinaires, on répartit les excédents entre les associés, à titre de remboursement du trop perçu sous le nom de ristourne, les statuts des Caisses Raiffeisen interdisent ce mode de procéder, ils obligent les administrateurs à diminuer le taux de l'intérêt dans la mesure du possible, et pour les inciter à cette réduction, ils prononcent la confiscation des excédents au profit d'une œuvre d'utilité générale, sans qu'aucun des associés puisse en profiter personnellement. Jamais il n'est venu à l'idée des fondateurs des Caisses de venir en aide à des étrangers. La clause « de l'art. 14 a un caractère comminatoire et ne sera jamais appliquée en fait (1) ».

Elles empruntent de l'argent à des étrangers, mais les coopératives de consommation n'achètent jamais à leurs membres les denrées dont elles font profiter leurs adhérents et ne perdent pas pour cela leur caractère.

L'art. 1er de la loi du 21 juillet 1880 astreint au paiement de la patente les individus exerçant un commerce, une industrie, une profession. Dans toute profession, c'est là le trait distinctif, on cherche uniquement à réaliser des bénéfices. Comme on ne peut assigner ce but aux sociétés de consommation et de crédit (2) (art. 14 des statuts), car

---

(1) Tous ces renseignements sont tirés de la *Jurisprudence municipale et rurale*, second fascicule de 1898, 22, rue Cambacérès, Paris.
(2) L'art. 14 en effet, prohibe toute attribution de dividendes.

ce n'est pas une profession d'être consommateur ou emprunteur, la patente ne les frappera donc pas.

Le Conseil d'État lui-même, à quatre (1) reprises différentes, avait adopté cette manière de voir, déclarant « qu'on ne saurait considérer comme exerçant une profession, une industrie, un commerce, une société où les membres sont soumis à l'agrément préalable du Conseil d'administration et où les avantages se répartissent entre eux seuls (2).

(1) En ce sens. Conseil d'Etat, 8 juin 1877. Société coopérative d'Anzin, D. P.. 1877, III, p. 100. Conseil d'État, 29 juin 1877, Société coopérative de Guérigny, D. P., 1877, III, p. 101. Conseil d'État, 17 novembre 1876, Boulangerie des familles. D. P., 1877, III. p. 12. Conseil d'État, 7 juin 1878. Société des mineurs de St-Rémy-sur-Avre, D. P. 1878, 3e partie, p. 104. Voici les termes mêmes de ce dernier arrêt :

« Considérant qu'il résulte de l'instruction et notamment des statuts
« de la Société philanthropique coopérative de St-Rémy-sur-Avre
« que cette Société a pour but d'acheter et de distribuer en commun
« des denrées et objets de première nécessité ;

« Que les membres de la Société ont seuls le droit de s'approvi-
« sionner dans les magasins que ladite Société possède ;

« Que la qualité d'associé ne s'acquiert que par une décision de
« l'Assemblée générale prise sur la présentation de deux sociétaires
« et l'avis du Conseil d'Administration et le versement préalable
« d'une cotisation dont le minimum est fixé à 20 francs et le maxi-
« mum à 500 francs ;

« Que si les sommes représentant la différence entre le prix d'achat
« et le prix de vente, déduction faite des frais généraux et de l'inté-
« rêt des cotisations, sont distribuées sous le nom de bénéfice aux
« associés. elles sont réparties au prorata de la valeur des denrées
« prises par chacun d'eux pendant l'année ;

« Que dans ces circonstances, la Société philanthropique coopéra-
« tive de Saint-Rémy-sur-Avre ne peut être considérée comme exer-
« çant une industrie, une profession ou un commerce dans le sens
« de l'article 1er de la loi du 25 avril 1844, et que c'est à tort qu'elle
« a été imposée et maintenue à la contribution des patentes en qua-
« lité de marchand de vins en gros, de marchand de bois à brûler,
« de marchand de tissus en détail et de marchand de charbon de
« terre en demi-gros.

« Article premier. — Les arrêtés , sont annulés.
« Art. 2. — Décharge. »

(2) Mêmes caractères dans les Caisses Raiffeisen, où l'admission dés membres est soumise à l'approbation du Conseil (art. 8), et où la Caisse prête à eux seuls (art. 16).

286. De son côté, le ministre des finances invoquait l'art. 15 des statuts (1) où il est dit que les Caisses peuvent se procurer des fonds en s'adressant à des membres étrangers. Ce seul caractère, disait-il. fait perdre à une association mutuelle son caractère. D'ailleurs, comme on n'a fixé aucune limite pour le montant des dépôts, la Société est en mesure de se procurer un capital excédant ses besoins pour se livrer à des opérations financières. Toujours, à propos du même article, il ajoutait : Dans une société coopérative, il ne peut, à proprement parler, exister de bénéfices, car les bonis provisoires ont le caractère d'un trop-perçu destiné à être remboursé aux associés. Dans la Caisse rurale de Sermérieu, au contraire, les bénéfices dont la réalisation est prévue par les statuts sont acquis à titre définitif à l'association qui les emploie comme elle le juge convenable.

Le premier argument invoqué par le ministre reposait sur une contradiction manifeste. On reconnaissait à la Caisse le droit d'emprunter à des étrangers et on lui déniait celui de recevoir de la part d'étrangers des dépôts d'argent, l'emprunt et l'acceptation des dépôts sont cependant une seule et même opération juridique, malgré la différence des termes employés. Nous ne voyons pas comment le fait d'avoir des rapports avec les étrangers, d'en recevoir des dépôts, peut altérer le caractère coopératif d'une société. Si l'art. 15 ne limite pas les emprunts de la Caisse, celle-ci ne peut cependant se livrer à des opérations financières, en raison de l'art. 16 (2) qui lui interdit de sortir du cercle des opérations purement mutuelles.

« (1) La société se procure les capitaux nécessaires à son fonction-« nement en versant des dépôts à échéance ou à vue, soit de ses « membres, soit d'étrangers. Elle peut aussi faire réescompter les va-« leurs bancables qu'elle posséderait dans son portefeuille. » Cet article a été complètement modifié. Voir *supra*, p. 39.

(2) Art. 16. Elle prête des capitaux à ses seuls membres à l'exclusion de tous autres.

C'était également une méprise de voir dans l'attribution des bonis à l'école privée de Sermérieu une preuve évidente du caractère commercial de la société. Jamais la Caisse n'avait réalisé de bénéfices pour son propre compte Cette attribution était seulement une clause pénale dont jamais l'école n'avait profité.

287. Le Conseil d'Etat se prononça cependant dans le sens indiqué par le ministre des finances et motiva le rejet de la demande en décharge pour les raisons suivantes :

« Au fond considérant d'une part qu'il résulte des
« termes mêmes des statuts que la Caisse rurale ne se
« borne pas à demander à des bailleurs de fonds étran-
« gers, les capitaux strictement nécessaires à la réali-
« sation des emprunts contractés par ses membres, mais
« qu'elle reçoit des dépôts à terme ou à vue, et qu'elle se
« livre à des opérations rentrant dans l'exercice de la pro-
« fession d'escompteur ;

« Considérant d'autre part, que si les bénéfices assurés
« à la société par la différence entre l'intérêt qu'elle sert
« aux prêteurs et celui qu'elle reçoit de ses membres sont
« employés à la constitution d'un fonds de réserve, ce
« fonds destiné à couvrir les déficits et à réduire le taux
« de l'intérêt, et qu'elle pourrait même répartir entre les
« associés, au prorata de leurs opérations reçoit une autre
« affectation : qu'en effet, les statuts en prévision du cas
« où la réserve atteindrait un capital excédant les besoins
« sociaux prescriventdedisposer de cet excédent en faveur
« d'une œuvre étrangère à la société, qu'ainsi la requé-
« rante n'est pas fondée à soutenir qu'elle a pour but
« unique de procurer à ses membres le crédit qui leur est
« nécessaire, qu'il suit de là, que c'est à bon droit qu'elle

(4) Tous ces renseignements sont empruntés à la *Jurisprudence municipale et rurale* citée plus haut, p. 292.

« a été imposée et maintenue à sa contribution des
« patentes et que la requète doit être rejetée (1). »

Malgré la compétence incontestable du Conseil d'État
en pareille matière, sa bonne foi nous semble avoir été
surprise. Il n'y a qu'une chose à considérer ; la société
procure-t-elle du crédit au public en réalisant un bénéfice
sur le public ? Elle doit être soumise à la patente, mais ce
n'est pas là le cas des Caisses Raiffeisen. Ici, les associés
ne procurent du crédit qu'à eux-mêmes, en réalisant une
économie. Ils ne sont pas des escompteurs et n'exercent
pas de profession au sens financier du mot. L'affectation
des excédents à une œuvre d'intérêt général est une clause
accessoire, une clause pénale et le crédit à bon marché
demeure toujours l'unique but de la société. Il serait contraire à la réalité des faits de supposer chez le paysan assez
de désintéressement pour accepter une augmentation
d'intérêt dans un but d'utilité générale.

288. M. Méline, dont la sympathie à l'égard des Caisses
s'est manifestée à plusieurs reprises (2), conseilla à M. Durand de modifier ses statuts et de les calquer sur les termes
mêmes de l'arrêt. Suivant ces précieuses indications,
M. Durand proposa aux Caisses de se réunir en assemblée
générale et de voter des modifications aux statuts (3). Dorénavant les Caisses s'interdisaient la réception des dépôts,
l'usage des billets à ordre, et supprimaient l'affectation de

(1) 24 décembre 1895.
(2) Il répondait le 28 nov. 1897 à M. Lemire : « Tant que la société
« coopérative reste renfermée dans ses limites naturelles, ne fait
« d'opérations qu'entre ses membres, le fisc n'a pas à se mêler de
« ses affaires... mais aussitôt qu'une société coopérative fait des opé-
« rations avec des tiers, dans un but commercial, en vue d'un béné-
« fice, à partir de ce moment cette société change de caractère et il
« est absolument naturel et juste, qu'elle soit soumise au droit com-
« mun. *Journal officiel*, 1897, 2619.
(3) *Bulletin mensuel des Caisses*, janvier 1898.

l'excédent de la réserve à une œuvre d'utilité générale, en l'employant à diminuer le taux de l'intérêt, et au cas de dissolution à rembourser les intérêts payés par les membres (1). Un grand nombre de Caisses se conformèrent aux conseils de la direction, et le mouvement un instant ralenti, continua à se propager (2).

289. On proposa alors l'objection suivante : L'article 20 des statuts interdit à l'assemblée générale de déroger aux dispositions qui interdisent la distribution des dividendes et le partage de la réserve entre les associés, les nouvelles modifications sont en désaccord avec cette clause, une dissolution s'impose, sous peine de nullité absolue.

---

(1) Voici les termes de la circulaire adressée par l'*Union* à chacune des caisses : « Dans l'article 14 sont supprimées les phrases sui« vantes : Les associés n'ont aucun droit sur cette réserve qui ne » peut jamais être répartie entre eux, même au cas de dissolution « de la Société. Quand la réserve atteint un capital suffisant pour « tous les besoins de la caisse, sans recourir à des capitaux emprun« tés, le surplus est affecté par une décision de l'Assemblée générale, « à une œuvre d'utilité publique.

« L'art. 15 reproduit plus haut est remplacé par la disposition suivante :

« La Société emprunte, soit à des membres, soit à des étrangers, « les capitaux strictement nécessaires à la réalisation des emprunts « contractés par ses membres.

« L'article 21 ancien ainsi conçu : La Société est fondée pour un « temps illimité. En cas de dissolution, sa réserve n'est point répar-« tie entre les associés, mais est affectée à une œuvre d'utilité géné« rale que désignera l'Assemblée générale qui prononcera la disso-« lution, est ainsi remplacé :

« La Société est fondée pour un temps illimité ; en cas de dissolu-« tion, sa réserve est employée à rembourser aux associés, les « intérêts payés par chacun d'eux, en commençant par les plus « récents et en remontant jusqu'à épuisement de la réserve.

« Dans les articles 16 et 18 on supprima les mots de billets à ordre.

« Dans l'article 20, on enleva une phrase interdisant d'une manière « absolue la réserve entre associés. »

(2) Le dernier numéro du Bulletin mensuel enregistrait, depuis l'arrêt, 69 Caisses nouvelles ce qui porte leur nombre aujourd'hui à 682.

« Mais les nouveaux statuts interdisent toujours expres-
« sément dans la partie de l'art. 14 qui a été conservée, la
« distribution des dividentes. La réserve se compose tou-
« jours de « tous les bénéfices réalisés par la Caisse sur ses
« opérations ». Donc tous les bonis vont à la réserve,
« rien n'est distribué aux associés. L'attribution à une
« œuvre des bonis inutilement réalisés par la Caisse, n'était
« que la sanction de l'interdiction de distribuer des divi-
« dendes. Ce n'était qu'une menace adressée aux associés
« pour leur faire comprendre qu'ils n'avaient aucun avan-
« tage à maintenir les taux élevés et qu'ils avaient au
« contraire un avantage sérieux à abaisser le taux dans la
« mesure du possible. La sanction est supprimée, mais la
« prohibition du dividende reste, et elle suffit pour main-
« tenir à la Caisse rurale son caractère d'association désin-
« téressée, recherchant exclusivement le crédit à bon
« marché pour ses membres et excluant toute tentative de
« spéculation ou d'usure. (2) »

En second lieu, le remboursement aux associés des
intérêts payés par chacun d'eux, en commençant par les
plus récents jusqu'à épuisement complet de la réserve,
n'équivaut pas à un partage.

Un partage est l'acte qui met fin à l'indivision en attribuant à chacun des co-propriétaires, un droit exclusif pour
son apport dans la masse commune. Le partage a lieu
entre tous les co-propriétaires. Or, l'attribution de la
réserve à titre de remboursement des intérêts votée par
l'Assemblée générale, n'est faite qu'aux adhérents emprunteurs. Le partage n'a lieu qu'entre les co-propriétaires. Or,
l'attribution de la réserve votée par l'Assemblée générale
est faite seulement au profit des emprunteurs, qui peuvent ne pas être des co-propriétaires, s'ils ont cessé depuis

(2) *Bulletin mensuel des Caisses rurales*, Avril 1898, p ·27.

leur emprunt d'être membres de la Caisse. Le partage peut être exigé par tout co-propriétaire dans l'indivision (815 C. civ.). Or, le membre d'une Caisse rurale dissoute qui ne lui a pas fait d'emprunt n'aurait aucun droit à l'attribution de la réserve votée par l'Assemblée générale. Les créanciers d'un membre de la Caisse dissoute ne pourraient pas user du droit que l'art. 882 C. civ. donne aux créanciers d'un co-partageant, d'intervenir dans le partage pour éviter qu'il ne soit fait en fraude de leurs droits. L'attribution de la réserve votée par l'Assemblée générale ne donnerait lieu ni à l'effet déclaratif de l'art. 883 C. civ., ni à la garantie des lots de l'art. 884, ni à la rescision pour lésion de l'art. 887, ni à aucune des règles propres au partage.

L'Assemblée générale, en votant le nouvel art. 21 n'a pas autorisé le partage de la réserve entre les associés. En décidant que le capital liquidé aurait une autre destination conforme au but de l'institution, elle l'a formellement soustrait au partage entre les associés. Elle n'a donc pas violé l'art. 20, et la délibération, dès lors, est régulière.

Du reste, si l'Assemblée générale avait porté atteinte à l'indivisibilité de la réserve et à l'affectation des bénéfices, comme ces clauses n'intéressent pas l'ordre public, le consentement mutuel aurait pu les révoquer. 1134 C. civ. Il eût fallu l'adhésion de tous les associés, mais elle aurait pu intervenir séparément pour chacun et même après coup. La nullité en tous cas ne porterait que sur cette clause, et la Caisse serait toujours à temps pour la modifier. (1)

Les Caisses Raiffeisen fonctionneront donc régulièrement à l'avenir, sans encourir en aucune manière la patente : cela résulte des termes mêmes de l'arrêt du Conseil d'Etat.

(1) Nous avons emprunté tout ce paragraphe à une consultation de M. Poidebard, mise à notre disposition par M. Durand.

290. Nous indiquons de prime abord la même solution à l'égard du droit d'accroissement, il ne saurait frapper en aucune manière les Caisses Raiffeisen.

Si elles admettent l'« adjonction de nouveaux membres » et rentrent de ce chef dans le champ d'application de l'art. 4 de la loi du 28 décembre 1880 (1), il n'existe pas, dans leurs statuts de clause de réversion attribuant aux membres restants la part de ceux qui, pour une raison ou une autre, cessent de faire partie de la Caisse. Jamais la réserve n'est l'objet d'un partage (2), les sorties, les décès, les exclusions n'augmentent en aucune manière les droits des membres restants. A ce point de vue, comme sous beaucoup d'autres, nous ne rencontrons aucune analogie entre lee Caisses Raiffeisen et les congrégations religieuses.

291. On ne saurait tirer un argument du texte de l'art. 9 de la loi du 29 décembre 1884 (3). Au premier abord, il semble élargir le champ d'application de la loi de 1880, mais nous ferons à ce sujet deux réflexions. En premier lieu, si la loi soumet au droit d'accroissement « les sociétés ou associations dont l'objet n'est pas de distribuer des bénéfices », c'est uniquement pour déjouer une fraude tout indiquée pour les associations, consistant à adopter les formes de la Société, afin d'échapper aux exigences du fisc. La lecture attentivre de la loi de 1884 confirme cette manière de voir, car elle ne vise pas les associations, ni toutes les sociétés, mais celles seulement désignées par

---

(1) Voir plus haut le texte de ces deux articles, n° 286.

(2) Voir plus haut, n° 288, 290.

(3) « Art. 9. — Les impôts établis par les articles 3 et 4 de la loi « de finances du 28 décembre 1880 seront payés par toutes les con- « grégations, communautés et associations religieuses autorisées ou « non autorisées et par toutes les sociétés ou associations désignées « dans cette loi, dont l'objet n'est pas de distribuer leurs produits « en tout ou partie entre leurs membres.

la loi de 1880. On a vu plus haut comment les termes de cette dernière se prêtaient mal à un caractère général, comment, au contraire, ils s'appliquaient exclusivement aux congrégations. La portée de ces deux lois est exactement la même, ni l'une ni l'autre ne comprend dans ses termes les Caisses Raiffeisen.

292. Quant à loi du 16 avril 1895, dont le but est de convertir le droit d'accroissement en une taxe annuelle et obligatoire sur la valeur brute des biens possédés par les congrégations, elle se réfère expressément aux lois précitées, sans en augmenter en aucune manière l'étendue. Il n'existe pas de disposition législative soumettant les Caisses Raiffeisen au droit d'accroissement.

§ 3. — *Obligations des Caisses Raiffeisen en matière de timbre.*

293. A l'encontre des divers impôts précédemment cités, le timbre rentrerait plutôt dans les conditions de forme des Caisses Raiffeisen. Il s'applique au contrat, aux adhésions des membres, aux effets de la Caisse.

Le contrat des Caisses Raiffeisen étant destiné « à être produit en justice et à y faire foi » (article 1er de la loi du 13 brumaire, an VII), est assujetti au timbre de dimension, (article 2 même loi) sous peine d'une amende de 50 fr. (1).

294. C'est également sur papier timbré que doivent se produire les adhésions des membres nouveaux. On avait prétendu assimiler le registre des entrées et des sorties aux livres de commerce et on réclamait de ce chef l'exemption en sa faveur de l'impôt du timbre. Cette analogie ne saurait résister à un examen sérieux. Si la loi

« (1) Art. 22. Loi 2 juillet 1862. — L'amende est de 50 francs pour « chaque acte ou écrit sous signature privée soumis au timbre de « dimension et fait sur papier non timbré. »

du 20 juillet 1837 (article 4) a supprimé le droit de timbre pour les livres de commerce, elle l'a remplacé par des impôts additionnels ajoutés à la patente, et comme ce dernier impôt ne frappe pas les Caisses Raiffeisen (1), elles ne sauraient invoquer une exemption de faveur dont elles ne remplissent pas les charges correspondantes imposées par la loi.

Le registre des entrées et des sorties ne présente pas les caractères d'un livre de commerce, jamais la loi ne lui a concédé la même force probante, il ne constate pas des opérations de commerce mais un contrat. Nous lui appliquerons en conséquence l'article 12 *in fine* de la loi du 13 brumaire, an VII (2).

Le même acte peut contenir l'adhésion d'un nombre illimité de membres, à la condition qu'ils la donnent le même jour, et qu'elle soit formulée dans la même phrase, avant la date. Mais on ne pourrait pas, sur la même feuille du registre, écrire, à la suite l'une de l'autre, des adhésions ou des démissions, en deux phrases séparées avec deux dates différentes. Arg. art. 22 de la loi du 13 brumaire an VII (3).

295. Conformément à l'art. 12 de la loi du 13 brumaire an VII, tous les actes constatant une dette, par conséquent les actes d'emprunt, de cautionnement des membres de la Caisse sont assujettis au timbre (4). La loi du 5 juin 1850,

---

(1) Voir plus haut, n° 289.

(2) Cet article soumet au timbre : généralement tous livres, registres et minutes de lettres qui sont de nature à être produits en justice et dans le cas d'y faire foi, ainsi que les extraits, copies et expéditions, qui sont délivrés desdits livres et registres.

(3) Voici la formule adoptée par les Caisses Raiffeisen :
Les soussignés Claude Martin et Jacques Bernard adhèrent à la Caisse rurale de N..... et en deviennent membres. N....., le....

(4) « Sont soumis au timbre les actes entre particuliers sous signa-« ture privée..... et généralement tous actes, écrits, écritures, extraits, « copies et expéditions, soit publics, soit privés devant ou pouvant

art. 1, fixe ce droit à 5 centimes o/o. En cas de contravention à cette prescription, la même loi prononce une amende
de six pour cent, art. 4, sans préjudice du paiement des
droits.

296. Jusqu'en 1895, l'administration de l'enregistrement
avait dénié aux Caisses Raiffeisen le droit de se servir d'un
timbre mobile. A cette époque, M. Durand adressa une
requête gracieuse au directeur général de l'enregistrement,
où il réclamait chaleureusement cette prérogative. Il invoquait la généralité du libellé des art. 1er, 3 et 4 du décret
du 19 février 1894, dont les termes semblent comprendre
tous les actes constatant une obligation. « Je trouve un
« autre argument, disait-il, dans l'art. 3, § dernier de la loi
« du 19 février 1874, en vertu duquel le droit de timbre
« des effets de 500 à 1.000 francs est gradué de 100 en 100
« francs. Or, aucune loi, ni aucun décret, n'a créé des
« timbres ou papier timbré de 500 à 600 francs, de 600 à
« 700, etc...

« Si donc j'ai créé un effet de 550, je dois, en vertu de
« l'art. 3 de cette loi, payer un timbre de 50 centimes,
« puisqu'il n'existe que des timbres de 25 et 50 centimes,
« j'ai bien le droit d'employer des timbres mobiles (1) ».

M. le directeur de l'enregistrement de Lyon répondit à
l'administration de l'Union :

« En réponse à votre lettre du 28 mars dernier, j'ai l'hon-
« neur de vous informer que j'ai consulté mon adminis-
« tration sur la question de savoir si le paiement du droit
« de timbre proportionnel auquel sont assujettis les billets
» simples souscrits en France, peut être effectué par l'ap-
« position de timbres mobiles.

« faire titre, ou être produits pour obligation, décharge, justifica-
« tion, demande ou défense. »

(1) *Bulletin mensuel des caisses rurales*, mai 1895, p, 3.

« Par une dépêche du 20 avril courant, M. le directeur
« général de l'enregistrement me fait connaître qu'après
« un nouvel examen de la difficulté, l'administration qui
« avait jusqu'à présent adopté la négative, ne croit pas
« devoir persister dans cette interprétation, et qu'il con-
« vient d'admettre que le législateur a entendu assimiler
« complètement les obligations non négociables aux effets
« de commerce, non seulement en ce qui concerne le tarif,
« mais encore quant au mode de paiement du droit de
« timbre.

« J'ajoute qu'il existe pour les effets au-dessus de 500 fr.
« jusqu'à 1.000 fr. des coupons de la débite et des tim-
« bres dont la quotité varie suivant les sommes (décret
« 19 février 1874, art. 5 ; et 18 juin 1874, art. 1) et que
« vous pouvez vous procurer de ces espèces de timbres
« soit dans les bureaux d'enregistrement, soit chez les dis-
« tributeurs auxiliaires de papier timbré.

« *Le Directeur de l'Enregistrement de Lyon.* »

297. La nécessité du timbre s'impose également à l'acte
de cautionnement. S'il intervient au moment de l'obligation principale, et si, pour éviter les difficultés, on a soin
de le comprendre dans la même formule, avant la date ;
dans ce cas, les prescriptions de la loi se trouvent remplies
en même temps, à l'égard des deux actes. Un acte distinct
est nécessaire, s'il est constaté après coup. On a bien
invoqué en sens contraire, le caractère accessoire du cautionnement, dont le sort intimement lié à celui de l'obligation principale en suit toutes les vicissitudes et les cessions, mais il nous semble difficile de soustraire cet acte

(1) *Bulletin mensuel de l'Union des Caisses rurales et ouvrières*,
mai 1895, p. 3 et 4.

aux principes généraux de l'art. 12 de la loi du 13 brumaire, an VII.

298. Les membres du Conseil d'administration trouveront dans le Manuel, p. 24 et 25, un certain nombre d'avis, destinés à éviter aux Caisses les amendes prononcées par la loi, pour infractions aux règles sur le timbre. Les art. 21 et 22 de la loi de brumaire an VII, défendent d'écrire sur l'empreinte du timbre et d'employer à un acte une feuille destinée à un autre et non achevée. Une amende de 15 fr. dans le 1er cas, de 30 fr. dans le second, assurent l'observation de ces prescriptions. (Art. 26.)

CONCLUSION

299. S'il était permis de formuler un vœu au terme de cette modeste étude, nous souhaiterions de la part des pouvoirs publics un peu plus de bienveillance à l'égard des Caisses Raiffeisen, nous leur demanderions de les laisser s'épanouir librement en France. Elles réalisent les plus grandes idées d'une démocratie : la décentralisation, la liberté, l'initiative privée. A ce titre seul, elles mériteraient dans nos lois une place de faveur.

« Lorsqu'un peuple est arrivé à l'état de civilisation où « nous sommes, disait M. Jules Roche le 21 juin 1798 (1) à « la Chambre des députés, une seule chose lui est néces- « saire, c'est la liberté, la liberté d'action, parce qu'elle est « le plus grand, le seul ressort de l'âme humaine, et que « tout ce qui s'est accompli de grand parmi les peuples, « s'est accompli par la liberté de l'homme, la liberté du « travail et par la responsabilité qui est la conséquence « nécessaire et inévitable de la liberté.

« Le seul résultat auquel on arrivera si l'on reste dans « la direction générale où on semble s'engager, toutes les « fois qu'une question se présente, c'est-à-dire dans l'inter- « vention excessive, abusive, universelle de l'État, qui « devient le facteur principal et presque unique de la civi- « lisation d'un peuple, le principal et le plus sûr résultat,

(1) Séance du 21 juin 1897. *Journal officiel* 1897; p. 1609.

« c'est qu'au lieu de développer la force des individus qui
« constituent la nation, on l'aura affaiblie. C'est une con-
« tradiction singulière et qui confond mon esprit lorsque
« j'y vois tomber des républicains : d'une part vous procla-
« mez le principe de la liberté pour en faire le principe
« supérieur et dominant du gouvernement de ce pays ;
« vous déclarez que la nation française ne doit vivre que
« que par la liberté et que par l'usage seul de cette liberté,
« elle doit gouverner ses destinées ; et aussitôt, par je ne
« sais quelle contradiction, il semble que vous vouliez
« frapper d'incapacité le citoyen dans l'ordre de l'activité
« individuelle. Ce citoyen, membre d'un peuple souverain,
« qui dirige souverainement les destinées de la nation, qui
« a charge pour l'avenir de ce patrimoine de mille ans de
« grandeur et de gloire, lorsqu'il s'agit de la direction de
« ses affaires privées, du foyer domestique, du moindre
« acte personnel, ne serait plus digne de la liberté.

« La liberté du citoyen dans l'ordre privé et la liberté
« du citoyen dans l'ordre public sont deux faces de la
« même médaille. Si le citoyen doit être libre et souverain
« dans l'ordre des affaires publiques, à plus forte raison,
« et pour sa dignité, et pour la prospérité de la nation,
« devez-vous le laisser libre dans l'ordre des affaires
« privées. »

Et, indépendamment de cela, les Caisses Raiffeisen ne
sont-elles pas la plus éclatante manifestation de la solidarité
humaine, la meilleure école de la fraternité ? Elles ne cherchent pas la réalisation de leur rêve à travers les lueurs
d'incendie du socialisme, elles se contentent de rapprocher
les cœurs par le contact de chaque jour. Au milieu de
notre lutte pour la vie, elles entr'ouvrent des horizons
reposants. Et les miséreux, les déshérités, car la misère
existe dans nos campagnes comme au temps de Labruyère,

ceux qui se tournent menaçants, l'esprit aigri, contre la société égoïste, laissent leurs cœurs s'ouvrir à l'affection, devant la bonté de leurs frères. Ils redeviennent des hommes en dépouillant leurs haines.

Vu à Grenoble, le 14 Mai 1898 :

Le Doyen, président de la Thèse,

C. TARTARI.

Vu et permis d'imprimer :

Le Recteur, président du Conseil de l'Université.

Grenoble, le 14 Mai 1898,

Ant. BENOIST.

ERRATA

Pages	Ligne	Au lieu de	Lire
27	17	Wollembourg	Wollemborg
55	33	*Lande*	*lande*
56	1	Henven	Heuvel
56	12	Roussau	Rousse
57	30	Capacité juridique	Epinay. Capacité juridique
69	7	dèeret	décret
83	22	s'est	c'est
87	9	prineipe	principe
95	8	Dispositons	Dispositions
148	13	Reste	Restent
159	1	1225	1325
171	8	constaster	constater
182	16	Opérations agricoles	Opérations
197	1	Une des clauses	198. Une des clauses
228	27	du débiteur	au débiteur
239	1	339	239

c

TABLE DES MATIÈRES

	Pages
INTRODUCTION	1
Exposé des projets de loi sur le crédit agricole.	2
Les Caisses Raiffeisen en Allemagne.	26
Les Caisses Raiffeisen en Italie.	27
Les Caisses Raiffeisen en France.	29
Statuts des Caisses.	32
DIVISION	41

CHAPITRE PREMIER

Notions générales sur le contrat des Caisses Raiffeisen	42
SECTION I. — Validité du contrat des Caisses Raiffeisen.	43
SECTION II. — Nature du contrat des Caisses Raiffeisen	48
A) Ce ne sont pas des sociétés aux termes de l'article 1832.	49
B) Les Caisses Raiffeisen sont-elles des associations?	52
C) Les Caisses Raiffeisen sont des contrats innomés	61
D) Le contrat des Caisses Raiffeisen entre les parties est un mandat.	73
SECTION III. — Des effets généraux du contrat des Caisses Raiffeisen.	76
A). Du caractère civil du contrat des Caisses Raiffeisen	76
B). De la personnalité juridique des Caisses Raiffeisen	87
I. — Historique.	88
§ 1. — A Rome.	88
§ 2. — Au moyen âge	90
II. — Exposé de la théorie de la personnalité des sociétés civiles.	92
§ 1. — Dispositions du Code explicables seulement par l'idée de personnalité	95
§ 2. — Articles du Code qui, dans un système ne se concilient pas avec l'idée de personnalité	96
§ 3. — Droits des sociétés civiles dans le système qui ne leur reconnaît la personnalité	100
§ 4. — Opinion de la jurisprudence en matière de personnalité des sociétés civiles	106
C). Conséquences pour les Caisses Raiffeisen de la personnalité	119

CHAPITRE II
                                                    Pages.
Forme et preuve du contrat des Caisses Raiffeisen 130
Section I. — Forme et publicité du contrat des Caisses Raif-
                feisen. 130
            § 1. — Forme du contrat 130
            § 2. — Publicité 138
Section II. — Preuve du contrat des Caisses Raiffeisen. . . . 150
            § 1. — Tenue du registre des entrées et des sorties 151
            § 2. — Valeur probante des registres des entrées
                et des sorties 156

CHAPITRE III

De la capacité exigée chez les membres des Caisses Raiffeisen. 161
Section I. — De l'admission des incapables dans les Caisses
                Raiffeisen 161
            § 1. — La femme mariée 161
            § 2. — Les autres incapables 172
Section II. — Conditions spéciales de capacité exigées par
                les statuts des Caisses Raiffeisen 175

CHAPITRE IV

Opérations des Caisses Raiffeisen. 182
Section I. — Les opérations des Caisses au point de vue
                économique 182
            § 1. — Conditions des prêts 183
            § 2. — Moyens de se procurer des capitaux . . 194
            § 3. — Créances de la Caisses et leurs garanties 200
Section II. — Les opérations des Caisses Raiffeisen au point de
                vue juridique 210
            § 1. — Le prêt. 211
            § 2. — Titres de créance de la Caisse. 217
            § 3. — Les garanties 220
            A) Le cautionnement 221
            B) Le gage 228
            C) Hypothèque 233
            D) Privilège du vendeur 234

CHAPITRE V

Condition juridique des membres de la Caisse et des adminis-
    trateurs dans leurs rapports avec les tiers. 237
Section I. — Condition juridique des administrateurs à l'égard
                des associés et à l'égard des tiers. 237
            § 1. — Mandat du Conseil d'administration, du
                Conseil de surveillance et du directeur 239

Pages

§ 2. — Etendue de la responsabilité du Conseil
d'administration du directeur et du Conseil de
surveillance   245
A) A l'égard des associés   245
§ 2. — A l'égard des tiers.   252
§ 3. — Solidarité entre les membres du conseil
de surveillance et ceux du conseil d'administration.   254
§ 4. — Montant de la réparation   258
§ 5. — Prescription.   260
Section II. — Condition juridique des membres de la Caisse
à l'égard des tiers.   263
§ 1. — Rang dans les poursuites des membres
de la Caisse   264
§ 2. — Obligation et contribution des membres
de la Caisse aux dettes sociales.   276
§ 3. — Durée de la responsabilité des membres
de la Caisse   280

APPENDICE

Quelques questions de droit fiscal au sujet des Caisses Raiffeisen.   285
§ 1. — Enregistrement de l'acte de constitution   286
§ 2. — Les Caisses Raiffeisen sont-elles soumises
aux taxes ordinaires qui frappent les associations : l'impôt sur le revenu, la patente et le
droit d'accroissement ?   289
§ 3. — Obligations des Caisses Raiffeisen en
matière de timbre.   301

CONCLUSION   306

TABLE ALPHABÉTIQUE DES MATIÈRES

Les chiffres renvoient aux numéros. — La lettre *n* précède l'indication des notes. — La lettre *p* celle des pages.

A

Abonnement. Les Caisses Raiffeisen et le droit d'abonnement, 292.

Accroissement (Droit d'). Son application aux Caisses, 290, 291.

Acomptes. (Remboursements par), 188.

Action. Droit des Caisses d'intenter des actions en leur nom, 112, 114, 115, 116.

Adhésions. Forme, 148, 149, 294. — Enregistrement, 283.

Administrateurs. Nomination *p*. 34. — Fonctions *p*. 34, 244. — Principes de leur responsabilité, 245. — Vis-à-vis des associés, 240, 250. 261. — Vis-à-vis des tiers, 255, 256. — Leur solidarité, 254, 258. — Montant réparation. 260.

Agriculteurs. Leur droit d'entrée exclusive dans les Caisses Raiffeisen, 182.

Améliorations foncières. Projets tendant à indemniser le fermier dans ce cas, 5, 12, 17.

Assemblée générale. Les Caisses. Droits. Obligations. Convocation *p*. 34, 35. — Leur liberté, 50.

Associations. Définition, 48, 49. — Droits, 51, 52. — Différences avec Caisses Raiffeisen, 54, 55, 56. — Obligations au point de vue de la loi pénale, 50.

Assurance obligatoire. Projets tendant à son organisation, 20.

Autorisation maritale. Fondement, 161, 162, 163, 164, 165. — Etendue du principe de la spécialité de l'autorisation, 159, 162, 163. — Sa nécessité pour habiliter les femmes à faire partie des Caisses, 159. — Recours au cas de refus, 168. — Forme, 173.

B

Banque centrale. Projets tendant à son organisation Wolowski, 5. — Mosselmann, 7. — De Germiny, 7, — Jaurès, 26. — Codet, 26. — Paschal Grousset, 26. — Création et échec de la banque de 1860, 8 et 9.

Banque locale. Projets, 27. — Leur incontestable supériorité. 194.

Banques régionales. Projets, 27, — Celles des Caisses Raiffeisen, 32.

Billet à ordre. Son emploi dans les Caisses, 201. — Son interdiction, 287. Son assimilation aux actes de commerce, 14.

Billets civils. Son emploi dans les Caisses, 201, 202, 219.

Bénéfices dans les sociétés coopératives, 60 61, 62.

— dans les sociétés du Code, 45.

— dans les Caisses Raiffeisen. 61, 68.

C

Caisses d'épargne. Affectation de leurs disponibilités au crédit agricole (projet Lockroy), 19. — Rôle des Caisses Raiffeisen comme caisses d'épargne, 199.

Caisses Raiffeisen. Validité du contrat, 36 et suivants, — Sa nature, 44, — Son caractère civil, 73, 74. 75.

Capitaux. Moyens pour les Caisses de s'en procurer, 32, 199, 200.

Capital variable (Sociétés à). Ressemblances avec Caisses Raiffeisen, 58, 59, 60, 62. — Applications de leurs règles à ces dernières, 58, 59, 60, 62.

Cause des Caisses Raiffeisen, 39, 62.

Caution. Avantages économiques comme garantie, 208. — Définition, 224. — Forme, 224. — Bénéfice de discussion et de division, 225. — Ordre de poursuite du créancier à l'égard de la caution, 227. — Effets pour la caution de la déchéance du terme de l'obligation principale, 228. — Caution et codébiteur solidaire, 270, 271. — Conséquences, 272. — Extinction, 231. — V. Solidarité.

Chambre d'agriculture. Projet de loi, 17.

Cheptel. Projets de lois, 10, 12.

Circonscription des Caisses (étendue), 29, 194.

Comité de propagande dans les Caisses, 32.

Commercialisation des engagements agricoles. — Projets, 10, 12, 14, 18.

Commissions organisées pour le crédit agricole, 1856, 7; 1866, 10, 1882, 11.

Comptable dans les Caisses, *p*. 38, 182.

Compte courant. Son emploi dans les Caisses, 195.

Condamnation de l'un des membres des Caisses. Son effet, 180.

Congrégations religieuses. Différences avec Caisses, 290, 54, 55.

Consentement dans les Caisses, 37.

Constitution des Caisses, 124, 129. Acte (forme de), 124.
Conseils de surveillance. Fonctions 244. — Principes de leur responsabilité, 246, 248.— Son caractère spécial dans les Caisses, 247. Responsabilité vis-à-vis des associés, 249, 250. — Vis-à-vis des tiers, 255, 256. — Leur solidarité, 259. — Montant réparation, 261, 262.
Contrat innomé. Règles, 57, 58. Enregistrement, 281. — Application de leurs règles aux Caisses Raiffeisen. Raisons de cette assimilation, 57, 58, 63.
Créances de la Caisse. Forme 201. Les créances en gage, 233.
Crédit agricole. Exposé de sa nécessité, 184 185. — Ses conditions, 186, 187, 188, 199.

— · — · — · **D** · — · — · —

Décimes à ajouter aux droits d'enregistrement, 281. — Origine et Montant, 281.
Déconfiture. Cause d'exclusion des Caisses, 179.
Définition des Caisses Raiffeisen, 71.
Démission. Droit des administrateurs de la douane, 252. — Démissions successives dans le conseil, 253. — Cas où elle engage leur responsabilité, 254. — Effets de la démission des membres de la Caisse, 276.
Délai pour effectuer formalités publicité, 133.
Dépôt. Utilité des dépôts dans les Caisses Raiffeisen, 199 ; leur interdiction, 287. — Formalité de publicité. — Dépôt au greffe de l'acte de constitution, 131, 133. — Dépôt annuel au greffe des noms de tous les membres des sociétés de 1894, 66.
Directeur. Son assimilation avec les administrateurs, 245. — Principes de sa responsabilité, 245. — Ses fonctions, 244, p. 35.
Dissolution des Caisses, p. 40 ; leur publicité, 135.
Divorce. Droit de la femme divorcée d'entrer dans les Caisses, 190.
Docks greniers. Projet tendant à la création, 19.
Dons et legs. Capacité des Caisses pour les recevoir, 113.
Doubles. Cette formalité dans l'acte constitutif, 125, 126, 127, 128.
Durée des prêts agricoles p. 39, 186, 187.

— · — · — · **E** · — · — · —

Effets à ordre. Constitution du gage, 234.
Émancipés. Leur exclusion des Caisses, 175.
Emploi. Nécessité de l'indication de l'emploi des fonds p. 29, 193. — Sanction, 194, 216.
Emprunts des Caisses, 32, 200.

Engrais. Projet tendant à la création d'un privilège en faveur du vendeur d'engrais, 10, 16.
Enregistrement. Division en droits fixes et et gradués, 281. — Enregistrement de l'acte de constitution, 281. — Des adhésions, 283. — Système de la jurisprudence tendant à remplacer l'enregistrement du gage par un des équivalents de l'art. 1328, 233.
Escompte. Projets tendant à faciliter l'escompte du papier agricole, 21, 27. — Escompte des valeurs bancables par les Caisses Raiffeisen, 200. — Son interdiction, 200, 287. La profession d'escompteur et les Caisses Raiffeisen, 287.
Exclusion. Des Caisses Raiffeisen p. 39, 178, 179, 180, 181.

— · — · — · **F** · — · — · —

Faillite des Caisses Raiffeisen, 82. — Conséquences de la faillite de leurs membres, 179.
Femme mariée. Conditions de son admission dans les Caisses, 159, 166. — Son droit d'en faire partie, 161, 162, 163, 164, 165. — La qualité de commerçante ne remplace pas l'autorisation, 166. — Prétendue impossibilité d'en faire partie en même temps que son mari, 167. Droits des femmes comme membres des Caisses, 171. Conséquences de l'entrée de la femme dans les Caisses sur les divers régimes matrimoniaux, 169.
Forme. Règles de forme des Caisses Raiffeisen, 80, 124.
Fonds. Règles de fonds des Caisses Raiffeisen, 57, 58, 65, 67, 69, 70.
Fonds social. Son absence dans les Caisses, 68.

— · — · — · **G** · — · — · —

Gage. Projets tendant à la création du gage sans dessaisissement, 10, 12, 14, 18, 15, 205. — La question à l'étranger, 206. — Ses inconvénients dans les Caisses Raiffeisen, 205, 236. — Définition, 232. — Caractère civil du gage des Caisses Raiffeisen, 232. — Conditions de son efficacité, 232. — Droits sur objets en gage, 235. — Obligations des maisons de prêts sur gage, 237. — Violation du gage, 237.
Garanties. Des sociétés en général, 197. — Exigées des membres, 203, 210. — V. gage, caution, hypothèque.
Garantie offerte par les Caisses Raiffeisen, 198.
Gestion. Des administrateurs, 250, 251, 252.

H

Hypothèque. Projets tendant à la réforme hypothécaire, 5, 12, 202. — Inconvénients de son emploi dans les Caisses, 202, 207, 238. — Droits du conseil d'administration de consentir des hypothèques en vertu de la loi du 1er août 1893, 239.

I

Illettré dans les Caisses, 149, 150, 151.
Indemnité au fermier sortant. Projet de loi, 12.
Interdits. Leur entrée dans les Caisses, 176.
Intérêt des prêts. Forme et nécessité d'une stipulation expresse, 213. — Présomption de paiement, 214. — Sanction au cas de défaut de paiement, 215.

L

Lettre de change acceptée. Son emploi dans les Caisses comme garantie, 222.
Liste d'offres, 199.
Livres de commerce. Obligation pour les sociétés de la loi de 1894 d'en tenir, 24, 66. Livres dans les Caisses Raiffeisen. V. Registre des entrées et sorties.

M

Mandat. Résumé du contrat des Caisses Raiffeisen dans leurs rapports avec les tiers, 68, 69. — Fondement, responsabilité de la direction, 245, 246.
Membres des Caisses. Droits et obligations p. 33.
Mineur. Son exclusion des Caisses, 174.
Modicité des prêts, 196.
Modification aux statuts, p. 40, 288, 289. — Publicité, 134.
Mutualité. Ses avantages, 23.

N

Nullité des Caisses pous défaut de publicité, 137. — Droit d'intenter l'action, 140. — Effets, 141, 142. — Prescription, 138.

O

Objet des Caisses Raiffeisen, 38.
Obligations civiles dans les Caisses, 202.
Obligation et contribution des membres de la Caisse. 272.
Opérations de banque des Caisses, 74.

P

Parts. Souscription de parts dans les sociétés de crédit agricole comme mode de recrutement des capitaux, 197.
Patente et les Caisses Raiffeisen, 285, 286, 287.
Personnalité morale. Théorie de M. de Vareilles Sommières, 53. Personnalité morale des sociétés civiles. Historique. Rome, 84, 85. — Moyen âge, 86, 87. — Discussion des textes du Code 88, 89, 90, 91, 92, 93, 94, 95, 96, 97. Contradiction des auteurs, 98, 99, 100, 101, 102. Le système de la jurisprudence 103, 104, 105, 106, 107, 108, 109. Personnalité morale des Caisses Raiffeisen, 111, 112, 114. Leurs droits, 120.
Pourvu de conseil. Son entrée dans les Caisses, 177.
Prescription. Actions contre administrateurs et conseils de surveillance, 262, 263. Contre membres de la Caisse, 277. — Actions contre les membres des sociétés de 1894, 278. — Interruption 279.
Prêts agricoles. Conditions économiques, p. 39, 186, 187, 188, 189, 193, 196. — Définition 213. — Division en prêts de production et de consommation, 193, 217. — Caractère civil ou commercial des prêts des caisses, 217.
Preuve du contrat des Caisses Raiffeisen, 155, 156.
Privilège. Du vendeur. Garantie des Caisses, 240. — Sa conservation, 242. — Projets tendant à la réforme du privilège du propriétaire, 5, 15.
Procédure. Exposé de règles générales aux Caisses Raiffeisen, 118, 119, 120 121.
Publicité des Caisses, 130, 131. — De l'extrait 132, 133. — De la Dissolution, 135. Voir nullité.

R

Rang dans la poursuite des membres des Caisses, 265, 266, 267, 268.
Raison sociale des Caisses Raiffeisen, 81.
Recours de la caution contre le débiteur principal, 230, montant 231. — Conditions, 230. Recours des membres de la Caisse contre leurs coassociés, 274, 275.
Recrutement des Caisses. Conditions générales, 191.
Registre des entrées et sorties. Tenue, 148, 149. — Valeur probante, 152, 154. — Différences avec les livres de commerce, 294. Timbre, 294.

Répartition des bénéfices. Condition *sine qua non* des sociétés françaises, d'après l'article 1832, 47. — Théorie de M. Valleroux, 46. — Cette obligation dans les sociétés coopératives, 60, 62. Dans les Caisses Raiffeisen, 63.

Réserve. Son affectation, *p.* 39 et 287. — Interdiction de partage *p.* 39, 68, 287, 288, 290.

Revenu. Caisses et impôt sur revenu, 284.

Résidence. Obligation de la résidence pour les membres des Caisses Raiffeisen, 181.

Rémunération des administrateurs *p.* 39, 210.

Responsabilité des membres de la Caisse, 266, 267, 268, 269. — Des administrateurs, du Conseil de surveillance. V, ces mots : pour défaut de publicité, 143, 144. 145, 146.

S

Séparation de biens. Droits de la femme séparée d'entrer dans les Caisses, 172.

Séparation de corps. Droits de la femme séparée d'entrer dans les Caisses, 170.

Signature des membres. Condition essentielle pour la validité de l'engagement, 149.

Sociétés. Leurs différences avec les Caisses Raiffeisen, 45, 47, 67, 70. — Conception nouvelle de la société d'après la loi de 1867, 62, 63, de 1894, 64, 65, — Ressemblances et différences entre les sociétés de la loi de 1894 et les Caisses Raiffeisen, 22, 66, 278, 197, 198. — Société en nom collectif, droit des Caisses Raiffeisen d'en adopter les formes, 77, 78.

Statistiques. Caisses allemandes, 30.
— italiennes, 31,
— françaises, 32.

Syndicats agricoles. Projet tendant à la transformer en sociétés de crédit, 21, 23, 28. Leurs rapports avec les sociétés de la loi de 1894, 22, 25, 197. — Projet tendant à donner leur engagement comme caution de ceux des agriculteurs, 18.

Solidarité Sa nécessité dans les sociétés de crédit agricole, 24, 191, 192. — Conséquences pour les membres. 268, 273. — Comparaison avec l'Allemagne, 273. 269 *n.* — Effets de la solidarité pour intenter des actions, 115, 116.

T

Timbre pour l'acte de constitution des Caisses, 293.

Timbre pour les adhésions, 294.
— pour les emprunts, 295.
— mobile, droit d'en user, 296.
— cautionnement, 297.
Amendes en matière de timbre, 298.

Titres au porteur Gage, 234.

V

Versements. Absence de versement dans les caisses *p.* 39, 198.

Vérification des garanties, 209.

Violation des statuts engageant responsabilité, direction, 261.

Voies d'exécution. Projet tendant à réformer les voies d'exécution pour l'agriculture, 16.

W

Warants agricoles. Projet 28.

www.ingramcontent.com/pod-product-compliance
Lightning Source LLC
Chambersburg PA
CBHW060400200326
41518CB00009B/1201